우보현·장원재 지음

| 책 머리에 |

우보현·장원재의 대박영어

영어를 배우는 궁극적인 목적은 전문적인 문서를 읽고 쓰는 것이다. 하지만, 정상은 너무 멀다. 까마득히 높고 아득한 곳을 바라보다 포기하는 일이 한두 번이 아니다. 그렇다고 영어 배우기를 포기하고 외면할 수는 없으니 일단 등반 경로와 방법을 바꿔보자. 정상 정복이 아니라 베이스캠프에 도달하는 것을 일차적인 목표로 삼는 것이다. 베이스캠프는 정상에 오르기 위한 준비센터다. 일단 지금 우리가 서 있는 지점으로부터 그렇게 멀지 않은 곳에 자리한다.

'영어 배우기'에서 '베이스캠프'란 과연 무엇을 말할까? 영어회화를 잘하는 것이다. 외국인을 만나서 자연스럽게 이야기를 이어가고, 해외여행을 떠나 기죽지 않고 세계 곳곳을 힘차게 다니는 능력이다. 〈우보현·장원재의 대박영어〉는 여러분을 '영어 배우기의 베이스캠프'로 안내하는 지도이자 안내서다.

영어를 배우는 데는 지름길이 없지만, 영어회화를 잘 하는 효율적인 요령은 있다. 특정한 표현을 끝없이 응용하고 쉬운 단어를 영어답게 조합해서 활용하는 것. 회화를 능숙하게 잘하는 데는 800단어로 충분하다. 문제는, 이들 쉬운 단어를 얼마나 자유자재로 활용할 수 있느냐는 점이다.

예컨대 외국인이 한국어로 말한다고 가정해 보자. '손'과 '발'은 아주 쉽고 기초적인 단어다.

그런데 '두 손 두 발 다 들었다', '너는 손이 없니 발이 없니?', '손발이 묶였다' 같은 표현을 구사한다면 어떨까? 다들 '한국어 실력이 어느 경지에 올랐다, 적어도 초보는 아니다'라고 생각하지 않을까? 영어도 마찬가지다. '두 손 두 발 다 들었다(I washed my hand of you)', '너는 손이 없니 발이 없니?(Where's your hands?)', '손발이 묶였다(They hold my both hands)'와 같은 표현이 널리 쓰인다.

일상생활에서 꼭 필요한데 입안에서만 맴도는 표현들이 허다하다. 이런 안타까운 마음을 달래주기 위해 필자 두 사람은 실전에서 즉시 활용 가능한 예문들을 드라마와 영화에서 수집하고 정리했다. 사랑이 밥 먹여 주냐, 내 코가 석 자다, 거기서 거기다, 거 참 분위기 파악 못하네, 같은 표현을 영어에서 찾고 해설을 붙였다. 모르는 표현은 아무리 반복해서 들어봐야 '내 것'이 되지 않는다. 알고 나면 들리고, 그렇게 들린 것은 곧바로 나의 지식이 된다. 이 책을 통해 독자들이 귀가 뚫리는 느낌, 들리지 않던 미국 드라마와 영국 영화가 내 머릿속으로 들어오는 경험을 하게 된다면 필자들은 더 이상 바랄 것이 없으리라.

이 책에 나오는 표현을 활용해 원어민으로부터 '아니 어떻게 이런 영어를 알아요?'라는, 신기하고 놀랍다는 반응을 이끌어 내시기를 감히 소망한다. 바로 그 지점으로부터 또 다른 즐거운 대화로 향하는 길이 열릴 터이다.

처음부터 정상을 바라보면 쉽게 지친다. 우리에게 필요한 것은 '다음 한 걸음'이다.

2016년 5월
우보현·장원재

contents 목차

책 머리에   004

001 Sport doesn't feed you, grow up!   024
스포츠가 밥 먹여 주냐, 정신 차려라!

002 I let it go, this is too much!   025
보자보자 하니 이거 정말 너무하네!

003 She is playing hard to get!   026
그녀는 너무 튕겨요!

004 There is the Do's and Don'ts of ~ ing.   027
~에는 해야 할 일과 하지 말아야 할 것이 있습니다.

005 You've come a long way!   028
너 많이 컸네!

006 If you have a crooked mouth but tell the truth!   029
비록 입은 삐뚤어져도 말은 바로 하세요!

007 You'll get hurt if you try to know too much.   030
너무 많이 알려고 하면 다쳐요.

008 It's not what you say it's how to say that!   031
같은 말이라도 '아' 다르고 '어' 다르다!

009 She is exactly as she appears.   032
그녀는 생긴 대로 논다.(행동한다.)

010 Watch your tongue, what you wish for!   033
말조심해! 말이 씨가 되는 법이야!

011 You can think what you want but!   034
착각은 자유겠지요, 하지만!

012 Don't say anything you don't mean okay?   035
마음에 없는 말은 하지도 마세요.

013 Sorry is not going to cut it okay?   036
미안하다면 다인 줄 아니?

014 He acts like he is all that!   037
그는 자기가 최고로 대단한 척 행동해요!

015 It still bothers me!   038
뭔가 찜찜하네요!

016 I have enough problem of my own! 039
내 코가 석 자입니다!

017 I wash my hands of you! 042
당신에게 두 손 두 발 다 들었다!

018 Don't try to take an easy way out! 043
잔머리 굴리지 마라!

019 I know you have what it takes. 044
난 당신의 능력을 믿어요.(능력 있잖아요.)

020 Are you feeling guilty? 045
뭐 찔리는 거라도 있어?

021 Over my dead body, okay? 046
내 눈에 흙이 들어가기 전엔 안 돼요, 알겠죠?

022 There goes my dream! 047
내 꿈이 산산조각이 났어요!(날 샜어요!)

023 Are you gonna go back on your word? 048
한 입으로 두 말 하겠다는 겁니까?

024 You're in on everywhere. 049
당신은 약방에 감초군요.(안 끼는 데가 없군요.)

025 She turns me on! 050
그녀는 정말 매력적이에요!

026 He totally manipulated me! 051
그는 나를 가지고 놀았어요!

027 I am an out-cast at school. 052
저는 학교에서 왕따 입니다.

028 It's gonna be a laughing stock! 053
웃음거리가 될 것이다!(놀림감!)

029 You should be grateful buddy. 054
넌 감사해야 해, 친구야.

030 Do you want stand out? 055
너 그렇게 튀고 싶니?

031 Nobody know human psychology! — 056
사람 심리는 아무도 모르는 것이다!

032 We must buy sometime. — 057
우리는 시간을 벌어야 한다.

033 You want to feel 목적격+out? — 060
너는 ~의 의중을 떠보길 원하냐?

034 I don't want to read her face! — 061
그 여자 눈치 보며 살기 싫어!

035 This is my bread and butter. — 062
이것이 내 밥줄입니다.

036 She blurted out that she will marry. — 063
그녀는 불쑥 결혼한다고 말했다.

037 It's coming around the corner! — 064
그게 낼모레입니다.(그날이 다가오고 있어요.)

038 There is no way to appease her! — 065
그녀를 달랠 방법이 없다!

039 You're talking my language! — 066
당신은 나랑 말이 통하는군요!

040 I've noticed little sign of it! — 067
이제야 감이 잡히는군요!

041 The most important thing is that S+V. — 068
보다 더 중요한 것은 ~입니다.

042 I am betting my life on that! — 069
전 그 일에 사활을 걸었어요! (전 그 일에 인생을 걸었어요!)

043 A deal is a deal, okay? — 070
약속은 약속입니다. 아셨죠?

044 I am gonna let it slide only this time. — 071
이번만은 용서해 주죠.

045 You're doing everything backwards! — 072
너는 모든 걸 (모든 일을) 거꾸로 하고 있다!

046 Forget it! That's all about and about. 073
신경 꺼세요, 그것이나 저것이나 오십 보 백 보죠 뭐!

047 You always take your own course(way). 074
넌 항상 네 마음대로야.

048 You played hooky from school today right? 075
너 오늘 학교 땡땡이쳤지?

049 You're a man of many talents! 078
당신은 팔방미인이네요!

050 You vent your anger is on me, right? 079
화풀이 대상은 나지, 그렇지?

051 I made a trip for nothing. 080
괜히 헛걸음만 했군요.

052 You're a scatterbrained person! 081
당신은 정신이 산만한 사람이군요!

053 It's nothing more nothing less okay? 082
그 이상도 그 이하도 아니라고요, 알아요?

054 We are the family in name! 083
우리는 무늬만 가족입니다!

055 My mind was in a whirling. 084
마음이 혼란스러웠다.

056 I bottle out when I see the man. 085
나는 그를 보고 기가 죽었다.

057 It was so touching that I almost cried. 086
너무 감격스러워서 눈물이 날 지경이에요.

058 We live by loyalty and will die by loyalty! 087
우리는 의리에 살고 의리에 죽습니다!

059 Are you trying to pacify (comfort) me after what you did? 088
지금 누구 병 주고 약 주는 거냐?

060 That's not at all cool okay? 089
그건 쿨한 행동이 아니에요, 알아요?

우보현·장원재의 대박영어 **9**

061 He is weak to the strong and strong to the weak.   090
그는 강자에게 약하고 약자에게 강하다.

062 We have to put up with it.   091
그것은 우리가 감수해야(감내해야/견뎌야) 합니다.

063 He is good at paying lip service.   092
그는 입바른 소리를 좋아한다.

064 It's not the ends of the world that~   093
~못한다고 세상이 끝나는 건 아니죠!

065 Now you're coming out.   096
이제야 본색이 나오시는구만.

066 I am not gonna press you to stop it if+S.   097
~하기를 고집한다면 구태여 말리진 않겠다.

067 If you put your mind to it.   098
마음만 먹는다면.

068 I must get myself together.   099
난 마음을 추슬러야 합니다.

069 Show 목적격 + true colors.   100
본색을 드러내다.

070 You're bold in your word only!   101
입만 살았구먼!

071 There is more than meets the eye!   102
눈에 보이는 것이 전부는 아니다!

072 I don't want to be beholden to anyone.   103
그 누구에게도 신세지고 싶지 않습니다.

073 It's not my place to butt in.   104
내가 나설 자리는 아닙니다.

074 There is no reason to boast!   105
자랑할 이유가 없다.

075 Then, you must give me my due.   106
그렇다면, 저에게 그만한 대접을 해주셔야죠.

076 Don't get me all riled up with that word. — 107
그런 말로 사람 속 뒤집지 마라.

077 She reluctantly answered my question. — 108
그녀는 마지못해 내 질문에 대답했다.

078 She doesn't speak English well, but she is majestic. — 109
그녀는 영어를 잘하진 못하지만, 당당했다.

079 It's time to take an action. — 110
이젠 뭔가 행동(조치)을 해야 합니다.

080 Your face tells it! — 111
당신 얼굴에 다 씌어 있다고요!

081 He used every means to be success! — 114
그는 성공을 위해서는 모든 수단을 다 썼다!(강구했다!)

082 You must not take his power lightly! — 115
그의 힘을 과소평가해서는 안 된다!

083 I think I haven't lived! — 116
내 생각에는 인생을 헛산 것 같아!

084 Hey! What are friends for? — 117
야! 친구 좋다는 게 뭐냐?

085 That sounds grating on my ears! — 118
그 소리 정말 귀에 거슬리네요!

086 It could be your worse. — 119
불행 중 다행입니다.

087 He made a decision unilaterally. — 120
그는 일방적으로 결정을 해버렸다.

088 We can be denied about that! — 121
우리는 그것에 대해 부정할 수는 없다!

089 I have nothing but + 명사. — 122
전 ~빼면 시체입니다.(아무것도 없습니다.)

090 I am kicking myself for doing that. — 123
그것을 한 것에 대해 엄청 후회하고 있습니다.

#	Phrase	Page
091	**He is as good as trash!**	124
	그는 인간쓰레기나 다름없다!	
092	**That's over my head!**	125
	그것은 저에게는 무리입니다!	
093	**It's a piece of cake!**	126
	그건 누워서 떡 먹기죠 뭐!	
094	**Are you threating me now? (Is that a threat?)**	127
	지금 나한테 협박하는 겁니까?	
095	**I can almost say + 주어 + 동사.**	128
	~라고 해도 과언이 아닙니다.	
096	**Take a chance and do it.**	129
	속는 셈 치고 한번 해봐.	
097	**I have one condition.**	132
	저에게도 조건이 하나 있습니다.	
098	**I am just exaggerating a bit, okay?**	133
	말이 그렇다는 거죠, 안 그래요?	
099	**The people are scrambling to the movie star.**	134
	사람들이 영화배우에게 몰려있네요.	
100	**It's not a time to sentimentalize about that.**	135
	지금 그런 사소한 감정에 얽매일 때가 아닙니다.	
101	**Unlike most people but ~**	136
	대다수 사람들과는 달리~	
102	**You should face up to what you did.**	137
	당신이 한 일에 대해서는 인정해야 합니다.	
103	**She has no concept of time and money.**	138
	그녀는 돈과 시간 개념이 없습니다.	
104	**I can't make out what's what.**	139
	뭐가 뭔지를 모르겠습니다.	
105	**I broke my back to ~**	140
	~하느라 정말 고생 많이(뼈 빠지게 고생) 했습니다.	

106 His face clouded because of her. 141
그녀 때문에 그의 얼굴(표정)은 어두웠다.

107 You can at least tell me first! 142
적어도 나에게 먼저 이야기해 줄 수는 있잖아!

108 There is a fifty-fifty chance! 143
가능성은 오십 대 오십입니다!

109 I have been eating my heart out. 144
저 정말 심각하게 고민하고 있습니다.

110 I have a good sense of + 명사. 145
저는 ~에 감각이 있습니다.

111 How can you say something so mean? 146
어떻게 그런 심한 말을 할 수가 있죠?

112 You'll get blamed if you do like that. 147
그렇게 하면 욕먹을 겁니다.

113 First things first! 150
중요한 것부터 하십시오!

114 Nothing is complete unless you put it in final shape. 151
구슬이 서말이라도 꿰어야 보배다.

115 I was distracted by the somebody fighting. 152
어떤 사람의 싸움으로 인해 정신이 없었다.

116 I must get myself together again. 153
다시 마음을 추슬러야 했어요.

117 I am the world's worst at parking! 154
난 죽었다 깨어나도 주차는 못하겠어요!

118 She doesn't like to take center stage! 155
그녀는 남 앞에 나서는 것을 별로 좋아하지 않습니다!

119 Don't put on airs about coffee! 156
커피 가지고 생색내지 마세요!

120 She begrudges the money to eat food either. 157
그녀는 먹는 것에 돈 쓰는 것조차 아까워한다.

121	**You must clear about where you stand!** 어느 편인지 넌 태도를 분명히 해야 한다!	158
122	**That didn't start from yesterday!** 그게 어제 오늘 일이 아닙니다!	159
123	**That's a bolt out of the blue.** 그건 마른하늘에 날벼락입니다.	160
124	**His assert was so preposterous! [insist on].** 그의 주장은 너무 터무니가 없어요.	161
125	**You read my mind.** 내 맘 알아주는 건 당신밖에 없네요.	162
126	**Don't make a broad interpretation.** 침소봉대하지 마세요.(과장하지 마세요/ 확대해석 하지 마세요.)	163
127	**Why are you talking to out on me?** 왜 내게 화를 내는 겁니까?	164
128	**I am up for + 명사 anytime.** 전 언제든지 ~할 수 있습니다.	165
129	**You're moving too fast to + 동사원형.** 당신은 ~ (한다)하는 것을 너무 서두르시는군요.	168
130	**You can't pull the wool over my eye.** 내 눈은 속일 수가 없습니다.	169
131	**I don't have any grudges, no worry!** 걱정 마세요. 전 뒤끝이 없는 사람입니다!	170
132	**Consider your surrounding first!** 우선 분위기 파악부터 하세요!	171
133	**If you say yes, stay yes okay?** 남아일언중천금입니다. 아셨죠?	172
134	**I'm hunger for ~ ing (명사)!** ~하고 싶어 미치겠어요!	173
135	**You're not going to like this but…** 이 말 들으면 섭섭하겠지만요…	174

136 If you get the stuck, just make something. 175
하다가 막히면 요령껏 해 나가세요.

137 That's pretty weak! 176
그건 순 억지입니다!

138 Proper nutrition is essential to maintain health. 177
적당한 영양섭취는 건강유지에 필수입니다.

139 You name the time and place! 178
시간과 장소는 당신이 결정하세요!

140 Things don't always do your way! 179
세상사 다 내 뜻대로 돌아가는 게 아니죠!

141 If you despised about that, no good! 180
그것을 얕보면 좋지 않습니다!

142 What's the use of ~ ing? 181
~하면 무슨 소용이 있습니까?

143 It is a bold and innovative plan. 182
그것은 정말 대담하고 획기적인 계획입니다.

144 That's too difficult for me. 183
그건 저에게 무리입니다.

145 I've still got it! 186
나 아직 안 죽었어요!

146 You always choose that type of word! 187
넌 꼭 그런 말만 골라 하더라!

147 See one and you've seen them all. 188
하나를 보면 열을 알 수가 있죠.

148 Upside down, down side up, it's all the same. 189
엎어치나 메치나 매한가지다.

149 We must turn this corner. 190
우리는 이 고비를 넘겨야 합니다.

150 We must move with the time! 191
우리는 현실을 직시해야 합니다.

151	**There is no need to thank me!** 나한테 고마워 할 필요는 없어요!	192
152	**They pleaded with not to go!** 그들은 나에게 가지 말라고 애원했다!	193
153	**I'll take the fifth.** 묵비권을 행사하겠습니다.	194
154	**Don't pretend not to know, okay?** 시치미 떼지 마세요, 아셨죠?	195
155	**You strayed from the topic!** 이야기가 옆길로 빠졌잖아요!	196
156	**Why you always try to sponge off people?** 왜 넌 항상 사람들에게 빈대 붙으려고 하니?	197
157	**I don't have any feeling left for her!** 그녀에게 아무런 미련도 없습니다!	198
158	**It's very comforting for me.** 그것은 나에게 큰 위안이 된다.	199
159	**I don't like the way he talks.** 그 사람 말투는 정말 싫어요.	200
160	**Do as you wish if you want!** 만약 원하는 게 있으면 원하는 대로 해라!	201
161	**There is an order for everything!** 모든 것에는 순서가 있는 법입니다!	204
162	**I am not a man to tell a lie.** 전 거짓말하는 사람이 아닙니다.	205
163	**I can't tell a lie in good conscience.** 내 양심상 거짓말은 못하겠습니다.	206
164	**Don't try to feel me out, okay?** 사람 떠보지 마세요, 아셨죠?	207
165	**Don't press me to do that.** 나에게 그 일을 하라고 강요하지 마시오.	208

166 I am gonna die before my time because S + V — 209
전 제 명대로 못 죽을 거예요. 왜냐하면~

167 This is a must for travel. — 210
이것은 여행에 필수입니다.

168 Don't hide your feeling, okay? — 211
감정 숨기지 않아도 돼요. 아셨죠?

169 I don't force you to + 동사원형. — 212
당신이 ~하는 것에 대해 강요하고 싶지 않습니다.

170 Could / Would you tell me more about + 명사. — 213
~에 대해 좀 더 이야기해 주세요.

171 I don't (can't) agree to (with) 명사. — 214
전 ~에 동의하지 않습니다.

172 Why don't you back me up please! — 215
맞장구 좀 쳐주세요!

173 I don't see the ends of ~ ing! — 216
아무리 ~해도 끝이 없어요!

174 There is an anger in your words. — 217
당신 말에는 뼈가 있군요.

175 Okay, I'll do it if I have to. — 218
그것을 꼭 해야 하는 것이라면 기꺼이 하겠습니다.

176 He always shrinks when I am in trouble. — 219
그 사람은 내가 어려울 때면 발을 뺍니다.

177 That's the right thing to do as a… — 222
그게 ~로써 해야 할 도리(행동)입니다.

178 I will take back my word. — 223
제 말 취소하겠습니다.

179 It was just tongue of speech! — 224
그건 그냥 제가 해 본 말이에요!

180 I was (get) tongue tied. — 225
말문이 막혔습니다.

181	**I feel frustrated when I speak English!** 영어로 말하려면 가슴이 답답해요!	226
182	**How's it going with your English lesson?** 영어공부는 잘되어 가고 있습니까?	227
183	**It slipped my mind (to) ~** ~해야 하는 것을 깜빡했습니다.	228
184	**I'll take your word for it.** 당신 말을 믿겠습니다.	229
185	**It's on the tip of my tongue.** 그게 입안에서만 뱅뱅 돌고 말이 나오지 않아요.	230
186	**It was a slip of my tongue.** 제가 실언을 했습니다.	231
187	**I think you're a piece of work!** 내 생각으로는 당신 참 대단한 사람 같아요!	232
188	**I got a little hang up about ~** ~에 대한 콤플렉스가 있습니다.	233
189	**She is a real catch!** 그 여자는 정말 킹카예요!	234
190	**That's my pain in the neck!** 그것 정말 지겹습니다!	235
191	**I wasn't born yesterday, okay?** 전 팔불출이 아닙니다. 아세요?	236
192	**It's a bitter sweet feeling (things).** 시원섭섭합니다.	237
193	**I was told not to + 동사원형!** ~하지 말라고 들었습니다.(당부 받았습니다.)	240
194	**I will die before my time.** 내 명대로 못 살고 죽을 겁니다.	241
195	**I don't want to criticize but…** 비판하고 싶지는 않지만…	242

196 Let's call it a day! 243
오늘은 그만 하시죠!(여기서 마칩시다.)

197 I really want to flight from the reality. 244
현실에서 도피하고 싶습니다.

198 My boss is both strict and tender! 245
우리 사장님은 엄격하면서도 자상하다!

199 I have butterflies in my stomach. 246
가슴이 조마조마합니다.

200 Wow! I can't picture this in my country! 247
우와! 우리나라에서는 이건 상상도 못하는 일이에요!

201 That is really no more than froth! 248
그것은 정말 실속이 없어요!

202 She likes to make mischief between the people. 249
그녀는 사람들 이간질 하는 것을 좋아합니다.

203 Don't lure her to go shopping together. 250
같이 쇼핑 가자고 그녀를 꼬시지 마세요.

204 I suddenly quit my job without a backup plan! 251
아무런 대책 없이 회사를 그만 둬 버렸어요!

205 All I have left now is dogged spirit. 252
마지막 남은 건 깡밖에 없다.

206 It's not everything what you see. 253
눈에 보이는 것만이 전부가 아닙니다.

207 He once was a good actor. 254
그도 한때는 훌륭한 배우였다.

208 I was very furious with myself for my lacking courage! 255
용기 없는 나 자신에게 화가 났다!

209 I don't like the man who talks too much! 258
전 말 많은 사람은 딱 질색입니다!

210 I am the one who should apologize. 259
오히려 제가 사과를 해야 합니다.

211 He is so indecisive for everything. 260
그는 모든 일을 어정쩡하게 합니다.

212 He isn't a good breadwinner. 261
그는 생활력이 없습니다.

213 The experience like that is very worthwhile for the life. 262
그런 경험을 해 보는 것은 인생에 있어 보람이 있죠.

214 They prohibit me to read that book! 263
그들은 내가 그 책을 읽는 것을 금지했다!

215 She is what we call a tomboy! 264
그녀는 소위 말하는 말괄량이다!

216 I am so attached to my car! 265
내 차에 너무 정이 들었습니다!

217 That is a hasty judgment. 266
그것은 경솔한 판단입니다.

218 If you're all that, how big could you be? 267
네가 잘났으면 도대체 얼마나 잘났어?

219 Don't need to be discouraged! 268
기죽을 필요 없습니다!

220 I don't want to suffer again! 269
난 다시는 고통 받고 싶지 않습니다!

221 She is always taking your side. 270
그녀는 항상 당신 편만 들더군요.

222 I can't have the clue about that (at all). 271
전혀 감을 잡을 수가 없습니다.

223 I am willing to anything for you! 272
당신을 위해서라면 무엇이든 할 수 있습니다!

224 What are you sorry for? 273
미안한 게 뭔데?

225 How do I know you? 276
당신이 저를 어떻게 아시나요?

226 It turns me on. (off) — 277
그것 정말 매력적인데요.(밥맛입니다.), (그것 정말 깜빡 죽이는데요?)

227 Coffee is on me, dinner is on you. Okay? — 278
커피는 내가 사고, 저녁은 당신이 사세요. 오케이?

228 Because I have company! (expecting company) — 279
왜냐하면 일행이 있거든요!

229 No matter what (how) S + V. — 280
무엇을 하더라도. (~ 일지라도.)

230 That's what I want! — 281
내가 하고 싶은 게 그거라니까요!

231 I didn't mean to tell a lie. — 282
거짓말을 하려고 했던 건 아니었습니다.

232 The day you played with friends I was furious! — 283
네가 친구들하고 놀던 날 난 엄청나게 화가 나 있었다!

233 He has a funny notion that no money no woman(pussy). — 284
그는 돈 없으면 여자도 없다는 이상한 개념을 가지고 있다.

234 Don't talk about business by your lips only! — 285
입으로만 사업, 사업 하지 마세요!

235 Please listen to my last wishes! — 286
제발 제 마지막 소원 좀 들어주세요!

236 Only music can be comforting me nowadays. — 287
요즘은 음악만이 저의 위안거리죠.

237 She may well be angry about that but… — 288
그녀가 그것에 대해 화를 내는 것은 당연하다. 하지만…

238 I don't want to name names. — 289
누구라고 딱 꼬집어 말할 수는 없습니다.

239 Where are you going in such a hurry? — 290
어디를 그렇게 급히 가십니까?

240 I don't forget about it for an instant! — 291
단 한순간도 그것을 잊은 적이 없습니다!

241 That's right up my alley! 294
그게 내 특기죠 뭬!(전공이죠.)

242 In the pride of my years… 295
나도 전성기 시절에는… (왕년에는)

243 It still hasn't hit me! 296
아직도 실감이 나지 않습니다!

244 He keeps a firm grip on the software market. 297
그는 소프트웨어 시장을 꽉 잡고 있다.

245 This is to die for! 298
둘이 먹다가 하나가 죽어도 몰라요!

246 Writing like that is irritating, not informing. 299
글을 그렇게 쓰는 것은 유익한 게 아니고 짜증난다.

247 Don't put yourself down! 300
기죽지 마세요!

248 How far are you tackling that? 301
언제까지 그렇게 시비를 걸래?

249 They are selling like hot cakes. 302
그것들이 불티나게 팔리고 있습니다.

250 There is no end if I start to tell the story. 303
이야기를 하자면 끝도 없다.

우보현·장원재의
EPIC 대박 영어
ENGLISH

마흔에도
미국 드라마가 들린다 ❶

001 대박영어

Sport doesn't feed you, grow up!
스포츠가 밥 먹여 주냐, 정신 차려라!

Feed는 명사형으로는 '먹이', 동사형으로는 '먹이를 주다, 밥을 먹이다' 등의 뜻이다.

그래서 **I'll feed you forever**하게 되면 '내가 평생 먹이를 주겠다'는 의미이니 결국 '평생 먹여 살리겠다'가 되는 것이다.

예) **How many times a day should I feed the dog?** (하루에 몇 번씩 개에게 먹이를 줘야 합니까?)

또한 **feed on**은 '~으로 먹고 살다'의 의미다. **Hyenas feed on small dead animals and birds.** (하이에나는 죽은 동물이나 작은 새들을 먹고 산다.)

Feed oneself는 '스스로 먹고 살다'의 뜻이다.

영화대사에 자주 나오는 **It's like biting the hand that feed**는 '은혜를 원수로 갚는다'인데 이 뜻은 '먹이를 주는 손을 물다'에서 비롯된 표현이다.

유사 표현 문장

- **Love doesn't feed you, grow up.** 사랑이 밥 먹여 주냐 정신 차려라.
- **Gambling doesn't feed you, grow up.** 노름이 밥 먹여 주냐 정신 차려라.
- **I must work hard and feed her.** 난 열심히 일해서 그녀를 먹여 살리려 한다.
- **I must bring home the bacon.** 난 우리가족을 먹여 살려야 한다.

Conversation

A) We have TGIF party tonight, will you join us?
오늘 TGIF 파티가 있어요, 함께 갈래요?

B) What, again? Jesus! Party doesn't feed you okay?
또요? 세상에 파티가 밥 안 먹여줘요 알아요?

A) But that's very interesting, you know?
그래도 얼마나 재미있는데요?

002 Epic English

I let it go, this is too much!
보자보자 하니 이거 정말 너무하네!

'참는 데도 한계가 있다'는 영어로 There is a limit to what one person can tolerate이다. Tolerate는 '참다, 인내하다'의 뜻인데 tolerate 대신에 patience를 쓰기도 한다. 간혹 영화에서는 I am at the end of my patience나 patience 자리에 rope를 써서 표현하기도 한다.

그 밖에도 '참다'의 뜻을 가진 단어로는 suppress, restrain, keep down, force back, put up with 등 수많은 단어들이 있다. 그래서 I suppressed the urge to hit him은 '나는 그를 때리고 싶었지만 꾹 참았다'가 된다. I can't stand it any more 역시 '난 더 이상 못 참아요'인데, stand에는 '참다, 인내하다'의 뜻이 있기 때문이다. I've run out of patience도 같은 뜻을 가진 문장이다.

유사 표현 문장

○ **Please try to let it pass.** 당신이 제발 참으세요.
○ **Enough is enough.** 참을 만큼 참았습니다.
○ **Since I am older, I'll be big about it.** 한 살이라도 더 먹은 내가 참아야지.
○ **Why should I put up with it again?** 내가 왜 또 참아야 합니까?
○ **The patience is virtue.** 인내는 미덕입니다.

Conversation

A) **I let it go, this is too much.**
  보자보자 하니 너무하네.

B) **Please be patience, the patience is virtue.**
  제발 참으세요, 인내는 미덕이라고 하잖아요.

A) **But I can't stand it any more.**
  그러나 더 이상은 참을 수가 없어요.

003 대박영어

She is playing hard to get!
그녀는 너무 튕겨요!

'튕기다'는 영어로 **bounce**이다. 그래서 '공이 골대를 맞고 튕겨 나오다'는 영어로 **the ball bounced off the goal post(cross bar)**라고 한다.

또한 '물이 튕기다'는 **splash water**를 쓴다. 그래서 **Your car just splashed water all over me**라고 하면 '네 차가 나한테 온몸에 물을 튕겼어'가 된다. 그렇지만 '사람이 ~에게 튕기다'라고 할 때에는 이런 단어를 쓸 수 없다. 본문처럼 '~을 어렵게 하다, 잡기 힘들게 하다'라고 표현해야 비로소 '~에게 튕기다'라는 의미의 표현이 된다.

She is such a snob(그녀는 너무 도도하다)이나 **She is so stuck up**(그녀는 너무 오만하고 건방지다) 등도 알아둘 필요가 있는 표현이다.

유사 표현 문장

- She is playing hard to get all the time. 그녀는 매사에 너무 튕겨요.
- I don't like the woman who is playing hard to get. 전 튕기는 여자는 별로예요.
- She is talking from a high horse. 그녀는 너무 잘난 체해요.
- She always acts like she is all that. 그녀는 매사에 너무 잘난 체해요.

Conversation

A) Why don't you ask her for go out if you love her?
그녀를 사랑하면 한번 만나자고 해보지 그래요?

B) But, she is playing hard to get all the time.
그러나, 너무 튕겨요 매사에.

A) Really? But you still love her?
그래요? 그래도 아직 사랑하잖아요.

004 Epic English

There is the Do's and Don'ts of ~ ing.
～에는 해야 할 일과 하지 말아야 할 것이 있습니다.

전 세계에 만연하고 있는 표어가 **No English no future**이다. 즉 '영어를 못하면 미래는 없다'이다. 그래서인지 여기저기 영어 배우기 광풍이 불고 있다 해도 과언이 아니다. 하지만 영어공부에도 해야 하는 것과 하지 말아야 할 것이 있다. 이것들을 정확히 모르면 우리나라 속담처럼 '십년공부 도로 아미타불'이 된다.

먼저 **Do's and Don'ts**는 명사형으로 '관계, 규칙' 혹은 '주의사항'의 뜻이다. '행동수칙'도 여기에 해당된다. 물론 같은 표현으로 **What to do and what not to do?**라고 해도 무방하지만 **do's and don'ts**라는 표현이 '규칙(rule)'이라는 뜻을 더 많이 드러낸다. 대표적인 용례가 바로 **Here are some do's and don'ts for exercises during pregnancy**이다. 이 뜻은 '임신 중 운동할 때 따라야 할 규칙이 몇 가지 있다'라는 뜻이다. 운전 중에도 분명 '해야 할 것'과 '하지 말아야 할 규칙'이 있을 것이다.

유사 표현 문장

○ **There is the Do's and Don'ts of driving.** 운전 중에도 해야 할 것과 하지 말아야 할 규칙이 있다.
○ **There is no rule that has no exception.** 예외 없는 규칙은 없다.
○ **Please tell me the Do's and Don'ts of eating.** 먹을 것과 먹지 말아야 할 것을 알려 주십시오.
○ **You must know the Do's and Don'ts of table manners.** 식사예법 관련 수칙들을 꼭 알아야 한다.

Conversation

A) **Can you tell me the Do's and Don'ts of studying English.**
영어공부 시 해야 할 것과 하지 말아야 할 것 좀 알려 주세요.

B) **Well, I don't know but practice makes perfect I think.**
글쎄요, 잘 모르지만 연습만이 최선의 길이죠.

A) **You got a point there.**
일리 있는 말이네요.

005 You've come a long way!
대박영어

너 많이 컸네!

Come a long way나 go a long way는 숙어형으로 '크게 발전하다, 진보하다' 이외에도 '기운을 차리다, 회복하다, 출세하다' 등 여러 뜻이 있다. 그리고 by a long way는 보통 부정문에 쓰이는데 '훨씬, 엄청나게' 등의 뜻이 있다. 예컨대 She is better than him in math by a long way 하게 되면 '그녀는 그보다 수학에서 훨씬 더 뛰어나다'가 된다. '그 분야에서 최고입니다'는 Second to none을 쓴다. '둘째가 될 수 없다'라는 말이다. 그래서 '그 사람은 그 분야에서는 최고입니다'라고 한다면 He is second to none of that field라고 한다. 반대로 '그건 내 분야가 아닙니다'라고 할 때에는 line을 써서 It is not in my line 또는 It is not in my field라고 하면 된다. That's out of my line도 같은 표현이다.

다시 본론으로 돌아와서 You've come a long way는 '정말 큰일을 해내셨군요'라는 뜻도 있다. 그래서 '너 출세했구나'의 뜻도 함께 있는 것이다.

유사 표현 문장

○ **You've come a long way in swimming.** 너 수영 많이 늘었구나.

○ **You've come a long way in speaking English.** 너 영어 진짜 많이 늘었구나.

○ **He is really come a long way, then to become a boss.** 그는 열심히 노력한 끝에 사장이 되었어요.

○ **Fools rush in where angels fear to tread.** 하룻강아지 범 무서운 줄 모르는구만.

Conversation

A) **I think, my English is much better than yours.**
제 생각에는 제 영어가 당신보다 나은 것 같아요.

B) **What? Ridiculous! You've come a long way uh?**
뭐라고요? 어처구니가 없네요, 당신 많이 컸네요?

A) **No, that's what I feel!**
아니에요, 그건 제 생각이에요!

006 Epic English

If you have a crooked mouth but tell the truth!
비록 입은 삐뚤어져도 말은 바로 하세요!

crooked에는 '삐뚤어진, 구부러진' 등의 뜻이 있다. Crook의 명사형은 '사기꾼'이다. 그래서 That salesman is a real crook이라고 하면 '그 세일즈맨은 정말 사기꾼이다'가 된다. 간혹 미국 메이저리그 야구중계를 보면 crooked arm이라는 중계멘트가 나온다. 이것은 꾸부러진 팔이 아닌 '변칙투수', 혹은 '좌완투수'를 지칭하는 말이다.

길이 '꼬불꼬불하다'라고 할 때에도 winding이나 crooked를 쓴다. 그래서 winding road나 crooked road가 바로 '꼬불꼬불한 길'이다. 문장을 살펴보면 The way is crooked as the letter zed(길은 몹시 꾸불꾸불하다)가 있다. 여기서 zed는 Z자형의 뜻으로 지그재그라고 할 때에도 쓰이는 표현이다. Zed의 쓰임새는 다양하다. As the letter zed는 편지에 글씨가 꾸부러져 '제멋대로 같다'의 뜻이다.

병원에 갔을 때 의사가 Your back is crooked라고 한다면 '등이 약간 굽었다'가 된다.

유사 표현 문장

○ **Her legs are crooked.** 그녀의 다리는 굽었다.
○ **I have many pencils but they are all crooked.** 나는 연필이 많이 있는데 그것들이 전부 다 굽었다.
○ **The old lady was bent with age.** 그 노부인은 나이 탓에 허리가 굽었다.
○ **He has a bent back as a birth defect.** 그는 선천적 기형으로 등이 굽었다.

Conversation

A) How can you do this to me uh?
어떻게 나한테 이럴 수 있니?

B) What do you mean?
무슨 뜻이야?

A) Hey, you must tell the truth if you have a crooked mouth!
야, 입이 삐뚤어져도 말은 바로 해야지!

007 You'll get hurt if you try to know too much.

대박영어

너무 많이 알려고 하면 다쳐요.

pain은 '고통'이다. 그래서 혹자는 No pain no gain이라는 말을 썼다. 즉, '고통 없이 이루어질 수 있는 것은 아무것도 없다'이다. After pain comes joy라는 속담도 있는데 우리식으로 하면 '고진감래'에 해당되는 문장이다.

'고통을 느끼다'는 feel pain이고 '고통을 주다'는 cause pain이며 torture 역시 '고통을 주다'라는 뜻이다. 명사형으로는 '고문'의 뜻이 있다. Agony 역시 명사형으로는 '고통, 괴로움'의 뜻이다. The parting filled me with agony는 '이별은 나에게 큰 고통이었다'이다. '다치다'의 뜻으로는 hurt, be hurt, get hurt, injured(부상), wound(상처) 등이 있는데, Be careful not to hurt yourself 하게 되면, '다치지 않게 조심하세요'이다.

How did you hurt yourself?는 '어쩌다가 다치셨어요?'이고 This could hurt you는 '이 일로 네가 다칠 수도 있다'이다.

유사 표현 문장

○ **You'll be sorry if you think he is a pushover.** 그 사람 만만하게 보면 큰코다친다.
○ **I don't want to hurt her feeling.** 그녀의 감정을 다치게 하고 싶지 않다.
○ **At least 100 people were killed and 50 others wounded.** 적어도 100명이 죽고 50명이 부상했습니다.
○ **Some wounded people cried out in pain.** 몇몇 부상자들이 고통 속에서 외쳤다.

Conversation

A) Can you tell me some more details about her?
그녀에 대해서 좀 더 세밀하게 말해줄래?

B) Stop it! You will get hurt if you try to know too much about her.
그만해라 너무 많이 알려고 하면 다친다.

A) Hey come on!
야, 왜 그래!

008 It's not what you say it's how to say that!
같은 말이라도 '아' 다르고 '어' 다르다!

Epic English

우리나라 속담에 '같은 말이라도 아 다르고 어 다르다'라는 말이 있다. 영어에도 비슷한 말이 있는데 이것이 바로 It's not what you say it's how to say it(that)이다.

다시 말해서, '어떻게 말하느냐에 따라 다르다'는 표현으로 It's how to say it을 쓰는 것이다. 그럼 먼저 say와 talk의 차이점을 살펴보자. say는 무슨 말을 함에 있어 특정한 관점이 없이 막연히 입에서 나오는 것이고 talk는 어떤 관점을 두고 서로 대화를 하는 것을 뜻한다. 그래서 What did you say?는 '뭐라고 하셨어요?'이고 What shall we talk about?는 '우리 무슨 대화를 할까?'이다. 그러므로 talk와 say의 차이점은 작지 않다. Speak 역시 다른 의미다. 어떤 관점을 두지 않고 대중 앞에서 큰 목소리로 연설하는 경우를 speak라고 한다. Could you speak up please에는 잘 들리도록 '다시 한 번 말해주시겠어요?'라는 의미가 있다.

유사 표현 문장

- Watch your tongue okay? 말조심 좀 하세요 알겠어요?
- Please take back your word. 말 취소하세요.
- Why do you always twist my word? 왜 제 말에 말꼬리를 잡는 겁니까?
- That's what I wanted to say. 제가 그 말을 하고 싶었어요.

Conversation

A) I don't think she is a good English teacher because of American.
   제 생각은 그녀가 미국인이라는 이유만으로 좋은 영어선생님이라고 말할 순 없는 것 같아요.

B) Hey, please watch your tongue it's not what you say it's how to say it.
   이것 봐요, 말조심하세요. 같은 말이라도 아 다르고 어 다른 법이에요.

A) But, that's the truth.
   그렇지만 그게 사실이니까요.

009

대박영어

She is exactly as she appears.
그녀는 생긴 대로 논다.(행동한다.)

우리나라 속담에도 '생긴 대로 논다'라는 말이 있다. 이 표현이 영어로 **She is exactly as she appears** 이다. **Appears**는 '외모, 생김새'의 뜻이다. **All men act after their kinds** 역시 '사람은 생긴 대로 행동한다'의 뜻이다. **Describe** 역시, '말하다 서술하다, 묘사하다'의 의미로 우리가 생김새를 말할 때 자주 사용하는 단어다. 그 예가 **Can you describe him to me?** 인데, 이 뜻은 '그 사람 생김새를 저에게 말해줄 수 있습니까?'이다.

외모는 영어로 **appearance, look(s)**를 쓰는 게 일반적이다. 그래서 '저는 외모에 자신이 없습니다'라고 할 때에는 **I am not confidence about my looks** 라고 한다. 여기서 한 가지 알고 가야 할 것이 있다. 우리가 말하는 콤플렉스다. '~에 콤플렉스가 있다'는 **got a little hang up about ~** 이다. 그래서 '저는 피부에 콤플렉스가 있습니다'라고 한다면 **I got a little hang up about my skin** 이라고 한다. 참고로 '생긴 게 그저 그렇다'는 **She is ordinary in appearance** 라고 한다.

유사 표현 문장

○ What does she look like? 그 여자 외모는 어때요?
○ She's always worrying about her appearance. 그녀는 매일 외모에 너무 신경 쓴다.
○ The beauty is only skin deep! 외모는 피부 한 겹 차이일 뿐 더 이상은 아니다!
○ Don't judge a man by his appearance. 외모로 사람을 판단하지 마라.

Conversation

A) The more I see her the more, she is no good match for me.
그녀를 만나보면 볼수록 나랑 안 맞는 것 같아요.

B) Why, where did you get that idea?
왜 그렇게 생각하세요?

A) Because she is exactly as she appears.
생긴 대로 놀거든요.

010 Epic English

Watch your tongue, what you wish for!
말조심해! 말이 씨가 되는 법이야!

말은 결국 언어다. 언어란 무엇인가? 의사소통을 목적으로 하는 하나의 수단이다. 그렇다면 '언어'의 뜻으로 쓰는 단어로는 어떤 것이 있을까? 각각의 쓰임에 따라 **word, language, speech, tongue** 등이 있다. '말을 배우다'라고 한다면 **learn to speak**이라 표현하고, '말을 가르치다'는 **teach to talk**나 **teach language**를 쓴다. '말을 알아듣다'는 **understand what is said**이고 '말을 놓다'는 **talk in a casual way**라고 한다. 또한 '생각을 말로 표현하다'는 **express my thoughts in words**라고 표현하고, '그에게 말을 높인다'는 **I speak to him honorifically**이다. 흔히 친구끼리 하는 '우리 말 놓자'는 **Let's drop the honorifics**이라고 한다. **Change the subject**는 '말을 돌리다'이고 '말이 많다'는 **be + talkative** 그리고 '말문이 막히다'는 **tongue tied**를 쓴다. 또한 **pay lip service**는 '입에 발린 말을 하다'이고, '말끝을 흐리다'는 **slur the end of one's sentences**이다.

유사 표현 문장

○ **Am I talking to brick wall?** 내 말이 말 같지 않니?
○ **No words can justify my action.** 입이 열 개라도 할 말이 없다.
○ **There are things that you can say things you cannot.** 할 말 못할 말 따로 있다.
○ **You have crooked mouth but tell straight.** 입은 삐뚤어져도 말은 바로 해라.

Conversation

A) **I really want him to die something.**
    난 정말 그 사람이 죽든지 어떻게 됐으면 좋겠어.

B) **Oh my god, watch your tongue, what you wish for.**
    이런 세상에, 말조심해 이 사람아, 말이 씨가 되는 법이야.

A) **But that's what I feel about him nowadays.**
    그렇지만 그게 요즘 내가 그 사람에 대한 마음이야.

011 You can think what you want but!

대박영어 착각은 자유겠지요, 하지만!

'착각'은 영어로 뭘까? Illusion, delusion, mistake 등이 '착각'에 해당하는 단어들이다. 그래서 '착각에 빠지다'라고 할 때 쓰이는 단어가 delusion oneself이다. '착각을 일으키다'는 create an illusion이고, mistake를 써서 I mistook him for my friend이라고 하게 되면 '난 그 사람이 내 친구인 줄 착각했다'가 된다. People often mistake her to a foreigner는 '사람들은 종종 그가 외국인인 줄 착각한다'이다. 같은 '착각'이라도 각각의 경우에 따라 다른 단어를 사용한다. She lives under the delusion that she is very pretty라고 한다면 '그녀는 자기가 정말 예쁘다고 착각하고 산다'이다. 영화를 보면 때때로 Believe what you want to believe라는 말이 나오는데 이 역시 '착각은 자유다'이다. Mistakenly believe 역시 '착각'이다.

유사 표현 문장

- She mistakenly believe that many people love her. 그녀는 많은 사람들이 그녀를 사랑하는 줄 착각하고 있다.
- Stop misunderstanding that they will like you. 그들이 당신을 좋아하리라는 착각은 버리세요.
- Get over yourself she was looking at Steve, not you. 착각하지 마, 그녀가 쳐다본 건 스티브야 네가 아니고 알아?
- You can think everything you want but know your place first. 착각은 자유지만 네 주제파악부터 해라.

Conversation

A) I think she can't live without me.
내 생각에 그녀는 나 없이는 못살 것 같아.

B) What? You can think what you want…
착각은 자유라더니…

A) No, I am sure about that, okay?
아니라니까 확실하다고, 알아?

012 Epic English

Don't say anything you don't mean okay?
마음에 없는 말은 하지도 마세요.

Empty word는 '헛소리, 빈말'을 뜻한다. 그래서 '빈소리가 아닙니다'를 영어로 It's not empty word 라고 한다. '마음에 없는 말을 하며 상대방을 기만하는 경우'는 deceive라는 단어를 쓴다. **Don't deceive the world.**(세상을 기만하지 마세요.) **You deceived all her family.**(너는 그녀 가족을 기만했다.) '쓸데없는 말'의 뉘앙스를 가진 단어로써는 **claptrap**이 있다. **It was not claptrap.**(그것은 쓸데없는 말이 아니었다.) 또한 **nonsense word**는 '의미 없는 말, 터무니없는 말'의 뜻을 가진 표현이다. 그래서 **That's nonsense**라고 하면 '그건 터무니없는 말, 혹은 엉터리'의 뜻이 된다. **Codswallop** 역시 '헛소리'의 뜻을 가진 단어로써 **The story was a load of codswallop**하면 '그건 다 엉터리 이야기다'가 된다. **Stop that nonsense!**는 '헛소리 그만해!'이고, 점잖은 표현은 아니지만 **Cut the bull shit**도 '헛소리 그만해라'이다.

유사 표현 문장

○ **I've never heard such a load of old codswallop in my life.** 내 평생 그렇게 케케묵은 헛소리는 처음 듣는다.
○ **Stop being sarcastic me what I say.** 내 말에 빈정대지 좀 마세요.
○ **Don't say things you don't mean.** 마음에 없는 소리 좀 하지 마세요.
○ **Why don't you talk a turkey?** 사람이 좀 솔직하시지 그래요?

Conversation

A) **I am thinking of breaking with her.**
그녀와 헤어질까 생각 중이에요.

B) **Don't say things you don't mean because your face tells it..**
마음에 없는 말 하지 마세요. 당신 얼굴에 다 씌어 있어요.

A) **No I am serious this time.**
아니에요 이번에는 진심이에요.

013 Sorry is not going to cut it okay?
대박영어 미안하다면 다인 줄 아니?

간혹 미국인과 대화를 하다 보면 그 상황에 딱 맞는 표현을 찾기 힘들 때가 많다. 알고 보면 어려운 것이 아닌데 우리 말 단어와 영어 단어 사이의 개념차이 때문에 결국 **broken English**(엉터리 영어)를 하고 만다. 그 대표적인 표현 중의 하나가 **Sorry is not going to cut it**이다. 여기서 **cut it**은 '그것을 자르다'의 뜻도 있지만 '집어치워라, 그만둬라, 닥쳐라' 등의 뜻도 있다. 그래서 **Sorry is not going to cut it**이라고 하면 '미안하다고 하면 다가 아니다'가 된다. 물론 **cut it** 대신에 **be all right**이나 **everything is okay**를 써도 상관없지만, 영화에서 자주 나오는 표현은 알아두고 숙지해 둘 필요가 있다. 또 하나, **Come off it**은 '집어치워라, 말도 안돼, 헛소리 그만해'라는 뜻이다. **Cut it out!**은 '그만 둬!, 닥쳐!' 정도의 의미가 있다. 유사표현을 살펴보자.

유사 표현 문장

○ **Sorry is not going to be all right okay?** 미안하다고 다 되는 것은 아닙니다. 알겠어요?
○ **Sorry is not going to be everything all right.** 미안하다고 한다고 모든 게 만사 오케이는 아닙니다.
○ **I don't want to play word game with you.** 당신하고 말장난하고 싶지 않아요.
○ **Who are you to say that?** 당신이 뭔데 그렇게 말하죠?
○ **You're bold in your word only.** 입만 살았구나.

Conversation

A) **How can you do this to me uh?**
어떻게 나한테 이럴 수가 있니?

B) **I am sorry, okay?**
미안하다고, 응?

A) **Hey, sorry is not going to cut it?**
이봐, 미안하다면 다야?

014 Epic English

He acts like he is all that!
그는 자기가 최고로 대단한 척 행동해요!

He acts like he is a big man이라는 말이 있다. 말 그대로 '큰 사람처럼 행동한다'이다. 여기서 acts like~는 '~처럼 행동한다'인데 act like millionaire 라고 하게 되면 '그는 백만장자처럼 행동한다'가 된다. 또한 She acts like she knows everything은 '그녀는 매사에 모든 걸 다 아는 것처럼 행동한다'이다. Act like there is no tomorrow라고 하면 '내일이 없는 것처럼 행동한다'이니 결국 우리 식으로 하면 '막간다' 혹은 '막가파'이다. 이처럼 영어는 응용만 잘하면 같은 단어로도 여러 가지 다채로운 표현을 할 수 있다. '잘난 척 하다'의 대표적인 표현으로 be on your high horse가 있는데 '높은 말에 앉아있다'의 뜻으로 '잘난 척 한다'의 뜻이다. 그리고 stuck-up 역시 '잘난 체하는 시건방진'의 뜻이 있어 She is so stuck up 라고 하면 '그녀는 잘난 척한다'의 뜻이다. Princess complex 역시 '공주병'의 뜻으로 She has a princess complex 는 '그녀는 공주병이 있다'라는 뜻이고, She's snotty나 She thinks she is so special 역시 '그녀는 공주병이 있다'이다.

유사 표현 문장

○ She thinks she's God's gift to men. 그녀는 공주병이 있어요.
○ She is talking from high horse. 그녀는 아주 거만하게 말해요.
○ I think that is really condescending. 내 생각에는 그것은 좀 잘난 체 하는 것 같다.
○ I don't like the man who acts like he is all that. 난 잘난 체 하는 남자는 딱 질색이에요.

Conversation

A) What sort of person is he?
그 사람은 어떤 종류의 사람인가요?

B) I think, he acts like he is all that.
제 생각에는 자기가 최고라고 생각하고 사는 사람 같아요.

A) Are you serious? So ridiculous.
정말이에요? 정말 웃기는 인간이네요.

015 대박영어

It still bothers me!
뭔가 찜찜하네요!

영어에도 과연 '찜찜하다'라는 표현이 있을까? 결론부터 말하자면 '있다'. 사람 사는 것은 어디나 다 비슷하고, 인간이라면 어느 문화권이든 유사한 표현을 하면서 살아가는 것이 세상 이치가 아니겠는가. 다만 구체적 표현은 다소 차이가 있겠다. 사전에 나오는 '찜찜하다'라는 뜻을 가진 단어로는 먼저 **uncomfortable**이나 **awkward** 그리고 **leery**가 있다. 그러나 이 단어들의 뜻은 우리가 원하는 '찜찜하다'의 뜻과는 다소 차이가 있다. 우리가 찾는 '찜찜함'은 뭔가 뒤가 개운치 않다는 것을 의미할 때 쓰는 표현이 아닌가? 하지만 **uncomfortable**은 '편안하지 않은, 기분이 언짢은, 불편한'의 뜻으로 자주 쓰이고 **awkward**는 '어색한, 곤란한, 기분이 언짢은'의 뜻으로 쓰인다. 그렇다면 **leery**는 무슨 뜻일까? '미심쩍어하는, 조심스러운, ~을 경계하는'의 뜻으로 쓰이는데 우리가 원하는 '찜찜하다'의 **60%** 정도밖에는 그 느낌을 낼 수 없다. 그래서 **still bothers me**를 쓰는 것이다. 영화에 보면 **It still bothers me**라는 표현이 자주 나오는데 이것은 '아직도 그것이 나를 여전히 괴롭히고 있다'이니, 결국 우리의 찜찜하다와 거의 **90%**정도 맞아 떨어지는 표현이 된다.

유사 표현 문장

- If you want I can tell you but it's kind of icky.   원한다면 말해 줄 수 있지만 약간 찜찜하네요.
- This is so awkward, it's embarrassing.   저도 너무 어색해요, 정말 쑥스러운데요.
- She said that's okey but it still bothers me.   그녀는 괜찮다고 했지만, 난 여전히 찜찜하다.
- It's finished but I don't feel good about it.   그 일은 끝냈으나 내 기분은 개운치가 않다.

Conversation

A) I believe that he will manage it properly.
그 사람들이 잘 처리해 줄거라 믿어요.

B) Oh, that's a good news.
오호, 그거 좋은 소식이네요.

A) But it still bothers me!
그러나 아직도 뭔가 찜찜해요!

016 I have enough problem of my own!
내 코가 석 자입니다!

'문제가 있다'는 **I have a problem**이라고 한다. 그래서 '~에 문제가 있습니다'는 **with**를 써서 '**I have a problem with ~ 명사**'를 쓴다. **I have a problem with my car.** (내 차에 문제가 있어요.) 이 밖에 **trouble**도 명사형으로 '고민'의 뜻이 있고 **worry** 역시 명사형으로 '고민'이다. '고민거리'는 **harassment**이고 **tsuris**나 **katzenjammer** 역시 '고민거리'의 뜻이다. 이처럼 '고민'에 해당하는 영어 단어도 장난이 아닐 만큼 많다. 그래서 고민이다. 우리가 잘 알고 있는 단어 **trouble**도 앞에 어떤 단어가 오느냐에 따라 그 뜻이 엄청 달라진다. **Ask for trouble**은 '사서 고생한다'의 뜻이 되고 **look for trouble** 역시 '사서 고생하다, 제 무덤을 파다'의 뜻이 있다. 반대로 **give~ trouble**은 '애먹이다, 고생하게 만들다'의 뜻이고 **trouble maker**는 '문제아'이다. 그야말로 문제만 일으킨다는 뜻이다. 그래서 **Don't make any trouble**이라고 하게 되면 '문제를 일으키지 마시오'라는 뜻이 된다.

유사 표현 문장

○ I have some problem with my laptop.   제 노트북에 무슨 문제가 있습니다.
○ I have a big problem with my room.   제 방에 큰 문제가 있습니다.
○ I have enough problem of my own.   제 문제만으로도 산더미 입니다.
○ What's the problem with that shipment?   선적하는 데 무슨 문제가 있습니까?

Conversation

A) I need your help, can you help me?
도움이 필요한데, 도와주실래요?

B) I am sorry I have enough problem of my own.
미안합니다, 지금 제 코가 석 자입니다.

A) Oh, I am sorry to hear that!
그것 참 유감이네요!

쉬면서 알고 가는 재미있는 영어표현

1. 당근이지.
   You bet./ Absolutely, It is natural that.

2. 썰렁하군.
   That's a lame joke.

3. 분위기 망치게 하지 마/초치지 마!
   Don't spoil the mood!

4. 너나 잘해.
   Why don't you mind your own business?
   None of your business.

5. 내 성질 건드리지 마.
   Don't hit my nerve.

6. 뒷북치지 마.
   Thanks for the history lesson.

7. 잘났어 정말/너나 잘해.
   You are something else!

8. 어제 필름이 끊겼어.
   I got blacked out yesterday.

9. 그 사람 그거 참 잘~됐다/쌤통이다.
   It serves him light./He deserves it.

10. 그래 니 팔뚝(또는 니 X)굵다!
    Okay, you are the boss!

속담표현

- 백인백색(百人百色) - So many men so many minds.
- 걱정도 팔자다 - Worry wart.
- 감언이설 - That's the sweet talk.
- 견물생심 - Seeing is wanting.

일상생활에 자주 사용되는 재미있는 영어 표현들입니다.

11. 죽을 만큼 마셔보자!
   Let's go all the way!

12. 니가 나한테 어떻게 그럴 수 있니?
   How could you do that to me?

13. 놀구 있네~/삽질하네~
   Yeah, Right~/Looking good~

14. 거기 물 좋다!
   That place rocks! That place kicks!

15. (문제의 답 등이) 너무 쉽네, 얘걔걔 그게 다야?
   Is that it? That's it?

16. 너도 내 입장이 되어봐.
   Put yourself in my shoes.

17. 저리 가, 꺼져!
   Take a hike!

18. 너 정말 치사하다.
   You are so cheap.

19. 음식 잘 먹었습니다.
   I've never eaten better.

20. 몇 시에 퇴근해요?
   What time do you call it a day?

속담표현

- 고난 없는 영광 없다 - No cross no crown.
- 곧은 나무가 먼저 찍히는 법이다 – The good die young.
- 고래 싸움에 새우등 터진다 - An innocent bystander gets hurt in a fight.

017 대박영어

I wash my hands of you!
당신에게 두 손 두 발 다 들었다!

이러한 상황을 가볍게 **You win!**이라고도 한다. 하지만 다소 그 뉘앙스가 약하다. '두 손 두 발 다 들었다'에 딱 맞는 표현이 바로 **I wash my hands of you**이다. 가령 '오토바이가 매일 속을 썩인다'면 어떻게 표현할 것인가? **I wash my hands of my motorbike**라고 하면 딱 맞아 떨어진다. 물론 '진절머리가 난다' 하여 '**sick and tired of** 명사, 동명사(ing)'를 써도 좋겠지만 '지겨운 것'과 '졌다'와는 다소 다른 느낌이 아니겠는가? '영어는 해도 해도 늘지 않고 제자리걸음이다. 영어에 두 손 두 발 다 들었다'라고 한다면 **I wash my hands of English**라고 하면 된다. 반대로 '포기하지 않는다'는 **I am not a quitter**인데 quit은 '그만 두다, 포기하다'의 뜻이 있으므로 **not a quitter** 하게 되면, '포기하지 않는 사람'이 된다. 영어속담에 **In for a penny, in for a pound**가 있는데, 이 뜻은 '동전으로 돈을 만들어라' 즉 '시작을 했으면 끝을 맺어라'의 뜻이 있는 격언이다.

유사 표현 문장

- **There is nobody stopping her.** 그녀는 아무도 말릴 수가 없다.
- **There is no such thing as impossible.** 내 사전에 불가능이란 없습니다.
- **It's not over until it's over.** 길고 짧은 건 대봐야 한다.
- **Take it easy, all is well that ends well.** 참으세요, 좋은 게 좋은 거잖아요.

Conversation

A) **What's your relationship with her?**
그녀와의 관계는 어때?

B) **Her? I wash my hands of her.**
그 여자? 두 손 두 발 다 들었다.

A) **What? What happened?**
뭐라고? 무슨 일이 있었어?

018

Don't try to take an easy way out!
잔머리 굴리지 마라!

Cunning, cheating, tricks 등 모두가 '부정행위'에 해당되는 단어들이다. 시험칠 때 '컨닝한다'라고 하는데 이것은 cheating이라고 해야 옳다. 또한 '속이다'의 뜻으로 사용되는 단어는 deceive, trick, cheat, be fool, swindle 등 여러 가지가 있다. 영화대사에 자주 등장하곤 했던 The way you are reveals what you do for a living은 '직업은 속이지 못한다'의 뜻으로 자주 미국인들이 사용하는 문장이다. 참고로 'lie about + 명사'는 '~을 속이다'이다. 그래서 '나의 과거를 속였다'라고 한다면 I lied about my past가 되는 것이다. 잔꾀로 사람을 속일 때는 Pull the wool over my eye를 쓰는데, '벙거지 모자로 내 눈을 가리지 마라'이다. You can't pull the wool over my eye.(내 눈은 속일 생각하지 마라.) Give short measure는 '근수를 속이다', 즉 '양을 속이다'이고 양을 속이기 위한 '가짜 바닥'은 a false bottom이라고 한다. That store gave short measure with a false bottom. (그 가게는 바닥을 높여서(가짜 바닥으로) 양을 속였다.)

유사 표현 문장

○ **Don't look the other way.** 눈 가리고 아웅하지 마라.
○ **Don't try to keep off the sky by your hand.** 손바닥으로 하늘을 가리지 마라.
○ **Not of your stupid tricks.** 잔꾀 부리지 마라.
○ **He used cunning to find out their secrets.** 그는 잔꾀를 써서 그들의 비밀을 알아냈다.

Conversation

A) **He got a habit of forgetting our meeting time.**
그 사람은 회의 시간을 잊어버리는 경우가 많아요.

B) **I think, he is trying to take an easy way out.**
내 생각에는 그 사람 잔머리 굴리는 것 같아.

A) **Really? Man and melons are hard to know.**
그래? 열 길 물속은 알아도 한 길 사람 속은 모른다더니.

019

대박영어

I know you have what it takes.
난 당신의 능력을 믿어요.(능력 있잖아요.)

'능력'은 영어로 **ability**이다. 그래서 많은 사람들이 '당신 능력 있잖아요?'를 영어로 표현할 때는 **You have ability**라고 한다. 틀린 말이 아니다. 하지만 미국 영화에서는 **You have what it takes**를 많이 쓴다. 말 그대로 '네가 무엇을 가지고 있다' 혹은 '무엇을 가지고 있는지 안다'이다. 그래서 '힘 내세요, 전 당신의 능력을 믿어요!'라고 할 때 그들은 **Please cheer up, I know you have what it takes**라고 하는 것이다. '능력이 있다'의 다른 표현으로는 **be able to do**가 있다. 반대로 '능력이 없다'는 **be unable to do**이다. '능력을 기르다'는 **develop one's abilities**이고 '능력을 발휘하다'는 **make(use) of one's abilities**이다. 팝송이나 영화의 단골 표현인 **That's beyond what I can do**는 '그건 제 능력 밖의 일이에요'인데, **That's not in my power**나 **That's out of my league**라고 말하기도 한다. **I can't afford it**은 '그것을 할 형편이 안됩니다, 그것을 할 능력이 없습니다'이다. 꽤 자주 쓰이는 표현이니 꼭 익혀두자. **I can't afford to bug a car**. (나는 차를 살 형편이 안됩니다, 차를 살 능력이 없습니다.)

유사 표현 문장

○ **I can't even afford to feed my self.**   나 혼자조차 먹고 살 능력이 없다.

○ **He is a very capable person.**   그는 아주 능력 있는 사람이다.

○ **She feels like she has reached her limit on this project.** 그녀는 이 일을 하면서 그녀의 능력에 한계를 느끼고 있다.

○ **Someone with a limited ability cannot do this work.** 능력이 안 되는 사람은 이 일을 할 수 없다.

Conversation

A) **No longer think that I can keep working over there.**
더 이상 그 일을 계속할 자신이 없어요.

B) **Come on, I know you have what it takes.**
힘내세요, 전 당신의 능력을 믿어요.

A) **But there is a limit for everything.**
그렇지만 모든 일에는 한계라는 것이 있잖아요.?

020 Epic English

Are you feeling guilty?
뭐 찔리는 거라도 있어?

영화에 보면 **Guilty** 혹은 **No guilty!**라는 표현이 자주 나온다. **guilty**는 '죄책감이 드는, 혹은 죄를 느끼는'이고 명사형으로는 '유죄'이다. 반대로 **No guilty**는 당연히 '무죄'가 되는 것이다. 그러므로 **feel guilty**는 '죄책감을 느끼다'이니 결국 '뭔가 찔리는 게 있다'가 된다. 또한 **bother**라는 단어도 '뭔가 꺼림칙하다, 괴롭히다'의 뜻으로 be + bothering하면 '뭔가가 찔린다'가 된다.

우리말에도 뭔가 '찜찜하다'라는 표현이 있는데, 여기에 딱 맞는 표현이 바로 **It still bothers me**이다. **Weigh on one's mind** 역시 '마음에 무겁게 얹히다' 즉 '마음에 걸리다, 뭔가 여운이 남다'의 뜻이다. **Feel guilty** 대신에 **sense of guilty**라고 해도 같은 의미로, '죄책감을 갖다, 죄책감을 느끼다'의 뜻이다. **Why do you feel guilty?**(왜 죄책감을 느끼시죠?)

유사 표현 문장

○ I have something on my chest. 뭔가 마음에 걸려요.
○ Her words weigh heavily with me. 그녀의 말이 마음에 걸려요.
○ I still feel guilty even thinking that fighting. 그 싸움을 생각만 하면 지금도 뭔가 죄책감이 든다.
○ I feel a little guilty but the kiss was nasty. 살짝 찔리지만 키스는 끔찍했어.

Conversation

A) Are you feeling guilty something to me?
나에게 뭐 찔리는 거라도 있어?

B) No, never! I didn't do anything wrong, why?
아니 전혀, 내가 뭐 잘못한 것도 없는데 왜?

A) If you say so, that's okay.
그렇게 말한다면 됐어.

021 대박영어

Over my dead body, okay?
내 눈에 흙이 들어가기 전엔 안 돼요, 알겠죠?

'절대로 안된다'를 It's impossible before I die라고 해도 무방하다. 하지만 대화를 나눌때 어떻게 교과서적인 표현만을 사용하겠는가? 교과서적인 표현만을 익히면 hearing(듣기)에 문제가 생길 소지가 있다. **No mean no**나 **Impossible is impossible okay?** 등도 '안 되는 건 안 되는 거야' 뜻으로 사용되고 **absolutely not** '이나 **christ not** '도 '절대로 안 돼요'이다. 영화 대사에서 자주 나오는, 강력한 부정을 나타내는 대표적인 표현인 **Definitely not**도 '절대 아니다' 혹은 '절대 안 된다'라고 할 때 쓰이는 단어이다. 가볍게 사용되는 **No way**도 '길이 없다'가 아니라 '결코 안 된다'의 뜻을 가진 문장이다. 누군가 '이것 제가 가져도 되나요?'라고 한다면 **No way!** '천만에요 절대 안돼요!'라고 대답하면 된다. 누군가가 **It's impossible for me to do it**이라고 한다면 그것은 '제게는 불가능합니다'인데 **It cannot possibly be done** (그 일은 실현 불가능하다)와 같다.

유사 표현 문장

- I am so sorry because it's absolutely impossible. 죄송합니다, 왜냐하면 그건 절대 불가능합니다.
- I am sorry, it's a logical impossibility. 죄송해요, 그건 논리적으로 불가능한 일입니다.
- I am sorry, it's physically impossible things. 죄송해요, 그건 물리적으로 불가능한 일입니다.
- The mission is wrong water from a flint. 그 미션은 불가능합니다.

Conversation

A) Dad! Can I go to see a movie with Tom tonight?
아빠, 오늘 저녁에 탐하고 영화 보러 가도 되나요?

B) No, over my dead body!
안 돼, 내 눈에 흙이 들어가기 전엔!

A) Why? He is just my friend, it's nothing more nothing less.
왜요? 그는 제 친구일 뿐이에요, 그 이상도 그 이하도 아니라고요.

022 Epic English

There goes my dream!
내 꿈이 산산조각이 났어요!(날 샜어요!)

Dream은 '꿈'이다. 잠잘 때 꾸는 '꿈'도 dream이고 마음에 가지고 있는 '꿈'도 dream이다. 그래서 꿈을 꾸는 사람 즉 '몽상가'나 '공상가'를 우리는 dreamer라고 한다. 꿈을 꾸는 사람이라는 뜻이다. 간혹 몽상가를 '정신병자'라고 생각하는 사람도 있다. 그래서 누군가 독특한 사람을 두고 그 친구가 dreamer인지 아니면 realist(현실주의자)인지를 두고 설전을 벌이기도 한다. Idealist 역시 '이상주의자나 공상가, 환상주의자'의 뜻을 가진 단어다. 어찌되었든 dream은 그 뜻이 엄청나게 많다. 우선 Dream on! 하게 되면, '꿈 깨라!'가 되고 wet dream은 '몽정'이다. 또한 dream something up이라는 표현에는 '(말도 안 되는) 생각에 사로잡히다, 생각해 내다'의 뜻이 있다. Trust you to dream up a crazy idea like this (난 네가 이런 말도 안 되는 생각을 할 줄 알았다.) Dream은 '소원'이나 '바람'의 뜻도 있어 Owning a home of our own was my dream for years 하게 되면 '내 집 마련은 나의 오랜 바램이었다' 가 되는 것이다.

유사 표현 문장

○ **So far, it's only a dream.** 아직까지 그건 꿈에 지나지 않는다.
○ **I am afraid that it was just a pipe dream.** 그것은 한낱 공상이었을 뿐이었다.
○ **I have a dream to travel all over the world.** 나는 전 세계를 여행하는 꿈을 가지고 있어요.
○ **He has a dream which is up to dick.** 그는 멋진 꿈을 가지고 있습니다.

Conversation

A) I had a dream which is up to dick but…
저는 멋진 꿈을 가지고 있어요, 그런데…

B) But what? What's the matter?
그런데 뭐죠? 무슨 일이에요?

A) There goes my dream.
그런데 날샜어요.

023

대박영어

Are you gonna go back on your word?
한 입으로 두 말 하겠다는 겁니까?

'약속을 깨다'는 **break appointment**이다. 하지만 영화에서는 곧잘 **Are you gonna go back on your word?**라는 표현을 자주 쓴다. '말을 되돌릴 겁니까?'라는 뜻이다. '한 입으로 두 말 하지 마세요'도 **If you say yes, stay yes**라고 한다. 물론 **Don't change your mind**를 써도 된다. 하지만 **change**라는 단어만 고집하면 곤란하다. 단어를 끼워 맞추는 식의 영어는 듣기**(hearing)**에 문제를 일으킨다. 다양한 표현을 익히기보다 단어 하나에 묶이는 것이다. '내 말을 취소한다'라고 할 때에도 **cancel**이라는 단어를 쓰지 않고 **take back one's word**를 써서 **I'll take back my word!**라고 하면 멋진 구어체 표현이 된다. 참고로 **Why do you always twist my word?**는 '왜 당신은 항상 내 말을 비꼬는 것이냐?'이고 **It's not empty word**는 '헛소리가 아닙니다'이다.

유사 표현 문장

- Don't go back on your word. 약속 어기지 마.
- Are you gonna go back on your word to go fishing? 낚시 간다는 말 번복할 겁니까?
- He never goes back on his word. 그는 결코 그가 한 말을 번복하는 일이 없다.
- She always goes back on her word. 그녀는 매사에 말을 바꾼다니깐!

Conversation

A) I am not going to see a movie tonight.
오늘 저녁에 영화 보러 안 갈 거야.

B) What? Are you gonna go back on your word?
뭐라고? 네가 한 말을 번복하겠다는 거니 지금?

A) But, I am tired, okay?
피곤해서 그래요.

024 Epic English

You're in on everywhere.
당신은 약방에 감초군요.(안 끼는 데가 없군요.)

I was told not to+동사는 '~ 하지 말라고 들었다'이다. 즉 '거기에 가지 말라고 들었습니다'라고 한다면, I was told not to go there이다. 수동태는 'be +과거분사'를 쓰면 된다. 참고로 be + in on이나 get in on은 숙어형으로 '관여하고 있다' 혹은 '관여하게 된다'의 뜻이다. 그래서 I was in on the match라고 하면 '나는 그 경기에 참가했다'가 된다. 만약 '저도 그 계획에 동참하고 싶습니다'라고 한다면 I'd like to be in on that plan이라고 하면 되는 것이다. 그러나 You're in on everywhere는 '모든 것, 모든 일, 모든 곳에 참여한다'이므로 우리 식으로 해석하면 '안 끼는 데가 없군요' 혹은 '약방에 감초시군요'가 되는 것이다. 영화 The God Father(대부)에서 나왔던 대사 중 하나인 We're in on everywhere는 '우리는 안 끼는 곳이 없다'. 즉, '모든 구역이 우리의 것이다'라는 뜻이다.

유사 표현 문장

○ **Why are you trying to be in on me and her matter?** 당신은 왜 나와 그녀 사이의 일에 끼려고 하는 거죠?
○ **He likes to be in on everywhere.** 그는 나서기를 좋아하는 사람이다.
○ **She is a back seat driver.** 그녀는 이래라 저래라 간섭이 많다.
○ **Will you stop being a back seat driver?** 참견 좀 그만 하세요!

Conversation

A) **He is one of those who tends to butt in on everything.**
그 사람은 모든 일에 나서는 타입이군요.

B) **Right. He is in on everywhere and everything.**
맞아요. 그 사람은 안 끼는 데가 없어요.

A) **I am really sick and tired of that style.**
그런 스타일 딱 질색이에요.

025 She turns me on!
그녀는 정말 매력적이에요!

대박영어

어느 할리우드 유명 배우가 화장품 광고를 찍으면서 **It turns me off!**란 말을 했다. 해석하면 '난 관심 껐다' 즉 '난 그것은 딱 질색입니다'라는 뜻이다. '질색'에 해당하는 영어로는 **hate, loathe, detest, abhor** 그리고 **abominate** 등 많은 단어들이 있다.

그래서 '난 벌레라면 딱 질색이다'는 **I really hate insects**라고 하고 '난 공포영화라면 질색입니다'는 **I loathe horror movies**라고 표현한다. **Most men detest shopping**은 '대부분의 남자들은 쇼핑을 싫어(질색)한다'이다. 또한 우리에게 익숙한 단어 **stand** 역시 '질색', 혹은 '견디기 힘든'의 뜻이 있어 **I can't stand medicine** 하게 되면 '난 약이라면 질색이야'가 된다. 이와 반대로 '~는 정말 매력적이다' 혹은 '죽인다, 반했다'는 **off**와 반대로 **on**을 쓴다. 그 대표적인 예가 **It turns me on**(그것 정말 죽인다)이다.

유사 표현 문장

○ I had a crush on my English teacher. 난 우리 영어 선생님에게 반했었어.
○ I think, he seemed to have a crush on Lucy at first sight. 내 생각에는 그 사람은 루시에게 첫눈에 홀딱 반한 거 같아.
○ He really turns me on. 그 사람은 정말 매력 있어.
○ She is a cham that attract the people. 그 사람은 사람을 끄는 매력이 있어.

Conversation

A) What do you think of Kim?
김을 어떻게 생각하세요?

B) He really turns me on.
그 사람 정말 매력 있지요.

A) Yes, I think so too.
네, 저도 그렇게 생각해요.

026 Epic English

He totally manipulated me!
그는 나를 가지고 놀았어요!

'~와 놀다'는 일반적으로 **play**를 쓴다. 그래서 **play for**(~을 위해 놀다)와 **play with**(~와 함께 놀다)의 차이를 익혀두는 것이 중요하다. 영화에 보면 **Don't play with love**라는 말이 자주 나온다. '사랑과 놀지 마라'가 아니고, '사랑 가지고 장난하지 마라'이다. 물론 love 대신에 사람이 오면 '누구와 놀지 마라'가 될 것이다. 이처럼 한 단어에도 많은 뜻이 내포되어 있다. 어떤 문장에 어떤 단어가 오느냐에 따라 그 표현이 **180**도 달라질 수 있는 것이다. 그렇다면 영어에는 **play** 말고는 '놀다' 혹은 '데리고 놀다, 기만하다'의 뜻이 있는 단어는 없는 것일까? 아니다. 이럴 때 원어민들이 자주 쓰는 단어가 바로 **manipulated**이다. **manipulated**은 동사형으로 사람이나 사물을 '조정하다, 조작하다, 컨트롤하다'의 뜻이 있다. 그래서 '사람을 데리고 이랬다 저랬다' 하는 것을 **You manipulated me?**라고 한다. '배후 조종'도 이 단어를 쓴다.

유사 표현 문장

○ **She uses a lot of different way to manipulate us.** 그녀는 우리를 조종하고자 다양한 방법을 이용한다.
○ **He sometimes manipulates his parents.** 그는 간혹 그의 부모님을 조종한다.
○ **She manipulates me and tries to do her will.** 그녀는 나를 조종하여 자기 뜻대로 되게 하려 한다.
○ **I don't like the way she manipulates people.** 나는 그녀가 사람을 조종하는 방식이 맘에 들지 않는다.

Conversation

A) **Why you broke up with Tom?**
왜 탐하고 헤어진 거야?

B) **I think he manipulated me.**
내 생각에 그는 날 데리고 논 것 같아.

A) **Why do you think like that?**
왜 그렇게 생각해?

027 대박영어

I am an out-cast at school.
저는 학교에서 왕따 입니다.

한때 사회 최고의 이슈였던 왕따! 얼마 전 모 부대에서 한 병사를 왕따 시켜 큰 사고가 났다. '어제 오늘 일이 아니다.' (That didn't start from yesterday.) 결국 그 병사는 많은 다른 사병을 총으로 사살하고 자기도 죽으려고 자해했다. 이처럼 사회에 만연하고 있는 것이 바로 '왕따'이다. 이 문제는 학교에서, 사회에서 또한 군대에서까지 독버섯처럼 번지고 있다. 먼저 '왕따'의 표현으로는 **I feel out of place**가 있다. 말 그대로 혼자 버려진 느낌이라는 뜻이다. 두 번째가 **I feel left out in the cold**인데 **cold** 대신에 **field**를 쓰기도 한다. **out cast** 역시 숙어형으로 '혼자 버려진, 왕따' 등의 뜻이 있다. 그래서 **He is an out-cast**라고 하게 되면 '그는 왕따입니다'이다. '약자를 괴롭히기'의 뜻을 가진 **bullying**도 '왕따'의 뜻으로 쓰이고, **Cyber bullying**은 인터넷에서 특정인을 괴롭히는 것이다.

유사 표현 문장

○ **They are leaving me out in the cold.** 그들은 지금 나를 왕따 시키고 있습니다.
○ **Don't single me out of the cast.** 저를 혼자 내보내지 마세요.
○ **As a school boy I was bullied for about two years.** 학창시절 난 2년 동안 왕따를 당했어요.
○ **He is the black sheep of his class.** 그는 학교에서 왕따입니다.

Conversation

A) **He is not a very social being.**
그 사람은 사교성이 좋은 거 같진 않아요.

B) **Social being? No way, He is an out-cast.**
사교성요? 천만에 그 사람 완전 왕따에요.

A) **Oh really?**
오우, 정말요?

028

It's gonna be a laughing stock!
웃음거리가 될 것이다!(놀림감!)

Epic English

If we step in, he will be the laughing stock of his class 이 말은 '만약 우리가 끼어들면 그는 자기 반에서 웃음거리가 될 것이다'라는 뜻이다. 여기서 step in은 '끼어들다'이고 반대인 step out이나 count out은 '~에서 빠지다'의 뜻이다. 원래 명사형으로 laughing stock은 '웃음거리, 웃기는 일'을 뜻한다. 그래서 make a laughing stock of oneself는 '웃음거리가 되다'이다. '놀림감' 역시 laughing stock 혹은 object of ridicule을 쓴다. '놀리지 마라'고 할 때에는 Don't kid me를 쓰는데, Stop kidding me도 같은 뜻이다. Tease 역시 '놀리다'의 뜻이 있어 Don't tease my sister 하게 되면 '내 동생을 놀리지 마라'이다. Piss out 역시 '놀리다'의 뜻이다. '지금 나랑 장난해?', '나를 놀리는 거야?'에 해당하는 또 다른 표현으로 You are pulling my leg?도 유명하다. 모두 익혀두고 유용하게 활용하자.

유사 표현 문장

○ **The party became a laughing stock.** 그 파티는 웃음거리가 되었다.
○ **I don't want to be a laughing stock for my family.** 내 가족들에게 웃음거리가 되고 싶지 않다.
○ **She is a laughing stock of her class.** 그녀는 반에서 웃음거리다(놀림감).
○ **She is an out-cast at school.** 그녀는 학교에서 왕따다(웃음거리다).

Conversation

A) **I don't want to be a laughing stock for anybody.**
난 그 누구에게도 웃음거리가 되긴 싫어.

B) **Why, what happened?**
왜, 무슨 일 있었어?

A) **I feel like an out-cast at school.**
나 학교에서 왕따 같아서.

029 You should be grateful buddy.

대박영어

넌 감사해야 해, 친구야.

'감사하다'를 모르는 사람은 없다. 영어로 **Thank you**를 누가 모른다고 하겠는가? 문제는 응용이다. **He doesn't know how to say thank**라고 하면 '그는 감사하다는 말을 할 줄 모른다'가 된다. 남에게 감사의 표현을 할 때는 무조건 **thank**나 **thanks, thank you**를 쓴다. 그렇다면 본인에게 감사해야 한다는 어떻게 할까 **Thank me?** 뭔가 좀 이상하고 자연스럽지 못하다. '현재 본인의 처지에 감사하세요!'라고 한다면 **You should be grateful**을 쓴다. 비교**(compare)**를 좋아하는 게 인간인지라 본인의 처지가 얼마나 감사해야 하는 것인지 망각하며 살고 있지만, 본인보다 못한 사람을 만나게 되었을 때 느끼게 되는 바가 있다. **We should be grateful**이다. Grateful에는 형용사형으로 '고마워하는, 감사하는' 등의 뜻이 있어 우리가 영어로 말할 때 자주 쓰는 단어이다. 이런 단어를 모르면, 아래와 같은 표현도 활용하기 어렵다. **I think I should be grateful to have a job at all**. (난 어떻게든 취직을 했으니 고마워해야 한다.)

유사 표현 문장

- **You should be grateful because you have a beautiful girl friend.** 넌 예쁜 여자 친구가 있으니까 감사해야 해!
- **I am very grateful for everything you do for me!** 저에게 베풀어주신 호의에 감사드립니다!
- **We need to be grateful for small mercies though.** 그렇지만 우린 불행 중 다행으로 여길 필요가 있습니다.
- **I am so grateful to them for being so generous and unselfish.** 그들이 관대하고 사심이 없음에 감사한다.

Conversation

A) **I am really sick and tired of my life.**
난 정말 내 인생이 지겹고 싫어.

B) **What are you talking about? You must be grateful for your condition.**
무슨 소리 하는 거야? 넌 네 처지를 감사해야 해.

A) **You are not talker my language.**
말이 안 통하는구만.

030 Epic English

Do you want stand out?
너 그렇게 튀고 싶니?

Stand의 과거는 **stood**이다. **stand**는 동사형으로 '일어서다, 서다, 서있다' 등의 뜻이 있고, 여기에 덧붙여 '견디다, 세우다' 등의 뜻도 함께 있다. 그래서 **I can't stand it any more**라고 하면 '더 이상 견딜 수가 없다'이니 결국 '더 이상 참을 수가 없다'가 되는 것이다. 또 다른 예를 한번 보기로 하자. **He was too weak to stand there all day.**(그는 거기에서 온종일 힘없이 서 있었다.) 참고로 **stand in**은 대리인을 일컫는 것이고 **stand by**는 '예비, 대기'를 뜻하며 **stand up**은 '서다'의 뜻으로 우리가 흔히 자주 말하는 '일어서라'라고 할 때 쓴다.

〈숙어〉

stand-off 교착상태 **stand off** 떨어져 있는, 서먹서먹한 **stand by** 예비, 준비, 대비 **stand by L/C** 보증 신용장 **stand down** 물러나다, 사임하다 **stand upside down** 물구나무서기 **stand-offish** 냉담한, 남에게 쌀쌀맞은 **stand up to** ~을(를) 견디다.

유사 표현 문장

○ She stood out from the crowd at the meeting. 그녀는 모임에서 단연 돋보였다.
○ She likes to stand out. 그녀는 튀는 것을 좋아한다.
○ He always tries to stand out from his class. 그는 교실에서 늘 튀려고 한다.
○ You stood out from all my friends. 넌 내 친구들 가운데 최고야.

Conversation

A) You're the diamond in the rough.
넌 군계일학이야.(황무지 속의 다이아몬드야.)

B) Why do you think so?
왜 그렇게 생각해?

A) Because you stood out from your class.
네 반에서 가장 뛰어나니까.

031 대박영어

Nobody know human psychology!
사람 심리는 아무도 모르는 것이다!

I have interest in psychology라고 하면 '나는 심리학에 관심이 있다'이다. 여기서 **psychology**는 '심리학' 또는 '심리'의 뜻이다. 그래서 흔히 말하는 '범죄심리'를 영어로 **criminal psychology**라고 한다. 하지만 '심리'라고 해서 전부 **psychology**만 쓰는 게 아니다. 때에 따라서는 **mentality**를 쓴다. Mentality에는 '사고방식, 심리, 정신상태' 등의 뜻이 있기 때문이다. 그래서 **I can't understand the mentality of her**라고 하면 '그녀의 심리를 알 수가 없다'라는 뜻이 된다. **This is what we call the militarg mentality.** (이것이 소위 말하는 군인 정신이라는 것이다.) 간혹 영화에서 **I don't know what your game is**…라는 말을 하곤 하는데 이 역시 '너의 꿍꿍이속을 알 수가 없다'이다. **Nobody knows**는 '아무도 모른다'인데, 비슷한 표현으로는 **Who knows?**(누가 알겠어요?), **God only knows**(오직 신만이 알고 있다)가 있다.

유사 표현 문장

- I don't know woman psychology sometimes.   나는 간혹 여자의 심리를 알 수가 없어요.
- I have interest in psychology of sports.   저는 스포츠 심리에 대해 관심이 있습니다.
- Most men don't understand the delicate psychology of women.   대부분의 남자들은 여자들의 세심한 심리를 잘 모른다.
- Psychology is the science of behavior and mental processes.   심리학은 행동과 정신과정의 과학이다.

Conversation

A) I don't know what makes her change a lot.
   나는 그 여자의 변덕을 이해 못하겠어요.

B) That's why, nobody know psychology of woman.
   여자의 심리는 아무도 모르죠.

A) But this is too much.
   그렇지만 이건 너무하잖아요.

032

We must buy sometime.
우리는 시간을 벌어야 한다.

Buy time 시간을 사다? 우리는 흔히 '~을 하기 위한 시간을 벌어야 한다'라는 표현을 쓴다. 영어에도 이 같은 표현이 있는데 이것이 바로 **buy time**이다. '시간을 벌다'에는 **buy time** 말고도 **gain time**, **play for the time** 등의 표현이 있다. Gain time은 '시간을 갖다'이고 play for the time은 '시간과 놀다'이니 결국 이것들 역시 '시간을 벌다'가 되는 것이다. **In order to play for the time, he kept talking to the officer.** (시간을 벌기 위해 그는 공무원에게 계속 말을 했다.) Play for the time의 어순을 바꿔 **Time for play**라고 하면 '연극할 시간이다'가 된다. 흔히 쓰이는 **kill time**은 '시간을 죽이다, 시간을 때우다'이다. **This is a killing time movie.** (이 영화는 시간때우기용 영화입니다.) '~할 시간이 있느냐'라고 한다면 'time to + 동사원형'을 쓰면 된다. 예를 들면, **I have no time to go out and play with them.** (난 그들과 같이 놀 시간이 없다).

유사 표현 문장

- **I have 20minutes to kill.** 나는 20분을 때워야 한다.
- **She is buying sometime.** 그녀는 시간을 벌고 있다.
- **In order to play for the time, He kept reading the book.** 시간을 벌기 위해 그는 계속 책을 읽었다.
- **They gain time to make decision.** 그들은 결정을 하기 위해 시간을 벌었다.

Conversation

A) **We can't do any business without money.**
자금 없이는 그 어떤 사업도 불가능해요.

B) **Right, that's why we have to buy sometime.**
맞아요, 그래서 우리는 시간을 벌어야 해요.

A) **But takes long time is no good.**
그렇지만 너무 오래 걸리면 곤란해요.

쉬면서 알고 가는 재미있는 영어표현

21. 이 짓이 지겨워 죽겠어!
This sucks!

22. 야, 친구 좋다는 게 뭐야?
Come on, what are friends for?

23. 너무 감격해서 눈물이 난다.
It was so touching, I almost cried.

24. 미안해 할 것까지는 없어.
There's nothing to be sorry about.

25. 내게 고마워할 것까지는 없어.
There's no need to thank me.

26. 이보다 더 좋을 순 없다!
It couldn't be better than this!

27. 메롱.
Neh Neh Neh Boo Boo.

28. 섭섭하지 않게 해드리겠습니다!
You won't be disappointed!

29. 나를 만만하게 보지 마.
Don't you think I am that easy.

30. 니가 하는 일이 다 그렇지 뭐.
That's what you always do.

속담표현

- 공수래공수거 – Naked as come we into the world and naked shall we go.
- 구르는 돌에는 이끼가 끼지 않는다 – A rolling stone gather no moss.

일상생활에 자주 사용되는 재미있는 영어 표현들입니다.

31. 분위기 파악 좀 해라, 인간아.
Consider your surroundings, you fool.

32. 두고 보자.
Just wait! I'll get(또는 pay) you back.

33. 가만히 있으면 중간이나 가지.
You should've kept quiet.

34. 이번 한 번만 봐준다.
I'm gonna let it slide only this time.

35. 쟤는 어디 가도 굶어죽진 않겠다.
He will never starve anywhere.

36. 너무 많은 걸 알려고 하면 다쳐.
You'll get hurt of you try to know too much.

37. 제발 잘난 척 좀 그만 해.
Stop acting like you're all that.

38. 네가 없으니 뭔가 허전한 기분이야.
I feel like something is missing.

39. 장난이 좀 심하군.
The joke is too harsh.

40. 말장난 그만 합시다.
Let's stop playing word games.

속담표현

- 굼벵이도 구르는 재주가 있다 – Every man for his own trade.
- 귀에 걸면 귀걸이 코에 걸면 코걸이죠 – It differs with the circumstances.   • 그림의 떡 – It's a pie in the sky.

033 You want to feel 목적격+out?

대박영어 너는 ~의 의중을 떠보길 원하냐?

Feel은 동사형으로 '듣다, 느끼다, 의식하다'의 뜻이 있고 과거형은 felt이다. Feel은 주로 감정이나 감각을 느낄 때 자주 쓰는 동사이다. 그래서 feel the tension이라고 하면 '긴장감을 느끼다'이고 feel hungry는 '배고픔을 느끼다' feel cold는 '추위를 느끼다'이다. Can you feel the tension in this stadium?(이 경기장의 긴장감이 느껴지니?) 또한 '~의 인상이 들다'로도 사용하여 사람의 느낌, 그 사람의 인상 등을 느낄 때도 feel이라는 단어를 쓴다. Feel like는 '~ 처럼 느껴지다'인데 영화 표현에 자주 나오는 I felt like a fish out of water(물 밖에 나온 고기처럼 좌충우돌 했어요)가 그 대표적인 예다. Feel like~에는 '~을 하고 싶다, 갖고 싶다'의 뜻도 있다. I feel like coffee.(커피를 마시고 싶습니다.) I feel like a drink.(한 잔 하고 싶네요.) I feel hungry. I feel like a sandwich. (배고파요. 샌드위치가 먹고 싶어.) 명사형으로는 feeling이 있는데 이 뜻 또한 '촉감, 감촉' 등의 뜻으로 I don't have any feeling left for him 이라고 하면 '이제 그 사람에게 미련이 없다'이다. 여기서 feeling left는 '남아있는 감정' 즉, '미련'이다.

유사 표현 문장

- I feel out of place.   위화감을 느끼다, 따돌림 당함을 느끼다.
- I feel out of the matter.   난 그 문제에서 벗어났다.
- I tried to feel her out.   난 그녀의 의중을 떠보고 시험했다.
- Way do you feel me out all the time?   왜 당신은 나를 항상 떠보는 거죠?

Conversation

A) Why do you try to feel me out all the time?
왜 당신은 나를 항상 떠보는거죠?

B) What? Why do you think like that?
뭐라고요? 왜 그렇게 생각하세요?

A) You mean I'm for sensitive huh?
당신 말은, 내가 너무 예민하다 그거죠?

034 Epic English

I don't want to read her face!
그 여자 눈치 보며 살기 싫어!

'눈치'는 일반적으로 **wits**나 **sense**를 쓴다. 그래서 '눈치가 빠르다'는 표현으로는 **be quick witted**를 쓴다. **Have good sense** 역시 상황에 따라 '눈치가 빠르다'로 해석되기도 한다. 이와 반대로 '눈치가 없다'라고 할 때에는 **be slow witted**나 **have slow wits** 혹은 **have no sense**를 쓰는 것이 일반적이다. 간혹 **lack the sense**를 쓰기도 하는데 이 역시 '눈치가 없다'의 뜻이다. 예) **she doesn't have any common sense.** (그녀는 눈치가 없다.) 하지만 '눈치를 살피다'는 쓰는 단어가 다르다. **Don't mind~** 식도 좋지만 **read one's face**가 재미있는 표현이다. 즉 '상대방의 얼굴을 읽다'이니 결국 '그의 눈치를 본다'인 것이다. 예) **I must read my father's face.** (난 아버지 눈치를 봐야 한다.) **Feel awkward** 역시 '거북하다, 어색하다'의 뜻이 있어 '눈치를 보다'의 의미로 사용되곤 한다. 예) **I got out from there because I felt awkward.** (눈치가 보여서 거기에서 나왔다.)

유사 표현 문장

○ **Why do I have to read your face all the time?** 왜 내가 항상 네 눈치를 봐야 하지?

○ **She read my face and gone somewhere.** 그녀는 내 눈치를 보곤 어디론가 가버렸다.

○ **I sometime work on eggshells.** 난 가끔 눈치를 본다.

○ **Since it happened, I've become really self-conscious.** 그 일이 있은 후 나는 매우 눈치를 보게 되었다.

Conversation

A) **Why don't you stay with us?**
우리랑 같이 있는 게 어때?

B) **No thanks, I don't want to read her face.**
고맙지만, 그녀 눈치 보기 싫어요.

A) **Oh, come on, think a positive.**
왜 그래? 긍정적으로 생각하라고.

035

This is my bread and butter.
이것이 내 밥줄입니다.

대박영어

'직업'에 해당하는 영어단어로는 **job, work, occupation, career in** 그리고 **vocation, profession** 등이 있다. 이 가운데 '당신 직업이 무엇입니까?'라고 할 때 가장 일반적으로 쓰는 말이 **What's your job?**이다. 물론 **What do you do?**가 더 좋고 **What do you do for a living?**은 정중한 표현이다. 그러나 서류상에나 문서의 직업을 묻는 '란'에서는 **What's your job?**이라고 하지 않고 **What's your occupation?**이라고 한다. 저는 '~에서 근무합니다(일합니다)'라고 할 때에는 **at**이나 **for**를 써서 **I am working for~**라고 하거나 **work at**을 쓰기도 한다. 예) **I am working for SAMSUNG.**(전 삼성에서 일합니다.) **I work at a factory.**(저는 공장에서 일을 합니다.) '자영업을 하고 있습니다'는 **I am self-employed**라고 하고 사무직일 때는 **I have an office job**이라고 한다. **Which department do you work in?**은 '어떤 부서에서 일하십니까?'이다.

Bread and butter는 '주 소득원', **bread-and-butter**는 '가장 기본적인', **a bread and butter worry**는 '생계 걱정', **a bread and butter job**은 '생업'이다. **Making jackpot in business made her free from bread and butter worry.**(사업에 대박이 나서 그녀의 생계에 지장이 없다.) **It's a bread-and-butter movie.**(이건 꼭 봐야 하는 영화야.)

유사 표현 문장

○ I am in the medical profession. 저는 의료계에 종사합니다.
○ I work in the sales department. 저는 영업부에서 일합니다.
○ There is no such thing as a high and low job. 직업에는 귀천이 없는 법이다.
○ You can't hide your trade what your occupation is. 직업을 속이지는 못하는 법이다.

Conversation

A) I must report for work until 7PM.
저는 오후 7시까지는 출근 보고를 해야 합니다.

B) Why don't you play hooky from work today?
오늘은 그냥 쉬지 그러세요?

A) No, I can't, because this is my bread and butter.
안됩니다, 이게 제 밥줄입니다.

036 Epic English

She blurted out that she will marry.
그녀는 불쑥 결혼한다고 말했다.

'별안간'은 영어로 **suddenly, abruptly** 혹은 **all of a sudden**을 쓴다. 그래서 그사람이 '**별안간 죽었다**'라고 할 때 He died suddenly라고 한다. 또한 **all at once**는 '**갑자기, 문득**'의 뜻이 있어 **All at once she lost her temper**라고 하면 '**그녀는 갑자기 화를 냈다**'가 된다. 또한 **He quit his job all at once** 하면 '**그는 갑자기 일을 그만두었다**'이다. 하지만 '**불쑥 말을 꺼내다**'라고 할 때에는 **blurt out**을 쓴다. 그래서 '**그는 갑자기 나에게 나의 가족에 대해 물었다**'라고 한다면 He asked about my family blurted out이라고 한다. **Don't blurt out that we met last night.** (어젯밤에 우리가 만났다는 걸 말하지 마라.) **Don't blurt out a secret.** (비밀을 누설하지 마라.) **Un expectedly** 또한 '**예상치 않은, 불쑥, 느닷없이**' 등의 뜻이 있어 **Unexpectedly, I met her at the bar**라고 하면 '**예상치 못하게 나는 그녀를 바에서 만났다**'가 된다.

유사 표현 문장

○ **She blurted out that she will leave here soon.** 그녀는 불쑥 조만간 여길 떠난다고 했다.
○ **He blurted out that he was engaged.** 그는 불쑥 자신이 약혼했다고 말했다.
○ **All of a sudden, she asked my age.** 그녀는 별안간 내 나이를 물었다.
○ **My boss wants to change meeting time abruptly.** 우리 사장님은 갑자기 미팅 시간을 변경하기를 원한다.

Conversation

A) **How come, you have long face, what's the matter?**
무슨 일로 얼굴 표정이 그래?

B) **She blurted out that she will get married soon.**
그녀가 갑자기 조만간 결혼한대.

A) **Oh my god, all the pains were for nothing, right?**
저런 세상에, 십년공부 도로 아미타불이네, 그렇지?

037 대박영어

It's coming around the corner!
그게 낼모레입니다.(그날이 다가오고 있어요.)

영어에는 **corner**를 활용한 재미있는 표현이 참으로 많다. 먼저 **I must cut corners**라고 하면 '**경비를 절감해야 한다**'의 뜻이다. 말 그대로 **corner**들을 잘라버리면 그만큼 빨리 갈 수 있고 시간, 돈 등을 절감할 수 있기 때문이다. 두 번째가 **We must turn the corner**이다. '**코너를 돌아야 한다**'의 뜻으로 '**이 고비를 넘겨야 한다**'이다. 숙어형으로 **turn the corner**는 '**고비를 넘기다, 모퉁이를 돌다**'의 뜻이 있다. 물론 **Pass the crisis**라고 해도 같은 말이다. Crisis에 '**위기**' '**고비**'의 뜻이 있기 때문이다. 또한 **corner shop**은 '**구멍가게**'를 의미한다. 예를 들어 **There are a lot of corner shops over there**. (거기에 많은 구멍가게가 있다.) 그리고 **drive SB into a corner** 역시 '**~을 위험으로 몰다, 빠뜨리다**'의 의미로 **He drove me into a corner**라고 하면 '**그는 나를 궁지로 몰았다**'가 된다. 야구**(baseball)**에서 **hot corner**는 3루수비(빠른 타구가 많이 날라온다는 뜻), **corner work**는 '**투수가 구석구석을 활용하여 던진다**'는 뜻이다. **corner**라는 단어를 잘 활용해 보자.

유사 표현 문장

○ **My pay day is (coming) around the corner**. 제 월급날이 낼모레입니다.
○ **My wedding day is coming around the corner**. 내 결혼식이 다가오고 있네요.
○ **We must turn the corner no matter what**. 우리는 무슨 일이 있어도 고비를 잘 넘겨야 한다.
○ **They put me into a corner**. 그들이 날 궁지로 몰았어요.

Conversation

A) When is the deadline for document?
서류 마감일이 언제죠?

B) Just coming around the corner. The day after tomorrow.
얼마 안 남았어요. 낼모레입니다.

A) We must hurry up.
서둘러야겠군요.

038 Epic English

There is no way to appease her!
그녀를 달랠 방법이 없다!

'위로하다, 달래다'의 단어로는 **comfort, console**이 있다. **Console**의 명사형은 **consolation**이다. 그래서 '위로를 받다'는 **be+consoled**이다. '위로의 말을 건네다'라고 할 때에는 **offer words consolation for ~**를 쓴다. 때로는 **comfort**라는 단어를 사용하여 위로의 표현을 쓰기도 한다. **It's time to comfort each other.** (서로 위로할 시간입니다.) 예컨대 '지금 병 주고 약 주는 것이냐?'라고 할 때도 **Are you trying to pacity comfort me what you did?**라고 하고 **I wish that there was some way to be of comfort to you**는 '어떻게 위로의 말씀을 드려야 할지 모르겠습니다'이다. 흔히 외국인과 이야기를 하다 보면 여러 가지 대화를 하게 되는데 '그 사람을 어떻게 달래야 할지 모르겠어요!'라는 상황을 표현해야 할 때가 있다. 이럴 때 **appease**라는 단어를 사용하여 **There is no way to appease her**를 쓰면 된다.

유사 표현 문장

○ **I can't afford to appease her.** 그녀를 달랠 여유가 없다.
○ **My boss visited the hospital to console the people injured in the accident.**
사장님은 사고 부상자를 위로하기 위해 병원을 방문했다.
○ **What she needs at the moment is some comforting rather than admonition.**
그녀에게 지금 필요한 건 질책보다는 따뜻한 위로이다.
○ **We must appease them no matter what.** 우리는 무슨 수를 써서라도 그들을 달래야 한다.

Conversation

A) **What's the matter with her?**
그녀에게 무슨 일이 있어요?

B) **I don't know, I am really sick and tired of appeasing her every time.**
모르겠어요, 매번 그녀를 달래야 하는 것에 진절머리가 나요.

A) **All the women are same!**
여자들이란!

039 You're talking my language!

대박영어

당신은 나랑 말이 통하는군요!

'연결'은 **connection**이다. 그래서 '연결이 좋지 않다'라고 할 때에는 **bad line**을 쓰거나 **The connection is no good**이라고 한다. '연결이 끊기다'는 **line is disconnected**다. 주로 전화 통화할 때의 상황이다. 하지만 '말을 주고받는 수단'을 의미할때는 **communication**을 쓴다. 그래서 **We have communication problem**이라고 하면 '의사전달에 문제가 있다'이다. '마음이 통한다'라고 할 때에는 **use same language**라고 쓴다. 그 대표적인 예로 **We are speaking the same language**가 있다. '우린 서로 마음이 통했어요'다. **We seem to understand each other** 역시 '우린 서로 통하는 것(이해하는 것) 같군요'이다. **Telepath** 역시 자주 쓰이는 단어로 '이심전심'이라는 뜻이다. 그래서 동물의 왕국에 보면 **They communicate by telepathy**라고 하는데 이 뜻은 '그들은 텔레파시로 의사를 전달한다'이다. 참고로 **How do I know what is she thinking? Because I am not telepathic**은 '그녀가 무슨 생각을 하는지 내가 어떻게 알아? 내가 텔레파시를 쓰는 것도 아닌데…'이다.

유사 표현 문장

○ Jings, crivens and help ma Boab.   이거 도대체 말이 통해야 말이지.
○ She spoke my language last night!   그녀는 어젯밤 나랑 뭔가 통했어요.
○ At least someone who will talk my language over there.   최소한 거기에 누군가 나랑 통하는 사람이 있을 겁니다.
○ You're talking my language so I'm very happy.   당신은 나랑 말이 통해서 행복합니다.

Conversation

A) You will have a good chemistry with her.
당신은 그녀와 잘 맞을 겁니다.

B) Yes, I think so too, because she is talking my language.
네 저도 그렇게 생각해요, 왜냐하면 그녀와는 통하거든요.

A) You mean, you have something in common with her, right?
그러니까, 뭔가 공통점이 있다는 말이군요. 그렇죠?

040 I've noticed little sign of it!
이제야 감이 잡히는군요!

한때 최고로 화제가 되었던 유행어 중에 하나가 '그래 감 잡았어'였다. 감이 '느낌'이니까 가장 적당한 단어가 막연히 feeling이겠거니 라고 생각하면 마땅한 영어 표현을 찾기 어렵다. 영화를 보면 이 경우 **Wow, that really tells a story**라고 하는 것을 볼 수 있다. 이 말뜻은 '와우, 그러니까 감이 잡히는 군요!'이다. 비슷한 표현으로는 **I got the picture**가 있다. 하지만 '~함에 있어 감이 잡혔다'는 쓰는 단어가 다소 다르다. 영어를 배움에 있어 어떻게 해야 할지 모르다가 드디어 뭔가 감이 올 때, 이때는 **I finally got the hang of studying English**라고 한다. '**I got the feeling that + S + V**'도 '~하는데 감이 잡혔다'이고 **We're not entirely sure what to expect**라고 하면 '우리는 무엇을 예상해야 할지 감이 잡히지 않았습니다'이다. 또한 '~ 하는 데 있어 느낌이 왔다, 감이 잡혔다'의 숙어형인 **I had some idea of what the job would be like** 역시 '나는 그 일이 어떤 것일지 약간 감이 잡혔다'이다. 영화 단골 표현인 **I've noticed little sign of it** 도 꼭 기억해 두자.

유사 표현 문장

○ **I have feeling that she is lying.** 그녀가 내게 거짓말을 하고 있다는 느낌이 든다.
○ **I just want them to feel what they feel.** 저는 각자가 느낌이 오는 대로 느꼈으면 합니다.
○ **I got a hunch that she will come here sooner or later.** 그녀가 여기 올 것이라는 느낌(예감)이 든다.
○ **I see little sign of it happening.** 무슨 일인지 감이 오네요!

Conversation

A) **What makes you busy nowadays?**
요즘 무엇 때문에 그렇게 바쁘세요?

B) **Well, I must work hard and you know I have**…
그게 일만 많이 해야 하고 그리고 제가 있잖아요…

A) **I see, I've noticed little sign of it.**
알겠습니다. 이제야 감이 잡히는군요.

041

대박영어

The most important thing is that S+V.
보다 더 중요한 것은 ~입니다.

More의 최상급은 most이다. More는 비교를 할 때 쓰며 '~보다'의 뜻이다. 그래서 '보면 볼수록 ~하다'라고 할 때 미국인들은 the more ~ the more S+V 식을 즐겨 사용한다. 예를 들어보자. The more I see her the more, she is beautiful. (보면 볼수록 그녀는 예쁘다.) 또한 '다소'라는 뜻이 있는 more or less의 쓰임새는 다음과 같다. I don't care money more or less because money will come and go. (돈에 대해서는 적든 많든 신경 쓰지 않는다, 왜냐하면 돈은 돌고 도는 것이니까.) 또한 nothing more nothing less가 있는데 이 뜻은 '그 이상도 그 이하도 아니다'이다. 예를 들어보면, We're just friend it's nothing more nothing less. (우리는 친구일 뿐, 그 이상도 그 이하도 아니다.)

또 하나, northing less than은 '그야말로'이다. It is nothing less than madness. (그야말로 미친 짓이다.) The score was nothing less than perfect. (스코어(점수)는 그야말로 완벽했다.)

유사 표현 문장

○ The most important thing is your health.　보다 더 중요한 것은 당신의 건강입니다.
○ The most important thing is taking that person in marriage.　보다 더 중요한 것은 그 사람을 배우자로 맞아들이는 겁니다.
○ The most important thing is public relations.　가장 중요한 것은 홍보라고 생각합니다.
○ No matter what, health is the most important thing.　뭐니 뭐니 해도 건강이 제일이다.

Conversation

A) I must be rich no matter what.
전 어떠한 일이 있어도 부자가 되어야 해요.

B) But the most important thing is that you should be honest.
그러나 보다 더 중요한 것은 정직하게 사는 거죠.

A) You got a point there that's why I am trying to look on the bright side of my life.
맞아요, 그래서 저도 제 인생의 긍정적인 면만 보려고 해요.

042

Epic English

I am betting my life on that!
전 그 일에 사활을 걸었어요! (전 그 일에 인생을 걸었어요!)

Betting은 '내기' 혹은 '도박' 등의 뜻이다. 동사형인 bet은 '돈을 걸다, 도박을 하다'의 뜻이다. 그래서 **Do you want to bet?**이라고 하면, '나랑 내기할래?'가 된다. '얼마나 걸 거냐?'라고 한다면 **How much do you want to bet?**이고 **I'll bet!**이라고 하면 '내가 보장할게'의 뜻도 있다. Bet(내기)를 한다니 결국 '보장한다' 혹은 '보장하겠다'의 의미가 있는 것이다. '내가 보장하지'의 뜻으로는 **I'll give you my word**도 있다. '내 말을 준다'이니 결국 '보장한다'가 된다. **It's a matter of life and death**는 '그건 사활의 문제다'의 뜻이다. **It's a question of vital interest**는 '그건 사활적 이익(생사)이 걸린 문제다'이다. 결국 '죽느냐 사느냐의 문제'라는 뜻이다. 예를 들면 **We must meet him, it's a matter of life and death.** (사활이 걸린 문제라 우리는 그 사람을 만나야 한다.)

유사 표현 문장

- She is betting her life on that business.   그녀는 그 사업에 사활을 걸었어요.
- 20 dollars is on the betting.   내기에 20달러를 걸었습니다.
- I am betting they won't succeed.   나는 그들이 성공 못할 것에 건다.
- I put the pot on the betting.   나는 내기에 거금을 걸었다.

Conversation

A) **How is your business nowadays?**
요즘 사업 어떠세요?

B) **Getting better, because I am betting my life on that.**
좋아지고 있어요, 왜냐하면 전 그 사업에 사활을 걸었거든요.

A) **I hope it will be successful.**
잘되시길 빌겠습니다.

043 A deal is a deal, okay?
약속은 약속입니다, 아셨죠?

대박영어

'약속은 약속입니다'는 영어로 **A promise is a promise**라고 한다. 하지만 구어체 표현이 많이 나오는 영화, 드라마에서는 **A deal is a deal**이라는 표현이 훨씬 많이 쓰인다. **Promise**는 '약속'이고 **deal**에는 '거래, 합의, 대우, 처리, 취급' 등 여러 가지 뜻이 있다. **Deal**은 앞에서도 밝힌 바와 같이 '거래'라는 뜻이 강하여 **I got a good deal on the car**라고 하면 '나는 자동차를 싸게 잘 샀다'이고 **Did you cut a deal?**이라고 하면 '거래를 성사시켰어요?'가 된다. 또한 '취급하다 다루다'의 뜻도 있어 **Don't make a big deal**이라고 하면 '그것을 그렇게 크게 다룰 필요가 없다'이니 결국 '별거 아닌 것 가지고 소란 떨 것 없다'이다. **Treat** 역시 동사형으로는 '다루다, 취급하다'의 뜻이 있고 명사형으로는 '취급, 대접'의 뜻이 있다. 그래서 '내가 한턱 내지!'라고 할 때에는 **It's my treat**라고 하고 '나를 어린아이 취급하지 마라'라고 할 때 **Don't treat me as a child**라고 한다. **Who's treat is it this time?** (이번엔 누가 낼 차례지?) **It's my turn.** (제가 낼 차례입니다.) **He treated my family to lunch.** (그가 우리 가족에게 점심을 대접했어요.)

유사 표현 문장

○ **He used to promise me the earth.** 그는 내게 불가능한 약속을 하곤 했다.
○ **The kid is hard to deal with.** 그 아이는 다루기가 힘들다.
○ **What does the man promise his friend?** 남자는 그 친구에게 무슨 약속을 하고 있는 건가?
○ **Let's make a deal tomorrow.** 우리 내일 협상합시다.

Conversation

A) **I think we will have to put off our appointment.**
제 생각에는 우리 약속을 좀 미뤄야 할 것 같습니다.

B) **What are you talking about? A deal is a deal, okay?**
무슨 소리 하는 겁니까? 약속은 약속입니다.

A) **I know but something urgent coming up.**
알고 있습니다, 그런데 좀 급한 일이 생겨서요.

044

Epic English

I am gonna let it slide only this time.
이번만은 용서해 주죠.

Let it slide는 '지나가도록 내버려두자' 즉 '봐주다, 용서하다'의 뜻이다. Can't you let it slide this one time? (이번 한 번만 봐주실래요?) '용서하다'의 뜻을 가진 단어로는 forgive, excuse, pardon 등이 있다. 이들은 모두 동사형이다. 먼저 Please forgive me라고 하게 되면 '저를 용서해 주세요'이고 I beg your pardon 역시 '저를 용서해 주세요'이다. 이 문장은 '못 알아들어 죄송하니 한 번 더 말해주시겠습니까?'라는 의미로도 널리 쓰인다. '이번 한 번만 용서해 주십시오'라고 한다면 Please forgive me this once를 쓴다. 용서의 의미로 '사과하다'의 뜻을 가진 apologize for를 쓰기도 한다. 반대로 '이번 한 번만 용서해 주지'는 I'll forgive you just this once라고 하거나, I'll let you off the hook this time이라고도 한다. 여기서 off the hook는 '수화기를 내려놓다', '갈고리를 풀어주다'의 뜻도 있지만 '처벌(곤경) 등을 면하게 하다'의 뜻도 있다. I can't forgive you는 상반되는 뜻으로 '용서할 수 없다'이다. 참고로 '용서를 빌어야겠습니다'는 I must ask to be excused인데 It is I who must apologize는 '나야말로 용서를 빌어야 할 장본인입니다'이다.

유사 표현 문장

- She forgive his mistake. 그녀는 그의 잘못을 용서했다.
- Please forgive me I really didn't mean to do it. 한 번만 용서해주십시오, 일부러 그런 것은 절대 아닙니다.
- I apologize to you for my rudeness. 제 무례함을 사과드립니다.
- I beg you for your forgiveness. 부디 용서해 주십시오.
- I'll over your mistake this time. 이번만 당신 실수를 용서해 드리죠.

Conversation

A) **Please forgive me for breaking the promise.**
약속 어긴 것을 용서해 주십시오.

B) **If you say so, I am gonna let it slide only this time.**
그렇게 말씀하신다면야, 이번만 눈감아 드리죠.

A) **Thank you very much.**
정말 감사합니다.

045 You're doing everything backwards!
대박영어
너는 모든 걸 (모든 일을) 거꾸로 하고 있다!

You always put the cart before the horse라는 말이 있다. TV드라마나 영화에서 자주 나오는 말인데 이 말의 뜻인 즉 '왜 당신은 일은 거꾸로 하느냐'이다. Cart는 '수레' 또는 '안장'이다. 즉 '말 앞에 수레를 놓는다'에서 비롯된 말이다. 일의 순서를 모른다는 뜻이다. Jump the gun은 '서두르다'의 뜻으로, Don't jump the gun은 '서두르지 마라'이다.

'거꾸로'를 뜻하는 영어 표현으로 upside down 혹은 inside out, backward(s), back to front 등이 있다. 예를 보면 He wears his cap backwards. (그는 모자를 거꾸로 쓰고 있다.) She stands a bottle upside down. (그는 병을 거꾸로 세웠다.) He wears socks inside out. (그는 양말을 거꾸로 신었다.) 등이다. Backword는 '거꾸로' 외에도 다양하게 쓰인다. Looking backward는 '과거를 회상하다'이다. What's the use of looking backward? (과거를 회상해본들 무슨 소용이 있나?) '힐끗 보다'의 뜻을 지닌 glance를 붙여 backward glance라고 하면 '뒤돌아보다'이다. She past us without a backward glance. (그녀는 뒤돌아보지 않고 우리를 지나쳤다.)

Bottoms up!은 '바닥을 거꾸로 해'가 아니라 '단숨에 비워!' 혹은 '술마셔!' '원샷!'의 뜻이다.

유사 표현 문장

○ Can you say the alphabet backward? 알파벳을 거꾸로 외울 수 있어요?
○ Please count backwards from ten to one. 10에서 1까지 거꾸로 세 보세요.
○ Please bend your upper body backward. 상체를 뒤로 젖혀 보세요
○ Why you put the cart before the horse all the time? 왜 넌 매사에 일을 거꾸로 하니?

Conversation

A) Where is Tom now?
탐 어디 있나요?

B) He is meeting some investor for our project.
지금 투자자 만나고 있는데요.

A) What? My god, He is doing backward now.
뭐라고요? 저런 세상에, 그 친구 일을 거꾸로 하고 있네요.

046 Epic English

Forget it! That's all about and about.
신경 끄세요, 그것이나 저것이나 오십 보 백 보죠 뭐!

사전을 찾아보면 '오십 보 백 보'를 They are not very different라고 한다. It's all the same 역시 우리나라의 '오십 보 백 보'에 해당되는 표현이다. 다만 좀 더 널리 쓰이고 구어체 느낌이 나는 표현이 바로 That's all about and about다. '거기서 거기' 정도의 어감이 물씬한 표현이다. 숙어형에는 Bet six of one and half a dozen of the other가 나오는데 이 말이 '오십 보 백 보'란 뜻이다. A miss is as good as a mile이라는 속담도 있다. '살짝 빗나가나 1마일이나 벗어나나 마찬가지'라는 뜻이다. 영어 관용어 표현 중에 Upside down, down side up it's all the same이라는 말이 있다. 이 말인 즉, '엎어치나 메치나 마찬가지이다'의 뜻이다. 한국말로 '둘러가도 서울만 가면 된다'라는 말이 있다. 이 표현이 바로 그것이다. 미국인들이 자주 쓰는 표현이 우리와 비슷한 There is not a whole lot of difference between 49th place and 50th place이다. 직역하면 '49등이나 50등이나 마찬가지이다'라는 뜻이다.

유사 표현 문장

○ As far as I can see it, it's six of one and half a dozen of the other! 내가 봤을 때 그거나 저거나 오십 보 백 보네요!
○ Tom and Jerry are not very different. 탐이나 제리는 오십 보 백 보다.
○ The applicants are about the same level. 지원자들 수준이 오십 보 백 보군요.
○ They are all about and about I think. 제 생각에는 그들은 거기서 거기예요.

Conversation

A) **Is there anyone special here?**
특별한 사람 없어요?

B) **No, I think they are all about and about.**
아뇨, 제 생각에는 다들 거기서 거기인 거 같아요.

A) **Jesus, we must wait again until next year.**
저런 세상에, 내년까지 다시 기다려야겠구먼.

047 대박영어

You always take your own course(way).
넌 항상 네 마음대로야.

참 한국어로 번역하기 힘들고 표현하기도 힘든 말이다. 기껏해야 **You always do yourself what you want** 정도가 적당할까? 하지만 미국 영화를 보다 보면 **You always take your own course(way)**라고 하는 말을 자주 듣는다. 이것이 바로 '넌 매사에 네 마음대로야!'이다. **Be my guest**나 **Go ahead**, **shut yourself** 역시 '당신 마음대로 하세요'의 뜻이지만 상황에 딱 맞는 표현이라 장담할 수는 없다. 예컨대 **Be my guest**에는 '제 손님이 되주세요' 즉 '편하게 지내세요'라는 뜻도 있기 때문이다. **Do as you like**나 **Do as you wish**는 비교적 여기에 맞는 표현으로 '네가 하고 싶으면 해라' 혹은 '하고 싶은 것을 해라'이다. **You can think what you want** 역시 '착각은 자유죠'의 뜻인데 이의 뜻은 '네가 원하는 것을 네 맘대로 생각 할 수 있다'이니 결국 '착각은 자유다'가 되는 것이다.
He never know what is conceded 역시 '그는 양보라는 걸 몰라요'이다.

유사 표현 문장

○ **I don't like her because she always takes her own.** 난 그녀가 정말 싫어요, 왜냐하면 그녀는 매사에 자기 맘대로예요.
○ **She always rings her own bell.** 그녀는 매사에 자기 자랑뿐이에요.
○ **She never turned a hair whatever you say.** 그녀는 당신이 뭐라고 해도 눈도 깜짝 안 해요.
○ **She goes through fire and water.** 그녀는 물불을 가리지 않아요.
○ **There is nobody stopping her.** 그녀는 아무도 못 말려요.

Conversation

A) **How was date with her?**
그녀와의 데이트는 어땠어요?

B) **I wash my hands of her, she always takes her own course.**
그녀에게 두 손 두 발 다 들었어요, 매사에 자기 맘대로예요.

A) **So, tell me more.**
그래요. 더 얘기해봐요.

048 Epic English

You played hooky from school today right?
너 오늘 학교 땡땡이쳤지?

'결석하다'는 be + absent form ~을 쓴다. 그래서 '무단결석'을 우리는 **be absent from school without notice(excuse)**를 쓰는 것이다. 그렇다면 **play hook**는 뭘까? Hooky의 뜻에는 '갈고리'의 뜻 말고도 '꾀부려 빼먹기, 날치기하기, 슬쩍 훔치기' 등 여러 가지가 있다. 그래서 **play hooky**하면 '~ 빼먹기'가 되는 것이다. '회사를 땡땡이치다'는 **play hooky from work**이고 '학교수업 땡땡이치기'는 **play hooky from school**이다. 그래서 '학교 안가고 집에서 땡땡이치고 놀았습니다'라고 할 때 **I played hooky and stayed home**이라고 하는 것이다. '잔머리를 굴리다'는 **think of petty tricks**을 쓰는데 **petty**는 형용사형으로 '사소한, 하찮은' 또는 '쩨쩨한, 옹졸한'의 뜻을 가진 단어이다. 그래서 **she is prove to be petty and selfish** 하게 되면 '그녀는 속이 좁고 이기적인 것으로 판명됐다'이다. **A sport**는 스포츠맨, 즉 너그럽고 쾌활한 사람을 말한다. **Be a sport**는 '좀 너그러워 봐' 즉 '쩨쩨하게 굴지마'이다.

유사 표현 문장

○ **He plays hooky all the time.** 그는 늘 학교에 땡땡이친다.

○ **My teacher will kill me if I play hooky again.** 또 수업을 빼먹으면 난 우리 선생님한테 맞아 죽을 거야.

○ **One day my brother was playing hooky from school.** 어느 날 형은 학교에 가지 않으려고 꾀를 부렸다.

○ **I never ever played hooky from school.** 전 결코 학교수업을 빼 먹어 본적이 없습니다.

Conversation

A) What are you doing here at this time?
지금 이 시간에 여기서 뭘 하니?

B) I am just playing here and waiting my friend.
그냥 놀고 있어요, 친구를 만날 거예요.

A) Are you playing hooky now?
너 지금 땡땡이치는 거야?

쉬면서 알고 가는 재미있는 영어표현

41. 내가 만만하게 보여?
   Do I look like I am easy?

42. 다 엎어버리고 뛰쳐나가고 싶다.
   I just want to throw everything and run away.

43. 여기 분위기 엄청 살벌하다.(삭막하다)
   The environment here is very heavy.(hostile)

44. 몸이 찌뿌둥하다.
   I feel heavy.

45. 오해하지 마세요.
   Don't get me wrong.

46. 몸이 날아갈 것 같아/가뿐해.
   I feel light.

47. 기가 막혀 말이 안 나오네.
   It's so outrageous I can't say a word.

48. 너 맘대로 하세요.
   Suit yourself.

49. 괜히 나만 실없는 사람 되었잖아.
   It just made me look irresponsible.

50. 허리가 삐걱했어.
   I hurt my back.

속담표현

- 긁어 부스럼 만들지 마세요 – Let sleeping dogs lie.
- 금강산도 식후경 – A lot of bread is better than the song of many birds. • 금상첨화죠 – That's icing on the cake.

일상생활에 자주 사용되는 재미있는 영어 표현들입니다.

51. 허리를 다쳤어요.
    I threw out my back.

52. 아직 옛날 실력 안 죽었어.
    I've still got it. (it는 옛날 실력을 의미)

53. 넌 이제 죽었어.
    You are dead meat!

54. 너 들으라고 한 소리 아냐.
    Don't take it personally.

55. 까꿍!
    Peekaboo! (삐까부: "삐"자에 강세: 아기들 얼를때나 놀라게 할 때)

56. 알랑거리지마.
    Don't try to butter me up.

57. 배째.
    Sue me.

58. 그게 어딘데? 없는 것보다 낫지.
    That's better than nothing.

59. 머리 뚜껑이 열렸다.(매우 화가 날 때 쓰는 표현)
    My head is about to open.

60. 그녀는 이중성격을 가졌어.
    She has a multi-personality. (또는 **split personality**)

속담표현

- 기다리는 자에게 복이 있다 – Everything comes to those who wait.
- 남의 떡이 커 보인다 – The grass is green on the other side of the fence.

049 You're a man of many talents!
당신은 팔방미인이네요!

대박영어

'재능'은 영어로 **talent**이다. 그래서 재능이 많은 사람을 일컬어 우리는 팔방미인이라고 한다. **Talent**에는 '장기'의 뜻도 있어 **We will have a talent show** 하게 되면 '우리 장기 자랑을 하겠습니다'이다. 여기서 **talent show**가 바로 '장기자랑'이다. 반대로 **show a talent** 하게 되면 '재능을 보이다'이다. 스포츠 경기를 시청하다 보면 해설자들이 **a hidden talent**라는 용어를 사용하곤 하는데 이 말뜻이 바로 '숨은 재능'이란 뜻이다. 참고로 남다른 재능은 **uncommon gifts**라고 하는데 **gift**에는 '선물, 기증품'의 뜻 말고도 '재능, 재주'의 뜻이 있다. 그래서 **She has a great gift for music** 하게 되면 '그녀는 음악에 탁월한 재능이 있다'가 된다. 또한 재주의 뜻도 함께 있어 **He has the gift of making friends easily** 하게 되면 '그는 친구를 쉽게 사귀는 재주가 있다'가 된다. 아무튼 **talent** 역시 '재능'이니 **many talents**는 많은 재능이고 결국 '팔방미인'을 가리켜 **He is a man of many talents**라고 하는 것이다. **He is a jack of all trade**역시 '그는 팔방미인입니다', '여러 방면에 재능이 많습니다'의 뜻이다.

유사 표현 문장

- **I know you have what it takes.** 난 당신의 능력을 믿어요.
- **You can make money very easily, it's a gift.** 당신은 쉽게 돈을 번다, 그것은 재능이다.
- **She is gifted at playing the violin.** 그는 바이올린에 재능이 있어요.
- **He is second to none of speech.** 그는 연설이라면 천하제일이다.

Conversation

A) **Can you play the guitar too?**
기타도 칠 줄 아세요?

B) **Of course, I have been playing guitar for 20 years.**
그럼요, 전 기타를 20년 동안 쳤어요.

A) **Oh my god! You're a man of many talents.**
저런 세상에, 당신은 팔방미인이네요.

050 You vent your anger is on me, right?
화풀이 대상은 나지, 그렇지?

'왜 나에게 화를 내느냐?'는 Why do you angry me?를 쓴다. '~ 대해 화가 나다'는 be + angry with ~ 이다. 그래서 I am very angry with him 하게 되면 '나는 그에게 몹시 화가 났다'이다. Be + angry with 대신 get + angry with를 쓰기도 한다. 그 예가 바로 I got angry with her (나는 그녀에게 몹시 화가 났다) 이다. 영화에서는 곧잘 Why are you talking it out on me? 를 자주 사용하는데, 이 역시 '왜 나에게 화를 내느냐'이다. Act angry는 '화난 척하다'이다. She seems angry, but I know it's all an act. (그녀는 화난 척하지만 다 연기라는 걸 난 알지.) Piece of one's mind를 써서 Don't give me a piece of your mind 라고 하게 되면 '나에게 화풀이를 하지 마라' 혹은 '따지지 마라'가 된다. 참고로 비판의 대상은 target of criticism이다.

유사 표현 문장

○ Why are you always picking on me?   왜 항상 나를 괴롭히는 겁니까?
○ Why are you are you all turning on me?   왜 모두들 나를 공격하는 겁니까?
○ Why are you picking on me?   왜 괜한 트집을 잡는 겁니까?
○ Why are you mad at me?   왜 나에게 화를 내는 겁니까?
○ Are you still holding against me?   아직도 나에게 화가 나 있어요?
○ Don't fight against me!   나에게 싸움 걸지 마세요.

Conversation

A) How many times must I tell you, don't smoke here!
내가 몇 번이나 말했어요, 여기서 담배 피우지 말라고!

B) Why are you mad at me, you vent your anger is on me, right?
왜 나에게 화를 내죠? 화풀이 대상이 나인가요, 그래요?

A) Don't be that way, I don't hold any grudge.
그렇게 말하지 말아요, 전 뒤끝이 있는 건 아닙니다.

051 I made a trip for nothing.

대박영어

괜히 헛걸음만 했군요.

Good for nothing은 우리말로 '빛 좋은 개살구'라는 뜻이고 그냥 **for nothing**은 '공짜로' 혹은 '헛되이, 허탕' 등의 뜻이 있다. 그래서 **I can work for you for nothing** 하면 '대가를 받지 않고 당신의 일을 도와 드릴게요'가 된다. 또한 **All the pains were for nothing**도 있는데 이 뜻은 '모든 수고가 헛되다'의 뜻으로 '십년공부 도로아미타불'이라는 뜻이다. 그렇다면 **pain** 대신에 **work**를 쓰면 어떻게 될까? **All the work for nothing.** (모든 일이 허사가 되었다.) 참고로 **Nothing comes from nothing**은 '무에서는 무밖에 없다'이다.

Thank you for nothing은 부탁을 거절당했을 때 '괜찮습니다, 상관없습니다. 제가 미안했습니다'의 뜻으로 쓰이는 말이고 **Nothing happen**은 '아무 일도 없었다', **For nothing down**은 '계약금 없이', **He is a good for nothing**은 '그자는 아무 쓸모가 없어'이다.

유사 표현 문장

○ She is not get angry for nothing. 그녀는 괜히 그냥 화를 내는 게 아니다.
○ He made a trip for nothing. 그는 괜히 헛걸음만 했다.
○ Don't make me a trip for nothing. 괜히 헛걸음 하게 하지 마세요.
○ They want to meet her but all the pains were for nothing.
  그들은 그녀를 만나려고 했으나 모든 게 헛수고가 되었다..

Conversation

A) I wanted to see her but…
  그녀를 만나고 싶은데…

B) But, what?
  그런데 뭐요?

A) I made a trip for nothing because she doesn't want to see me anymore.
  그녀가 더 이상 나를 만나고 싶어 하지 않아서 헛걸음만 했어요.

052

You're a scatterbrained person!
당신은 정신이 산만한 사람이군요!

You're doing my head in 하게 되면 '당신이 내 머리 안에서 뭘 한다'이니 결국 '당신 때문에 정신이 산만합니다'이다. 주제 문장에 나오는 **scatter**에는 '산지사방으로 흩어지다, 여러 군데로 뿌리다' 등의 뜻이 있다. 예를 들어 **People scatter over the park when teacher is gone** (선생님이 떠나자 사람들이 뿔뿔이 공원 곳곳으로 흩어졌다.) **Seatter ashes**는 '유해를 뿌리다', **Scatter arm**은 야구에서 폭투가 잦은 투수, 송구 실수가 많은 선수를 뜻한다. 그래서 **scatterbrain**은 '정신이 산만한 사람 혹은 덜렁이, 칠푼이' 등을 의미한다. **Get distracted**는 '~ 인해 정신이 산만해진다'의 표현이지만 **scatterbrain**은 '혼자 선천적으로 정신이 없어 산만한 사람'을 일컫는 말이다. 이 밖에는 **loose minded**는 '정신이 팔린, 건망증 증세가 있는'의 뜻으로 사용되며, 같은 뜻을 지닌 문장으로는 **My mind is somewhere else**가 있다. 이는 '지금 제 마음이 딴 곳에 가 있어요!'의 뜻이다.

유사 표현 문장

- I stick to nothing whatever I do. 무엇을 하든지 집중이 안돼요.
- I can't concentrate on my work. 제 일을 집중할 수가 없습니다.
- I'll try to focus to do that. 그것에 집중하려고 노력하고 있어요.
- He can't do anything because he is a scatterbrained. 그는 무엇을 하든 잘 할 수가 없어요, 정신이 산만하거든요.

Conversation

A) Oh my god! How many times he comes and go here?
세상에, 저 사람 여기 몇 번 왔다 갔다 하는 거야?

B) Forget it! He is a scatterbrained person.
신경 끄세요, 그 사람 원래 산만한 사람이에요.

A) But this is too much.
그렇지만 이건 너무 하잖아요.

053 It's nothing more nothing less okay?
그 이상도 그 이하도 아니라고요, 알아요?

대박영어

Nothing은 '아무것도, 단 하나도 ~아니다'의 뜻이다. 그래서 for nothing 하게 되면 '공짜로' 혹은, '거저로'의 뜻이 된다. Nothing이 들어간 숙어로는 nothing but '~에 불과하다, 단지'가 있다. He is nothing but my friend.(그는 내 친구에 불과하다.) 이외에도 nothing like '전혀 ~같지 않은'이가 있다. It looks nothing like a motorbike. (그것은 전혀 오토바이 같지 않다.) 그리고 nothing much '별로 ~가 없는'을 활용한 예문으로는 There is nothing much in the fridge(냉장고에는 뭐가 그다지 많지 않다)가 있다. 또한 다른 숙어형으로 Nothing comes from nothing은 '무(無)에서는 무밖에 안 나온다'이다. All the pains were for nothing(십년공부 도로 아미타불)도 익혀두자. 또한 어느 CF광고에 자주 나왔던 Nothing impossible 역시 '불가능은 없다'라는 뜻이다. 참고로 부정문일 경우는 nothing 보다는 anything을 쓴다는 것을 염두에 두어야 한다. 예를 들어 I don't want anything from her. (그녀에게 원하는 것은 아무것도 없다).

유사 표현 문장

○ Nothing is more important than this.   이것보다 더 중요한 것은 없다.
○ Please clam down, There is nothing to be upset.   진정하세요, 화낼 일이 아니잖아요.
○ There is nothing to say sorry for me!   나에게 미안하다고 말할 필요가 없어요.
○ This hotel is anything but cheap.   이 호텔은 결코 싼 것이 아니다.

Conversation

A) Are you going out with SuJi nowadays?
요즘 수지하고 교제하시는 겁니까?

B) No way, we are just friend, it's nothing more nothing less.
천만에요, 우린 친구일 뿐 그 이상도 그 이하도 아니에요.

A) Are you sure?
확실해요?

054 We are the family in name!
우리는 무늬만 가족입니다!

'무늬만 ~이다'라고 한다면 어떻게 표현할까? '무늬', color? 어처구니없는 영어가 될 것이다. 그래서 단어만 알아서는 영어를 잘 할 수 없다. 문맥(context)과 용례를 익혀야 하는 까닭이 여기에 있다. 어쨌든 '무늬만 ~하다'라고 할 때에는 **in name**을 쓴다. 가령 예를 들어, 그들은 '무늬만 부부이다'라고 한다면 **They are a man and wife in name**이다. **I'm a writer in name only.** (저는 이름만 작가입니다.) **He is a prsident in name.** (그는 바지사장입니다.) 숙어형으로 **from the teeth outward** 역시 '겉치레, 말로만, 보기로만'의 뜻이 있다. 그래서 **His flattery is from the teeth outward**라고 하면 '그의 아부는 겉치레에 불과하다'이다. **On purpose** 역시 '일부러, 가장하여, 고의로'의 뜻으로 **They act like they are a man and wife on purpose**는 '그들은 말로만 사이좋은 부부처럼 행동한다'가 된다. **She pretends she is busy everyday.** (그녀는 매일 바쁜 척한다.) **He told her that he is busy today on purpose.** (그는 그녀에게 오늘은 바쁘다고 일부러 말했다.) **He didn't fail the exam on purpose.** (그는 일부러 시험을 망친 것이 아닙니다.) **Think I say that on purpose?** (내가 일부러 그렇게 말했다고 생각해?)

유사 표현 문장

○ Don't pretend not to know about me!   나를 모르는 척하지 마세요.
○ He tries to study hard on purpose.   그는 열심히 공부하는 척했다.
○ He is an American in name.   그는 무늬만 미국사람이다.
○ This is Vietnamese restaurant in name.   이곳은 무늬만 베트남 식당이다.

Conversation

A) What's the relationship between him and her?
그들의 사이가 어때요?

B) They are a man and wife in name.
그들은 무늬만 부부에요.

A) Oh, really? I am sorry to hear that.
그래요? 그것 참 유감이네요.

055

My mind was in a whirling.
마음이 혼란스러웠다.

대박영어

Whirl은 동사형으로 '혼란스럽다, 어지럽다, 정신이 없다'의 뜻이 있고 명사형으로는 '빙빙돌기, 선회하기'의 뜻이다. Whirl의 과거형은 whirled이고 whirling은 현재 분사형이다. 그러므로 My mind was whirling은 '마음이 혼란스러웠다'가 된다. Whirl에는 '시도'라는 뜻도 있다. '휘저어 보라' 정도의 어감으로 Give it a whirl을 한 묶음으로 써서 You should give it a whirl(꼭 한번 시도해봐라). Whe don't you give it a whirl? (한번 해보지 그래?) 등의 표현이 있다. Confuse 역시 '(사람을) 혼란시키다', A와 B를 '혼동하다, 혼란스럽게 만들다' 등의 뜻이 있어 I am not trying to confuse anybody라고 하면 '난 아무도 혼란스럽게 하지 않았다'가 되는 것이다. 예문을 들어보자. Do people often confuse football and American foot ball?(사람들은 종종 미식축구와 축구를 혼동하나요?)

I'm confused, It's confusing도 '혼란스럽다'이고 '정치적 혼란'은 Political desorder이며 total chaos는 '총체적 혼란'이다. Chaos is breaking out in Paris. (파리에 대혼돈이 일어나고 있습니다.)

유사 표현 문장

- The city was in a whirl because of terrorism. 테러로 도시는 혼란스러웠다.
- My head is in a whirl. 내 머리가 몹시 혼란스럽다.
- My mind was in a whirling when I see her eye. 그녀의 눈을 보고 나서 내 마음이 몹시 혼란스러웠다.
- My head is whirling. 현기증이 난다.

Conversation

A) Why don't you meet her once more?
그녀를 한 번 더 만나보지 그래?

B) No, my mind will whirled again if I meet her.
아냐, 그녀를 다시 만나면 마음만 혼란스러워질 거야.

A) Oh, come on, you have nothing to lose and all is well that ends well.
왜 그래 이 사람아, 밑져야 본전이지 좋은 게 좋은 거잖아.

056 I bottle out when I see the man.

Epic English

나는 그를 보고 기가 죽었다.

'기'를 영어로는 **sprit** 혹은 **energy**라고 한다. 그래서 **break sprits**나 **dampened one's sprits**이라고 하면 '기를 죽이다'가 된다. 그래서 **The news dampened my sprits**라고 하면 '나는 그 뉴스(소식)에 기가 죽었다'가 된다. 영화대사에 자주 소개되었던 **This is out of my league** 역시 '이거 정말 기죽이는구만!'의 뜻으로 널리 쓰인다. 말 그대로 '내 리그가 아닌 다른 리그(지역)네, 내 수준과는 차원이 다르네'라는 뜻에서 유래되었다. 그렇다면 **bottle out**는 무슨 뜻일까? 숙어형으로는 '겁에 질려 포기하다' 혹은 '기가 죽다'의 뜻이다. 그래서 **He bottle out when he saw competent woman** 하면 '그는 유능한 여인을 보고 기가 죽었다'가 되는 것이다.

비슷한 표현을 몇 가지만 더 들어보자. **I hide(hang) my head in shame.**(부끄러워 고개를 숙였다(기가 죽었다.)) **I feel cheap about my failure of the exam.**(시험에 실패해서 기가 죽었다, 내가 싸구려라는 느낌이 들었다.)

유사 표현 문장

○ They talked nothing daunted in front of him. 그들은 그 사람 앞에서 기죽지 않고 이야기 했다.
○ I loose my nerve when I see my boss. 나는 우리 사장님만 보면 기가 죽는다.
○ My crest has fallen because she stood me up. 그녀가 바람을 맞히는 바람에 기가 죽었어요.
○ I bottled out because everybody has some pretty women. 모두가 예쁜 여자들을 데리고 와서 난 기가 죽었다.

Conversation

A) How was your attraction of investment meeting?
투자유치 미팅은 어땠었나요?

B) I bottled out when I saw one of competent woman.
어떤 유능한 여자를 보고 기가 완전히 죽었어요.

A) Really? Who was she?
그래요? 그게 누구인데요?

057 It was so touching that I almost cried.

대박영어 너무 감격스러워서 눈물이 날 지경이에요.

Touching은 '만지다, 닦다' 뜻 말고도 '감동' 혹은 '감동을 주다'라는 뜻이 있다. 그래서 **a touching speech** 하면 감동적인 연설, **a touching scene be + moved**나 **be touching, be affected** 역시 '감동을 느끼다, 감동하다'의 뜻이 있다. 여기에 **to death**(죽을 만큼)를 덧붙이면 멋진 영어 표현이 된다. **That movie was so touching to death.** (그 영화는 죽을 만큼 감동적이었어요.) **I am hunger to death.** (죽을 만큼 배고파요.)

I was deeply moved by the news 하게 되면 '난 그 뉴스를 듣고 크게 감동을 받았다'의 뜻이다. **I was moved to tear to**는 '~ 때문에 감동의 눈물을 흘렸다'이고 **I was moved (touched) to tear when she proposed** 하면 '그녀의 청혼에 나는 감동의 눈물을 흘렸다'이다. **Be + impressed** 역시 '감명, 감동을 받다'이다. 그래서 **I was impressed by her sincerity** '그녀의 성의에 나는 감동을 받았다'이다. 참고로 **Impressive**는 형용사형으로 '인상적인'의 뜻이다. 예를 들어 **That city was very impressive.** (그 도시는 아주 인상적이었다).

유사 표현 문장

- The fertility of his mind is so impressive. 그 사람의 창의력은 아주 인상적이다.
- His wife's sincerity was touched his heart. 그의 아내 정성에 그는 감동을 받았다.
- His speech moved the audience very deeply. 그의 연설은 청중들에게 깊은 감동을 주었다.
- I am impressed with his kindness. 나는 그의 친절에 감동을 받았다.

Conversation

A) What makes you so happy today?
오늘 뭐가 그리 행복해요?

B) I was so touching to death that I almost cried.
죽을 만큼 감동해서 눈물이 날 지경이에요.

A) Why? What's the matter?
왜요, 무슨 일인데 그래요?

058 We live by loyalty and will die by loyalty!
우리는 의리에 살고 의리에 죽습니다!

'의리'에 해당하는 영어 단어로는 우리가 알고 있는 **loyalty**와 **fidelity**가 있다. **Justice**는 '정의'이고 **justification**은 '명분'이다. 그래서 '저는 명분 없이는 그것을 할 수 없습니다'라고 한다면 **I can't do that without justification**이다. **self-justification**은 '자기정당화'이다. Justice 역시 '정의'란 뜻이 강하지만 '의리'의 뜻도 함께 지니고 있다. 그래서 **uphold justice** 하게 되면 '의리를 지키다, 의를 좇다'가 되고 **fight for justice** 하게 되면 '정의를 위해 싸운다' 혹은 '의리를 위해 싸운다'가 된다. 어쨌든 '의리'는 **loyalty**이다. **I have nothing but loyalty** 하게 되면 '난 의리 빼면 시체다'의 뜻이고 **He is rally loyal man**은 '그 사람은 정말 의리파이다'이라는 뜻이다. '단골 고객'은 **loyal customer**이고 '충실한 회원'은 **loyal member**, '충실한 지지자'는 **loyal supporter**다. **He is loyal to his family**는 '그는 자기 가족에게 헌신적입니다'이다. 발음이 비슷하다고 느끼는 **royalty**는 '왕족'의 뜻 말고도 우리가 잘 알고 있는 '로열티(커미션)'의 뜻이 있다. 즉 누군가 체인점을 내려면 **royalty**를 지불해야 한다. 그것이 바로 **royalty**이다.

유사 표현 문장

○ I tried to remain our loyalty to the very end.   난 끝까지 우리의 의리를 지키려고 노력했었다.
○ Are you going just to drop out like that?   의리 없이 혼자 빠지겠다는 겁니까?
○ She doesn't have even the slightest sense of loyalty.   그 사람은 의리라고는 눈꼽 만큼도 없다.
○ I want to be a loyal man to my friend.   난 친구에게 의리를 지키고 싶습니다.

Conversation

A) I think you have a great friend.
당신은 정말 좋은 친구를 가지고 있네요.

B) Yes, we live by loyalty and will die by loyalty.
네, 우리는 의리에 살고 의리에 죽습니다.

A) I envy your friendship.
당신들 우정이 부럽네요.

059 Are you trying to pacify (comfort) me after what you did?

대박영어 지금 누구 병 주고 약 주는 거냐?

You carry fire in one hand and water in the other라고 하면 '한 손엔 불, 다른 손엔 물'이라는 뜻으로 '언행이 일치하지 않다'이다. 말과 행동이 틀릴 때 쓰는 말이다. 또한 Don't pretend to be so helpful when you're the one who caused this trouble in the first place 역시 '이 문제를 처음 일으킨 주제에 도와주는 척하지 마세요' 즉 '병 주고 약 준다'라고 할 때 쓴다. 본문에 나오는 Are you trying to pacify comfort me after what you did에서 pacify는 '진정시키다, 화를 달래다, 위로하다'의 뜻이 있다. 예를 들면, **He pacified her failed test.** (그는 그녀의 시험실패를 위로했다.)

As a loyal supporter of Machester United, I try to pacify other fans. (맨체스터 유나이티드의 충성스러운 지지자로서, 제가 다른 팬들을 진정시켜 보겠습니다.)

유사 표현 문장

○ **He is stealing the show.** 그 사람 혼자 북 치고 장구 치고 다 한다.
○ **Don't rub salt into the wound.** 상처에 소금 뿌리지 마라. (불난 집에 부채질하지 마라.)
○ **Are you adding gas to the fire?** 지금 불난 집에 부채질하는 겁니까?
○ **To give one roast meat and beat him with the spit.** 어르고 뺨친다.

Conversation

A) Okay, I'll listen to you if you insist.
좋아 정 그렇게 고집한다면 네 말을 들어보지.

B) What? Are you trying to pacify (comfort) me after what you did?
뭐라고? 지금 병 주고 약 주는 거니?

A) What do you expect me to do now then?
그럼 넌 내가 어떻게 해주길 바라니?

060 That's not at all cool okay?
그건 쿨한 행동이 아니에요, 알아요?

Epic English

Cool하다, cool하지 못하다. 정말 한때 엄청나게 유행했던 표현이다. 지금도 젊은이들끼리는 '쿨하다'라는 단어를 즐겨 사용한다. **Cool**에는 형용사 형으로 '시원한, 서늘한'의 뜻이 있지만, 비속어로 '쌈박하다, 죽인다'의 뜻도 있다. 그래서 **She is so cool**이라고 하거나 **She's really awesome** 하게 되면 '그 여자 정말 쌈박하다, 죽인다'의 뜻으로 사용된다. 또한 **So cool**을 쓰면 '정말 멋져 보인다, 기가 막히다'의 뜻으로 사용되기도 한다. 예를 들면, **That looks so cool.** (정말 멋져 보이는데요.) **You're so cool.** (당신 정말 멋져요.) 반대로 **Don't act like disgusting** 하게 되면 '혐오스러운 행동을 하지 마세요'이고, 또한 **nasty**라는 단어를 써서 **You're so nasty to people**이라고 하면 '너는 사람들에게 참 못되게 군다'이다. **She is so fussy** 라고 하면 '그녀는 참 까탈스러운 성격이다'가 된다.

유사 표현 문장

- **The vibe was totally so cool.** 그 분위기는 정말 끝내주었다.
- **He turns nasty when he drinks.** 그는 주벽이 고약하다.
- **You seem to be a cool guy.** 당신은 참 멋진 사내 같군요.
- **He is such a cool guy.** 그는 끝내주는 사람이야.

Conversation

A) You're so nasty to the people. No good.
당신은 사람들에게 참 고약하게 구는군요.

B) What did I do wrong?
제가 뭘 잘못했는데요?

A) Hey, that's not at all cool, okay?
이것 봐요, 그건 쿨한 행동이 아니에요, 알아요?

061

He is weak to the strong and strong to the weak.
그는 강자에게 약하고 약자에게 강하다.

대박영어

'강점'은 **strong point** 혹은 **merit** 혹은 **one's strength**라고 하고 '단점'은 **weak point**나 **demerits** 혹은 **fault**, **shortcomings**를 쓴다. 그래서 '장점'과 '단점'을 **merit and demerits**라고 하고 '단점을 지적하다'는 **point out the flow(demerits)**라고 한다. '단점을 보완하다'라고 한다면 **supplement one's weaknesses**라고 하는데 **weakness** 또한 '단점, 약점'의 뜻이 있기 때문이다. 또한 '사람은 누구나 장·단점이 있다'라고 한다면 **Everybody has his strength and weaknesses**라고 한다. '당신의 단점이 뭔가요?'라고 한다면 **What is your weak points?**라고 하면 되고 반대의 경우는 **strong point**이다. 참고로 '약육강식'은 **the law of the jungle**인데 '여기는 약육강식의 법칙이 있다'라고 한다면 **The law of the jungle here**이다.

유사 표현 문장

- He has both merits and demerits.   그에게는 장점도 단점도 있다.
- We live in a world where the law of the jungle prevails.   우리는 약육강식의 시대에 살고 있다.
- Sociability is a great asset to a business man.   사업가에게 사교성은 커다란 장점(자산)이다.
- Everybody is weak to the strong and strong to the weak.   누구나가 강자에 약하고 약자에 강하다.
- I know your faults as well as your virtue.   난 당신의 장점과 단점 모두를 잘 알고 있습니다.

Conversation

A) What do you think of him?
그 사람을 어떻게 생각하세요?

B) Well, he is a weak to the strong and strong to the weak.
글쎄요, 강자에 약하고 약자에 강한 거 같아요.

A) Really? Where did you get that idea?
그래요? 왜 그렇게 생각하시죠?

062 We have to put up with it.
Epic English

그것은 우리가 감수해야(감내해야/견뎌야) 합니다.

'감수하다'는 영어단어로 어떤 표현이 있을까? Bear, endure, submit to~ 등 많은 영어 단어가 있다. 하지만 이것들보다 **put up with ~** 를 일반적으로 가장 많이 사용한다. 그래서 **We must put up with it** 하게 되면 '그 정도는 우리가 감수해야 한다'의 뜻이다. 물론 '울며 겨자 먹기지요'는 **We must face the music**이라고 한다. '고통을 감수하다'는 **endure hardship**이라고 하는데 **put up with hardship**이라고도 쓴다. **That's the risk I am willing to take**도 '그 정도의 위험은 감수해야 한다'인데 여기서 **risk**는 '위험성, 위험요소'의 뜻이 있다. 예를 들어 **Is there any risk of brain damage?** (뇌 손상 위험이 있나요?) '모욕을 감수하다'라고 할 때는 **Submit tamely to an insult**를 쓴다. **I'll put up with a lot, but not that insult.** (내가 많이 참겠지만, 그런 모욕은 아니지.) **Do I put with too much?** (내가 너무 많이 참는 건가요?) **I put up with that for years for nothing.** (수년 간 아무 대가 없이 그것을 참았다구요.) **Put up with**를 연습하여 내 문장으로 만들어야 한다.

유사 표현 문장

- **Take the good with the bad.** 좋은 게 있으면 나쁜 것도 있다.
- **Order what you want, you must pay the bill.** 네가 하고 싶은 주문은 무엇이든 해라 하지만 네가 그 결과를 감수해야 한다.
- **Abide the consequences of one's deed.** 자기가 할 일의 결과를 감수하다.
- **Marry her but you must put up with it.** 그녀와 결혼하고 싶으면 결혼해라, 그러나 그것은 네가 감수해야 한다.

Conversation

A) **I made up my mind to go with her.**
나 그녀와 같이 가기로 했어.

B) **What's? That's the kiss of death.**
뭐? 그건 자살 행위야.

A) **No worry, I'll put up with it.**
걱정 마, 충분히 감수할 거야.

063

대박영어

He is good at paying lip service.
그는 입바른 소리를 좋아한다.

Be + good at ~ ing는 '~을 잘 한다'이고 반대의 경우 '~을 못한다'는 be + poor at ~ ing이다. 그래서 '그 사람은 말을 잘해요'라고 한다면 **He is a good at talking**을 쓴다. 또한 '그는 말뿐이고 행동은 안 해요'라고 한다면 **He all talks no action**이라고 하며 '허풍쟁이'는 **big mouth**나 **big talk**라고 한다. 주제 문장에 나오는 **pay lip service**는 '입에 발린 소리를 하다, 말로만 경의를 표하다'의 뜻이다. 참고로 '빈말'은 **empty word**라고 한다. **It's not empty words**는 '그것은 빈말이 아닙니다'이고 **butter me up**을 써서 **It's no trying to butter me up** 하게 되면 '나에게 아첨해 봐야 소용 없습니다'이다. **Flatter** 역시 '아부하다, 아첨하다'의 뜻이 있어 **Are you trying to flatter me now?** 하게 되면 '너 지금 나에게 아첨하는 거니?'의 뜻이 된다.

재미있는 표현을 한 가지만 더 소개한다면 **lip realing**이 있다. 입모양을 보고 말뜻을 알아낸다는 것으로, **lip reading foul language**는 소리는 내지 않고 입모양으로만 하는 욕이다. **Do not use foul langnage even lip reading.** (욕은 하지 마시오, 소리 내지 않는 경우라도.)

유사 표현 문장

○ **They only pay lip service to environmental issues.** 그들은 말로만 환경문제에 대해 떠들고 있다.
○ **You're just saying that right?** 당신 말로만 그러는 거죠?
○ **Stop paying lip service to us and act.** 립 서비스는 그만하고 행동으로 보여 봐요.
○ **Say it right even you got a crooked mouth.** 입은 삐뚤어져도 말은 바로 해라.

Conversation

A) I think he acts like according to his situation.
제 생각에는 그 사람은 상황에 따라 행동하는 것 같아요.

B) Right, he is good at paying lip service.
맞아요, 그 사람은 입바른 소리를 좋아하죠.

A) Jesus, I am very disappointed with him.
그 사람한테 정말 실망이군요.

064

Epic English

It's not the ends of the world that~
~못한다고 세상이 끝나는 건 아니죠.

It's all over는 '모든 게 끝났다'이고 It's not over until it's over는 '그것이 끝날 때까지 아직 끝나지 않았다'이니 우리말로 하면 '길고 짧은 건 대봐야 안다'가 된다. 물론 Nobody know until it's over라는 표현도 있다. 직역하면 '그것이 끝날 때까지는 아무도 그것을 모른다'이다. 그렇다면 I don't see the ends of ~ ing는 무슨 뜻이며 어떨 때 쓰는 표현일까? End나 close 그리고 finish be over, done 그리고 be completed 등의 단어는 '끝나다, 완료되다'의 뜻을 가진 단어나 숙어이다. 그러나 end of ~ ing는 '그것이 다 끝나다'이니 결국 I don't see the ends of ~ ing는 '그것이 다 끝나지 않았다'이고, 유추해석을 하면 '~한다고 세상이 끝난 것은 아니다'라는 뜻이다. 다시 말해서 '여자 친구와 헤어졌다고 세상이 끝난 것은 아닙니다'라고 할 때 It's not the ends of the world that you finish with your girl friend이다.

유사 표현 문장

○ **It's not the ends of world that I can't work there.** 거기서 일 못한다고 세상이 끝난 것은 아닙니다.
○ **It's not the ends of world that my business went bankrupt.** 사업이 망했다고 세상이 끝난 건 아닙니다.
○ **We can start again from beginning. (nothing)** 우리는 무에서 다시 시작할 수 있습니다.
○ **I don't see the ends of work all day.** 하루 종일 일해도 끝날 기미가 안보여요.

Conversation

A) **We can start again from nothing, cheer up okay?**
우리 무에서 다시 시작할 수 있어요, 힘내요 알았죠?

B) **No, it's all over, I am done!**
아니요, 모든 게 끝났어요, 난 끝이에요.

A) **Oh come on, it's not the ends of the world.**
아니에요 힘내요, 세상이 끝난 게 아니잖아요.

쉬면서 알고 가는 재미있는 영어표현

61. 내 일에 간섭하지 않았으면 좋겠어.
  I hope you mind your own business.

62. 어디론가 멀리 훌쩍 떠나고 싶다.
  I just want to go somewhere far away.

63. (나에게) 너무 심한 것 아니에요?
  Don't you think you are too harsh?

64. 그렇게까지 할 필요는 없어.
  You don't have to do all that.

65. 나도 맘이 편하지는 않아.
  I don't feel well about it, either.

66. 그다지 썩 내키지는 않는데.
  I don't feel right doing it.

67. 생각보다 '별로'인데.
  It's not as good as I thought(expected).

68. 몸살에 걸려 온몸이 쑤신다.
  My whole body aches.

69. 그 사람 똥배가 나왔어.
  He has a big belly.

70. 넌 내 밥이야.
  You are my food.

속담표현
- 낮말은 새가 듣고 밤말은 쥐가 듣는다 – The walls have ears.
- 농담 속에 진담이 있다 – Many a true word is spoken in jest. • 누워서 떡 먹기죠 – That's as easy as pie.

일상생활에 자주 사용되는 재미있는 영어 표현들입니다.

71. 저 인간이 왜 저래?

    What's wrong with him?

72. 바늘로 꼭꼭 찌르는 것 같다.

    It feels like a needle poking me.

73. 걔 원래 그런 애야.

    He's usually like that.

74. 너 삐졌니?

    Are you mad at me? Are you pissed off?

75. 이 싸가지 없는 녀석아.

    You have no respect.

76. 그는 밥만 축낸다.

    You are not worth feeding.

77. 그는 성격이 털털하고 시원시원하다

    He has an easy-going and cool attitude.

78. 있는 척 좀 하지 마.

    Don't act like you are rich.

79. 사람을 보면 아는 척 좀 해봐라.

    Why don't you act like you know me?

80. 쟨 정말 짜다! 어떻게 밥 한번 안사니?

    He's so cheap. How can he not buy lunch once?

속담표현

- 누워서 침 뱉기죠 – Cut off your nose to spite your face.
- 눈엣가시죠 – Thorn in the side.
- 닭 잡아먹고 오리발 내민다 – Trying to throw off the track of one's misdeed.

065 대박영어

Now you're coming out.
이제야 본색이 나오시는구만.

'본색'이 영어로는 대체 뭘까? 영어는 배워도 배워도 끝이 없지만 마음을 비우고 조금씩 조금씩 즐기는 마음으로 꾸준히 공부하면 어느새 전문가가 되어 있는 자신을 발견할 것이다. 먼저 '본색'은 영어로 **one's true colors**나 **one's real character**이다. 그래서 **Show your true colors**나 **Reveal your real character** 하면 '너의 본색을 드러내라'가 된다. 간혹 '본색을 숨기다'의 숙어형으로 **wear a mask**를 쓰기도 한다. 결국 **mask**가 '가면'이니 숨긴 뭔가가 있다는 뜻이다. 그래서 **take off the mask**라고 하면 '이제 그만 실체를 밝히시오'가 되는 것이다. 어느 영화에 **He finally showed himself in his true colors**라는 말을 했다. '결국 그는 본색을 드러내고 말았다'이다. 반대로 '그는 뭔가를 숨기고 있다'는 **He is hiding something**이라고 한다. **Now you're coming out** 역시 '이제야 본색이 나오는군요!'라고 할 때 쓰이는 표현인데 **coming out**은 개인적 비밀 등 자신의 속마음을 밝히는 것을 말한다. 그래서 동성애자라고 스스로 밝히는 것을 **coming out**이라고 하지 않던가?

유사 표현 문장

○ You're finally showing your true colors. 이제야 당신이 본색을 드러내는구만.
○ This remark is very characteristic of him. 이 말에 그의 본색이 나타난다.
○ That remark was aimed at him. 그 말은 그를 보고 한 말이었다.
○ The people don't know her true colors yet. 사람들은 아직 그녀의 본색을 모른다.

Conversation

A) We were only boy and girl friend in name, no more.
우리는 말로만 애인이었어요, 그 이상도 아니에요.

B) What? Now you are coming out!
뭐라고요? 이제야 본색이 나오시는군요!

A) Actnally, I want to be her boyfriend in deed and not in name.
사실은, 말로만이 아니고 실제로 그녀의 남자친구가 되고 싶어요.

066 Epic English

I am not gonna press you to stop it if+S.
~하기를 고집한다면 구태여 말리진 않겠다.

공교롭게도 한국말과 영어가 발음이 같은 경우가 종종 있다. 한국식으로 '말린다'라고 하면 드라이 (**dry**)이다. 그래서 한국식으로 생각하면 **broken English**가 되는 것이다. 혹자는 영어단어를 많이 알면 알수록 엉터리 영어에 강하다고 한다. 일리가 있는 말이다. 한국식으로 사고하고 끼워 맞추기 식으로 말하다 보니 자연히 엉터리 영어가 되는 것이다. '말릴 수 없다'는 **stop**을 써야 한다. 바로 이렇게 말이다. **There is nobody stopping you.** (아무도 너를 말릴 수가 없다.) **you** 대신에 **me**를 쓰면 '나를 말릴 수 있는 사람이란 없다'이다.

위의 표현은 '네가 한다면 구태여 말리지 않겠다'는 뜻이다 인데 '네가 그녀와 결혼한다면 말리지 않겠다, 하지만 후회할 일을 하지 마라'는 **I am not gonna press you to stop it, if you want to get married her, but don't do anything you might regret**이다. 유사표현을 보자.

유사 표현 문장

○ **I will not disturb you if you want to do that.** 그렇게 한다면 방해하진 않겠습니다.
○ **There is nobody stopping me to go there.** 내가 거기에 가는 것을 아무도 말릴 수 없다.
○ **Don't press me to study hard.** 공부하라고 강요하지 마세요.
○ **I will never give up to study English.** 영어공부를 절대로 포기할 수 없습니다.

Conversation

A) **How about getting married her?**
그녀와 결혼하는 건 어떻게 생각해요?

B) **Well, I am not gonna press you to stop it but…**
글쎄요, 구태여 말리지는 않겠습니다만…

A) **But, what?**
그렇지만 뭡니까?

067

대박영어

If you put your mind to it.
마음만 먹는다면.

'결심하다, 마음을 먹다'는 make up one's mind를 쓴다. Have decided one's mind와 같다. 또한 '마음을 열다'는 open one's mind이고 '마음을 터놓다'는 pour oneself up이다. 그리고 '마음이 맞다'는 be of one mind를 쓰고 '마음이 통하다'는 understand each other를 쓰기도 하지만 be on the same language가 좀 더 세련된 표현이다. 예를 들면 We're on the same language.(우린 서로 마음이 통한다.) My team mate didn't speak the same language.(우리 팀 동료들은 서로 이해하지 못했습니다.) He and me didn't speak the same language in politics. (그와 나는 정치적으로 의견이 맞지 않는다.) 그렇다면 '마음이 편해야 몸도 편하다'는 어떻게 표현할까? A sound mind makes a health body라고 하면 된다. She wouldn't give away her heart는 '그녀는 마음을 주지 않았다'이고 Her heart turned away from him은 '그녀는 그에게 마음이 돌아섰다'이다. Don't say thing you don't mean 역시 '마음에 없는 말 하지 마라'이다.

유사 표현 문장

○ **Try to put what he said out of your mind.** 그가 한 말을 너무 마음에 담아두지 마라.
○ **You can speak English well too if you put your mind to it.** 마음만 먹는다면 너도 영어를 잘할 수 있어.
○ **I can't take my mind off the problem.** 그 문제가 자꾸 마음에 걸리네.
○ **I don't have any feeling for you.** 난 너에 대한 마음이 이미 떠났어.

Conversation

A) **I think he doesn't have any feeling left for you.**
내 생각에는 그가 이미 너에 대한 마음이 떠난 것 같아.

B) **No, I can turn him back, if I put my mind to it.**
아냐, 난 마음만 먹으면 그를 다시 되돌릴 수 있어.

A) **But that's too late I think.**
그렇지만 내 생각에는 너무 늦은 것 같아.

068 I must get myself together.
난 마음을 추슬러야 합니다.

영화대사에 **If we pull up our socks**라는 말이 있다. '양말을 올려 신는다면'이라고 해석하기보다는 '정신만 차린다면, 마음만 고쳐먹는다면'으로 해석해야 옳다. 비슷한 뜻으로 자주 등장하는 문장이 **If you put your mind to it**이다. 우리가 자주 사용하고 잘 아는 문장인 **made up one's mind** 역시 '마음만 먹는다면, 결심할 수 있다면'의 뜻이다. 그렇다면 '모질게 마음을 먹는다'는 뭘까? **Harden one's heart**이다. 예를 들어보면 **If you have harden your heart**…(모질게 마음만 먹는다면…) **Steel yourself.**(마음 단단히 먹어.) **It's up to you.** (그건 너 하기 달렸어.) **be + purposed to do that** (~하려고 마음을 먹다) **We must hold ourselves.** (우린 정신을 차려야 한다.) 등의 표현도 익혀두면 좋겠다. 영어에 지친 당신, 마음을 추스르고 다시 책을 펴서 공부를 시작하자. 이제는, **Don't be so sloppy.** (얼렁뚱땅 하지 마라).

유사 표현 문장

○ **You're got to get yourself together.** 당신은 마음을 추스를 필요가 있다.
○ **I want to start again from scratch.** 처음부터 다시 하고 싶습니다.
○ **I can't get myself together.** 마음을 추스를 수가 없어요.
○ **I stick to nothing.** 뭐든지 집중을 할 수가 없습니다.

Conversation

A) **Are you gonna with us again?**
우리랑 다시 일하실 건가요?

B) **Well, I can't get myself together so…**
글쎄요, 마음을 추스를 수가 없어요, 그래서…

A) **Anyway, let bygones be bygones you know?**
어쨌든 과거지사는 잊어야 합니다.

069

대박영어

Show 목적격 + true colors.
본색을 드러내다.

Show에는 '보여주다, 증명하다'의 뜻이 있다. 또한 명사형으로는 '쇼, 전시회' 등의 뜻도 함께 있다. 그래서 우린 흔히 '그건 쇼다'라고 할 때 show라는 단어를 쓴다. 하지만 이것은 엄밀히 말하면 틀린 표현이다. 올바르게 쓴다면 It's a got up match라고 해야 한다. 즉 이미 각본에 짜여진 pre-fixed match(시합)인 것이다. Show의 용도를 보자. I'll show you how to use it (그것을 어떻게 사용하는지 보여주지)를 비롯하여 Can you show me how to get there? (그곳에 어떻게 가는지 알려주실래요?) 참고로 show off는 '으스대다, 자랑하다'의 뜻이 있고, show up은 '나타나다' 그리고 '눈에 띄다, 모습을 드러내 보이다'의 뜻도 있다. How came, you never showed up here nowadays? (어째서 요즘 여기 안 나타나는 거죠?) 그렇다면 show + 목적격 + true colors는 뭘까? '칼라를 나타내다'이니 '본색이 드러나다'의 뜻이다.

유사 표현 문장

○ **Finally, you showed yourself your true colors.** 드디어 네 스스로 본색을 드러냈구나.
○ **Eventually, she showed herself her true colors.** 마침내, 그녀가 본색을 드러냈다.
○ **At last, he want to show himself true colors.** 드디어, 그가 본색을 드러내려고 해.
○ **They showed themselves their true colors.** 그들 스스로가 본색을 드러냈어.
○ **Why don't you show yourself your true colors.** 본색을 드러내면 어때?

Conversation

A) **Why she never showed up here nowadays?**
왜 요즘 그녀가 이곳에 나타나질 않죠?

B) **It's very simple, because she showed herself her true colors.**
간단해요. 본색을 드러낸 거죠.

A) **Now I got the picture.**
이제 감 잡았어요.

You're bold in your word only!
입만 살았구먼!

'말을 잘한다'라고 할 때는 **have a good way with talk**를 쓴다. 다시 말해서 '말은 청산유수이다'라고 할 때 쓰는 표현이다. 또한 '말만 번지르르하다'는 **tongue of speech**라고 한다. 그렇다면 '빈말'은 뭘까? 그것은 **empty word**이다. 말 그대로 '비어있는 말'이라는 뜻이다. 예를 들어 **It's not an empty word.** (빈말이 아닙니다.) **Bold in one's word**는 '입만 살았구나'라고 할 때 쓰는 관용어 표현이다. '입만 살았다'라고 해서 **only your mouth is live** 라고 할 수 없는 일 아닌가? **You're just saying that, right?**은 '당신 말로만 그러는 거죠, 그쵸?'이다. **I am just exaggerating a bit**은 '살짝 과장했을 뿐입니다'이니 '말이 그렇다는거죠'이고 **You can say that again**은 '내 말이 그 말입니다'이다. **You took the word out of my mouth**도 익혀두자. '당신이 내 입에서 그 말을 채갔어요'이니 '내가 막 그 말을 하려고 했어요'라는 뜻이다.

유사 표현 문장

○ **I am just exaggerating a bit.** 말이 그렇다는 거죠.
○ **I was tongue tied because of nonsense.** 너무 황당해서 말문이 막혔어요.
○ **You have such a way with words.** 말은 청산유수구먼.
○ **His tongue runs on the wheel.** 그는 능변가이다.
○ **He is all talk and no action.** 그는 말만 앞세우고 행동은 안 해요.

Conversation

A) **I will do everything if I put my mind to it.**
전 마음만 먹으면 뭐든 다 할 수 있다고요.

B) **You're bold in your word only.**
당신은 말만 번지르르하고 입만 살았군요.

A) **Oh come on, what do you take me for?**
이거 왜 이래요, 저를 뭘로 보는 겁니까?

071

대박영어

There is more than meets the eye!
눈에 보이는 것이 전부는 아니다!

There is는 '~이 있다'이고 복수형인 '~들이 있다'는 There are를 쓴다. 그래서 There is a table in the room 하게 되면 '방에 테이블이 있습니다'이다. 과거형은 was, were(있었다)이다. There is 다음에 no가 붙으면 뒤에는 무조건 ing를 쓴다. 그래서 There is no stopping him 하게 되면 '그를 말릴 수가 없다' 즉 '아무도 못 말린다'가 되고 같은 뜻으로 There is no holding him을 쓰기도 한다. 다른 용례로는 There is no chance(가능성이 없다), There is a good chance(가능성이 많다)가 있다. 본문의 There is more than meets the eye는 '눈에 보이는 것이 전부가 아니다'인데 merit나 strong point(장점)을 써서 There is more merit than meets the eye라고 하면 '보는 것 말고도 장점이 있다'가 된다. 다음 예문도 익혀두자. This book is more than meets the eye. (이 책은 겉보기와는 다르다.) There are more problems to him than meets the eye. (눈에 보이는 것보다 그에게는 문제들이 더 많을 거야.)

유사 표현 문장

○ There is something more meets the eye!   보이는 것 이상의 뭔가가 있다.
○ They have much more than meets the eye.   그들은 눈에 보이는 것 이상을 가지고 있다.
○ She has much ability more than meets the eye.   그녀에게 보이는 것 이상의 능력이 있다.
○ Seeing is believing.   보는 것이 믿는 것이다. 백문(百聞)이 불여일견(不如一見).

Conversation

A) I think, He is very rich and good man.
제 생각에는 그는 부자이면서도 아주 좋은 사람 같아요.

B) Hey, there is more than meets the eye.
이것 봐, 눈에 보이는 것이 전부가 아니야.

A) What do you mean?
무슨 뜻이죠?

072

Epic English

I don't want to be beholden to anyone.
그 누구에게도 신세지고 싶지 않습니다.

'신세를 지다'는 영어로 **be + beholden**이다. 그래서 **was beholden** 하게 되면 '신세를 많이 졌습니다'가 된다. 예를 들어 **I was beholden to the people.** (저는 많은 사람에게 신세를 졌습니다.) '그 사람에게 신세를 지고 싶지 않다'라고 할 때 **I don't want to make him trouble** 혹은 **I don't want to owe him**을 쓰는 경우가 많다. 이 표현들이 구태여 틀렸다고 말할 수는 없지만 뭔가 좀 더 정확하고 구어체 표현을 찾자면 **I owe you big time**이 '큰 신세를 졌습니다'이고 '신세를 망치다'는 **ruin one's life**다. **You've no right to ruin her life.** (넌 그녀의 인생을 망칠 권리가 없다.) **They can ruin someone's life forever.** (그들은 누군가의 인생을 영원히 망칠 수 있다.) **be + beholden**도 '신세를 지다'이다. 예를 들어 **I am beholden to you for your kindness.** (신세 많이 졌습니다. 친절하게 대해 주셔서 감사드립니다.) **I don't like to be beholden to anyone.** (저는 어느 누구에게도 신세지고 싶지 않습니다.)

유사 표현 문장

- **She was beholden to her boyfriend.** 그녀는 그녀의 남자친구에게 많은 신세를 졌다.
- **I am much obliged to the people.** 이래저래 여러 사람에게 신세만 지고 산다.
- **I have to hinge on my brother for the tuition.** 나는 형에게 등록금 신세를 져야 한다.
- **We are beholden to this house from him.** 우리는 그로부터 이 집을 신세지고 살고 있다.

Conversation

A) **Why don't you ask her to help if you're in trouble?**
문제가 있으면 그녀에게 도움을 요청하지 그래?

B) **No, never. I don't want to be beholden to her.**
아니, 절대로. 난 그녀에게 신세지기 싫어.

A) **But you have no other choice I think.**
그래도 내가 보기엔 선택의 여지가 없는 것 같은데.

073

It's not my place to butt in.
내가 나설 자리는 아닙니다.

'내가 ~할 자리가 아니다'는 **place**를 써서 **It's not my place to say that** (제가 이야기할 자리가 아닙니다)라고 한다. 그렇다면 '내가 낄 자리가 아니다'라고 할 때는 어떻게 할까? 먼저 '끼다, 참견하다'의 뜻을 알아야 할 것이다. 참견이나 간섭의 뜻을 가진 단어로는 먼저 명사형인 **interference**가 있고 동사형으로는 **meddle in, intrude into, butt in** 그리고 **interfere** 등이 있다. 이것들을 잘 활용하여 **place to** 다음 동사 올 자리에 사용하면 '내가 참견(나설)자리가 아닙니다'가 될 것이다. **Involve in** 역시 '관여하다'의 뜻이 있어서 **I don't want to go involve in it** 하게 되면 '그 일에 전 관여하고 싶지 않습니다'가 된다. 또한 **disturb** 역시 '방해하다'의 뜻이 있어 **I hope I am not disturbing you**라고 하면 '방해가 되지 않길 희망합니다'이다. **He likes to interfere in every part**는 '그는 곳곳에 참견한다'이다. 참고로 **It will only aggravate the situation if you butt in**은 '네가 참견하면 상황만 악화될 뿐이다'이다.

유사 표현 문장

- **Do not intrude their into an affair.** 그들의 사건에 끼어들지 마세요.
- **I hope I am not interrupting you.** 제가 방해가 되지 않길 희망합니다.
- **It's not my position to say something about that.** 그것에 대해 제가 이야기할 입장이 아닙니다.
- **He always meddling in other peoples affairs.** 그는 쓸데없는 참견을 잘한다.

Conversation

A) **Why you don't say anything about their argument?**
왜 그들의 싸움에 아무 말도 안 했어요?

B) **I think, it's not my place to butt in.**
제 생각에는 제가 나설 자리가 아닌 것 같았어요.

A) **But you must say something.**
그러나 뭔가 이야기를 해야 합니다.

074 There is no reason to boast!
자랑할 이유가 없다.

'자랑하다'는 영어로 **show off, brag, boast** 등이 있다. 그래서 '자식 자랑'은 **brag about one's children**이고 '성공자랑'은 **boast one's success**이다. '아무데서나 힘자랑하지 마세요'는 **Don't show off your muscles anywhere**로 직접적인 뜻은 '아무데서나 근육자랑은 하지 마라'의 뜻이다. 그렇다면 우리가 잘 아는 **be + proud of**는 어떨까? 역시 '~를 자랑하다, 대견스러워 하다'의 뜻으로 **it's nothing to be proud of**하게 되면 '그것은 자랑할 것이 못 된다'이다. **I am very proud of your stop smoking, Mr. Woo.** (우 선생님, 저는 당신의 금연이 정말 자랑스럽습니다.(금연을 지지합니다.)) **It's not must be boast about it** 역시 '자랑거리가 아니다'이다. 예를 들어 **I don't to boast but I can speak many language.** (자랑하고 싶진 않지만 나는 많은 언어를 구사할 수 있다.) 참고로 자랑을 자주하는 사람을 **braggart**라고 하는데 이 말이 '허풍쟁이, 떠버리' 등의 뜻이 있기 때문이다. **Conceit** 역시 '자만심, 자랑하다'의 뜻이 있다.

유사 표현 문장

- **I am not saying this to show off but I came first in the exam.** 자랑은 아니지만 이번 시험에서 일등을 했다.
- **He had an accident showing off his driving skills.** 그는 운전 실력을 자랑하다가 사고를 냈다.
- **She boasted about how much money she had.** 그녀는 자기가 얼마나 돈이 많은지 자랑을 했다.
- **He boasted that his son is a genius.** 그는 그의 아들이 천재라고 자랑했다.

Conversation

A) **He boasted that he has a BMW car.**
그 사람 BMW 샀다고 자랑하고 다녀요.

B) **Jesus! It's not much to boast.**
저런 세상에 그건 자랑할 만한 거리가 안 되는 건데.

A) **That's what I am saying.**
제 말이 그 말이라니까요.

075 대박영어

Then, you must give me my due.
그렇다면, 저에게 그만한 대접을 해주셔야죠.

Treat me as ~는 '~처럼 대접을 해 주세요'이다. 예를 들어 '선생님이라는 지위에 맞게 대접해주세요'라고 한다면 Please give me due as a teacher라고 하거나 Treat me as a teacher라고 하면 된다. '대접'에는 명사형으로 reception이나 treatment가 있고 동사형은 treat이다. 그래서 be + given a warm reception 하게 되면 '융숭한 대접을 받는다'이고 'give SB(목적격) the red carpet treatment' 하게 되면 '극진한 대접을 받다'가 된다. They gave me the red carpet treatment. (그들은 저를 정말로 극진하게 대접했어요.) 간혹, be + received 역시 '~한 대접을 받다'인데 얼마 전 '축구에서 큰 성과를 거두고 돌아온 자국 대표들을 영웅 대접했다'라고 할 때 be + received를 쓴다. 예를 들어, They were received as a hero. (그들은 영웅 대접을 받았다.) 자주 쓰이는 be + treated 역시 대접을 받다 수동태이니 만약 '~한 대접을 받고 싶다'라고 한다면 I want to be treated like an adult (난 어른 대접을 받고 싶다)라고 하면 된다. 〈논어〉에 나오는 기소불욕 물시어인(己所不欲 勿施於人)은 영어로 Treat people as you would like to be treated(받고 싶은 대로 남에게 대하라)이다.

유사 표현 문장

○ I wasn't able to prepare much.   대접할 게 별로 없네요.
○ Serve the same sauce to him.   대접받고 싶으면 상대방을 대접해라.
○ She did her utmost to entertain us.   그녀는 우리를 정성껏 대접했다.
○ They served us delicious dinner.   그들은 우리에게 맛있는 저녁을 대접했다.

Conversation

A) Can you give me your hand?
좀 도와주실 수 있나요?

B) Of course but you must give me my due.
물론이죠, 그러나 그만한 대접은 해 주셔야 합니다.

A) It's a matter of course.
그거야 두말하면 잔소리죠!

076

Don't get me all riled up with that word.
그런 말로 사람 속 뒤집지 마라.

You make me crazy는 '너는 나를 미치게 만든다'이니 결국 '속을 뒤집다'라는 의미도 된다. You're driving me crazy도 같은 뜻이다. 'Crazy (mad) about~'에는 '~에 푹 빠진, ~에 미친'의 뜻이 있다. He is crazy (mad) about football. (그는 축구에 미쳤다.) I am crazy(mad) about Mary. (난 매리한테 푹 빠졌어.) 또한 You get on my nerves 하면 '내 신경을 건드리지 마라'이니 이 또한 '나를 귀찮게 하지 마라' 혹은 '속을 뒤집지 마라'가 된다. 위의 표현인 riled up은 '사람을 귀찮게 하다, 짜증나게 하다'의 뜻이 있는데 be + riled up 혹은 get riled up을 쓴다. 그래서 Don't get me all riled up with that word라고 하게 되면 '그런 말로 사람 속 뒤집지 마라'가 되는 것이다. 참고로 You piss me off '역시 사람 열 받게 하는군요'의 뜻이 있다. That man turns my stomach는 글자 그대로 '그자 때문에 속이 뒤집어집니다'이고 My stomach is upset은 '배탈이 났습니다'이다. 전자는 '마음속'이 뒤집어진 것이고 후자는 '위장'이 뒤집어진 것이다.

유사 표현 문장

○ If you insist I'll go nuts.   그렇게 고집하면 내가 돌아버릴 것이다.
○ You're driving me mad as a hatter.   너 때문에 돌아버릴 것 같다.
○ It sticks in my craw as well.   그것이 내 속을 뒤집어 놓는다.
○ You always pissed me off with that saying.   그런 말로 넌 항상 날 열 받게 하더라.

Conversation

A) I don't think that she is a good match for you.
내 생각에는 너하고 그 여자하고 잘 맞지가 않아.

B) Hey, watch your tongue and don't get me all riled up okay?
야 말조심해, 넌 항상 그런 말로 사람 속 뒤집더라?

A) Clam down, I say this for your own good.
진정해, 이게 다 너를 위해 하는 말이야.

077

She reluctantly answered my question.
그녀는 마지못해 내 질문에 대답했다.

대박영어

'마지 못하여 ~하다'의 뜻으로는 어떤 영어를 쓸까? 먼저 **reluctantly**가 있다. Reluctantly는 부사형으로 '마지못해서, 꺼려하여, 싫어하여'의 뜻이 있다. 그래서 **do it reluctantly** 하면 '그것을 억지로 하다'가 되고 **reluctantly admit it**은 '마지못해 그것을 인정하다'가 된다. 또한 '마지못해 양보하다'도 **reluctantly grant a concession**이다. 영화대사에 나왔던 **No longer able to cope, I reluctantly decided to leave here**도 '더 이상 함께 할 자신이 없어서 어쩔 수 없이 전 여기를 떠나기로 했습니다'이다. 여기서 **no longer~**는 '더 이상 ~이 아니다'이다. **No longer that**은 '~할 자신이 없다'로 that 뒤에는 주어가 와야 한다. 예를 들면 **No longer think that I can care you forever.** (널 영원히 돌봐줄 자신이 없다.) **I know we are no longer together.** (어차피 우린 더 이상 안 볼 사이란 걸 안다.) 참고로 **I must face the music** 또한 '어쩔 수 없이 ~한다' 혹은 '울며 겨자 먹기로 한다'의 뜻을 가진 문장이다.

유사 표현 문장

○ **I couldn't help it.** 어쩔 수가 없었어요.

○ **I reluctantly have to stop studying.** 난 어쩔 수 없이 학교를 그만둬야 합니다.

○ **I don't want to go to work today but I must face the music.** 오늘은 일하러 가기 싫지만 어쩔 수 없습니다.

○ **I don't want to do anything too contrived.** 난 어떤 일이든 억지로 하긴 싫다.

Conversation

A) **Had you meeting with them today?**
그 사람하고 오늘 미팅하셨어요?

B) **Yes I had, but they reluctantly came there.**
네, 했어요, 그런데 마지못해 왔더라구요.

A) **What? Oh my god, men and melon are hard to know.**
뭐라고요? 저런 세상에, 사람 속은 참 알 수가 없네.

078 Epic English

She doesn't speak English well, but she is majestic.
그녀는 영어를 잘하진 못하지만, 당당했다.

'위풍당당하다'라고 할 때 그의 뜻은 **panache**이다. **Debonair** 역시 '멋지고 당당한, 위엄있는'의 뜻이 있다. 또한 우리가 잘 알고 있는 **honorable** 역시 '멋지고 당당하다, 떳떳하다'의 뜻이 있다. 그래서 **act honorably no matter what circumstances are**라고 하면 어떤 상황에서도 '떳떳하고 당당하다'이다. 또한 **I don't have much possession but I have lived an honorable life** 하게 되면, '가진 게 많지 않지만 떳떳하게 살아왔다'가 된다. '떳떳한, 당당한'의 뜻인 **majestic** 말고도 '깃발 날리며'의 영어 표현인 **with flags flying** 역시 숙어형으로 '위풍당당한'의 뜻이 있다. 예를 들면 **She talked her plans with flags flying.** (그녀는 위풍당당하게 그녀의 계획을 말했다.) 참고로 '당당한 이유'는 **a fair reason**이나 **good reason**을 쓴다. 그리고 당당한 권리는 **a lawful right**이다. **Dignity**는 '품위, 존엄성', **human dignity**는 '인간으로서의 존엄성'이다. **He's a man of dignity.** (그는 품위있는 사람이다.)

유사 표현 문장

○ **She acts in a majestic manner.** 그녀는 위엄 있고 당당한 행동을 합니다.
○ **He lost a lot of money but he was majestic.** 그는 많은 돈을 잃었지만 당당했습니다.
○ **All legitimate trades are equally honorable.** 직업에는 귀천이 없다.
○ **He has no much money but he always majestic.** 그는 가진 것은 없지만 늘 당당하다.

Conversation

A) **I want to see his dignified figure.**
그의 당당한 모습을 보고 싶습니다.

B) **Right! He is always majestic no matter what situation.**
그래요. 그는 어떠한 상황이라도 늘 당당하죠.

A) **Yes, we must stand up too like him.**
맞아요. 우리도 그 사람처럼 당당해야 해요.

079

It's time to take an action.
이젠 뭔가 행동(조치)을 해야 합니다.

대박영어

'행동'은 act이고 명사형은 action이다. 그래서 **take an action** 하게 되면 '행동을 취하다' 혹은 '조치를 취하다'의 뜻이다. Action은 어떤 목적이나 문제를 해결하기 위한 행동이나 조치를 의미한다. **He is all talk no action**이나 **He only talks no action**은 '말만 번지르르하게 할 뿐 행동을 취하지 않다'라고 할 때 쓰이는 문장이다. **He always talks first**도 '그는 말부터 앞세운다'이고 **He talks too much** 하면 '그는 말이 많다'이다. **He has a big mouth** 하게 되면 '입이 크다'라는 뜻이 아니라 '허풍이 세다'의 뜻이다. 말만 번지르르하게 하는 사람에게 해줄 말이 있다. 그것이 바로 **Put your money first**이다. '돈을 먼저 내놓아라'인데 의역하면 '행동으로 보여 봐라'이다. 참고로 영화를 찍을 때 감독이 액션(**action**)이라고 하는데 이것도 '행동개시, 시작'의 뜻이다. 법적 용어인 **legal action**도 있는데 '그러면 우리는 법적 행동을 취하겠소'라고 할 때 **Okay, if you say so, We'll take an legal action**이라고 한다.

유사 표현 문장

○ **You must know the action and reaction.** 작용과 반작용을 알라.
○ **Please refrain your action without system.** 조직적이지 않은 행동은 삼가 주세요.
○ **Finally, she starts to take an action.** 드디어 그녀는 행동을 개시하기 시작했다.
○ **We must take action about that matter.** 그 문제에 대해서 뭔가 조치를 취해야 합니다.

Conversation

A) **Many beautiful animals is dying now.**
많은 아름다운 동물들이 죽어가고 있습니다.

B) **Yes! So it's time to take an action.**
그래요. 이젠 뭔가 조치를 취해야 합니다.

A) **You took the word out of my mouth.**
내가 하고 싶었던 말이 바로 그 말입니다.

080 Your face tells it!
당신 얼굴에 다 씌어 있다고요!

거짓말을 하면 얼굴에 보인다. 이런 경우 우리는 '얼굴에 나타난다'라고 하고 영어에서는 '얼굴이 말해주고 있다'고 표현한다. 뜻은 같지만 표현 방법이 다른 것이다. 그래서 외화를 보면 **Don't hide your feeling, your face tells it** 이라고 한다.(감정 숨기지 마세요. 당신 얼굴에 다 씌어 있으니까요.) **Don't tell me a lie**라고 해도 '거짓말 하지 마세요'이다. 그렇다면 이 문장은 뭘까? **Please don't tell me that he told a lie** 이 말은 '설마 그 사람이 거짓말 했을라고!'인데 여기서 **please don't tell me**가 '설마'이다. 우리처럼 '설마'라고 하여 **perhaps, maybe, possibly** 등은 쓰지 않는다. 의미가 조금 달라지기 때문이다. 그러나 '그는 아마도 여기 못 올 것이다'라고 한다면 **probably**를 써서 **He probably won't be able to come here**라고 한다. 여러분도 잘 아시겠지만 **be + able to**는 '~할 수 있을 것이다'이고 **won't be able to**는 '~할 수 없을 것이다'이다. '아마 거의 그렇겠지만~'은 문장 앞머리에 **Probably must~**를 쓴다. **Probably must, he'll win the competition.** (아마 거의 그렇겠지만, 이번 대회에선 그가 이길거야.)

유사 표현 문장

- **I can guess what you're thinking.** 네가 무슨 생각을 하는지 짐작할 수 있다.
- **I know it by my sixth sense.** 육감으로 알 수 있습니다.
- **I saw it coming.** 내 그럴 줄 알았어요.
- **I know it backward and forward.** 그것에 대해 훤히 알죠.

Conversation

A) **Are you worried about something?**
무슨 걱정거리 있으세요?

B) **How did you know that?**
그걸 어떻게 아셨어요?

A) **Because your face tells it.**
왜냐하면 당신 얼굴에 다 씌어 있으니까요.

쉬면서 알고 가는 재미있는 영어표현

81. 너 공주병(왕자병)이구나.
    You think you are all that? (필수 암기 구문)

82. 저 애는 내가 찍었어.
    That boy is mine. He is on my list.

83. 쟤는 날라리야.
    He is a player.

84. 그는 앞뒤가 꽉 막혔어.
    He is so stubborn.

85. 내 입장이 정말 난처해.
    My position is very uncomfortable.

86. 그 사람은 건방지게 굴어.
    He acts like he's all that.

87. 쟤 손 좀 봐 줘야겠다.
    He needs a lesson.

88. 이 시계 참 신기하다.
    This watch is unique.

89. 잘난 체 하는 걸 아니꼬와서 못 보겠군!
    I can't look at him acting like he is all that.

90. 그녀는 마음을 잘 주지 않고 튕겨.
    She's playing hard to get.

속담표현
- 다다익선이죠 – The more the merrier.
- 대기만성이죠 – Late bloomer.
- 도랑치고 가재 잡고(일석이조) – Kill two birds with one stone.
- 독 안에 든 쥐다 – A rat in the trap.

일상생활에 자주 사용되는 재미있는 영어 표현들입니다.

91. 그는 뒤로 호박씨 간다.
    He does something in people's back.

92. 야~ 신난다.
    Yeah! This is fun!

93. 놔둬. 그냥 그러다가 말겠지 뭐.
    Leave him alone. He'll stop it eventually.

94. 이 숙제 정말 짜증난다.
    This homework is very tedious.

95. 그 사진 너무 야하다.
    That picture is too sexy.

96. 너무 오버하지 마.
    Dont't go too far.

97. 쟤랑 걔랑 그렇고 그런 사이래.
    They are said to have a relationship.

98. 걘 늘 요리조리 빠져나간단 말이야.
    He always gets away with stuff.

99. 그냥 그렇다고 해, 뭘 자꾸 따져?
    Just say it, don't argue.

100. 넌 왜 맨 날 그 모양이니?
     Why are you always like that?

속담표현

- 돈은 돌고 도는 법이다 – Money will come and go.
- 돌다리도 두드려 보고 건너라 – Look before you leap.
- 돈이 최고다 – Money talks.
- 동문서답 – You're barking up the wrong tree.

081

He used every means to be success!
그는 성공을 위해서는 모든 수단을 다 썼다!(강구했다!)

'수단과 방법, 수단을 쓰다'라고 할 때 '수단'은 영어로 **means, way, measure, method** 등 여러 가지가 있다. 하지만 '온갖 수단을 다 쓰다'라고 한다면 **every possible means**가 된다. Possible은 '가능한'의 뜻이니 '모든 가능한 수단'이 되는 것이다. 또한 '모든 수단이 동원되다'는 **All possible means have been tried**이다. **By fair means or foul**은 '정당하거나 반칙을 모두 써서', 즉 '수단과 방법을 가리지 않고'이다. **To win the title, we must play by fair means or foul.** (타이틀을 차지하기 위해서, 우리는 수단과 방법을 가리지 말고 플레이해야 한다.) **Stop** 또한 서다, 멈추다 외에 '수단'의 뜻이 있어 **He will stop at nothing to get what he aims**라고 하면 '그는 목적달성을 위해 수단과 방법을 가리지 않는다'이다. 참고로 '합법적인 수단'은 **legitimate means**이고 '불법적인 수단'은 **unlawful means**이다. 그리고 **effective means**는 '효과적인 수단'이고 **reliable means**는 '믿을 만한 수단'이다. '비상수단'은 **emergency means**이다.

유사 표현 문장

- **I want to use all possible means to be rich.** 난 부자가 되기 위해 모든 수단을 다 쓸 것이다.
- **She is trying to use every means to be rich.** 그녀는 부자가 되기 위해 수단과 방법을 가리지 않아.
- **Speaking is means to achieve objectives.** 연설은 목적을 이룰 수 있는 한 방법이다.
- **It's simply a means to an end.** 그것은 단순한 목적을 위한 수단이다.

Conversation

A) **His heart is set on success in life.**
그는 출세에만 집착하고 있어.

B) **Right, he is try to use every means to be success.**
맞아요, 그는 출세를 위해서는 온갖 수단을 다 동원하죠.

A) **It's dog eat dog world!**
살벌한 세상이구먼.

082 Epic English

You must not take his power lightly!
그의 힘을 과소평가해서는 안 된다!

'과소평가'가 영어로 뭘까? underestimate를 '과소평가'라고 한다. estimate는 '견적'이다. 견적서를 estimate라고도 한다. 그래서 under estimate는 '아래로 추산하다, 견적하다'의 뜻으로 결국 '과소평가하다'라는 뜻으로 쓰는 것이다. 다시 말해서 Underestimate는 '예산을 밑으로 잡다'이니 결국 과소평가의 의미로 사용된다. 예를 들면, Never underestimate your opponent. (절대 상대를 과소평가하지 마라.) Don't underestimate yourself. (자신을 과소평가하지 마라.) Don't sell yourself short도 '자신을 과소평가하지 마시오'라고 할 때 쓰이는 표현이고 서두처럼 '그것을 가볍게 보지 마라'의 Don't take his power lightly도 '그의 힘을 가볍게 보지 마라'의 뜻이니 '과소평가하지 마라'의 뜻이다. 참고로 '나를 아래로 보지 마라'는 look down인데 '깔보지 마라'로 해석한다. I am not pushover 역시 '나는 밀면 넘어가는 사람이 아닙니다' 즉 '나 쉬운 사람 아닙니다'이다.

유사 표현 문장

○ They are therefore likely to be an underestimate. 그러므로 그들은 과소평가 된 것 같다.
○ You don't need to be overestimate them. 그들을 과대평가할 필요는 없다.
○ Don't take their connection lightly. 그들의 연줄을 가볍게 보지 마세요.
○ You must look down on her. 그녀를 깔보지 마라.

Conversation

A) No worry, it's a piece of cake to persuade him.
걱정 마세요, 그 사람 설득하는 건 식은죽 먹기죠.

B) But, you must take his ability lightly.
그러나 그 사람 능력을 너무 쉽게 보면 안돼요.

A) I know. Don't worry.
저도 알아요. 걱정 말아요.

083 대박영어

I think I haven't lived!
내 생각에는 인생을 헛산 것 같아!

Have + not는 **haven't**이다. **I haven't lived**는 '살지 않았다'이다. 유추해석은 어떻게 할까? '살지 않았다'이니 결국 '인생을 헛살았다'라고 할 때 이 같은 표현을 쓰는 것이다. 쉬운 것 같으면서도 어렵고 어려운 것 같으면서도 쉬운 표현이 **haven't lived**이다. 영어는 알고 보면 쉽다. 다만 개념과 문화가 다르니 표현하는 방법도 다르다. 그래서 영어가 어려운 것이다. 그럼 먼저 '인생'이 뭘까? 그냥 **life**이다. 그래서 우리는 '인생은 짧고 예술은 길다'라고 표현할 때 **Art is long but life is short**라고 하지 않던가? 또한 **Life is an empty dream**이라고 하면 '인생은 헛된 꿈일 뿐이다'이고 '인생무상이다'는 **All is vanity in life** 나 **Life is but an empty dream**이라고 표현한다. '헛되다'의 뜻으로 사용되는 단어는 **empty** 혹은 **vain**, **fruitless**, **useless** 그리고 **futile**를 쓴다. **False** 역시 '허황되다, 헛되다'의 뜻이 있다. 그래서 **Have false hope**는 '헛된 희망을 품다'이다.

유사 표현 문장

- **Don't make an empty promise me okay?** 헛된 약속은 하지 마세요, 알았죠?
- **All my pains were for nothing.** 십년공부 도로아미타불이 되었다.
- **That's the way life goes.** 그런 것이 인생이다.
- **You're everything in my life.** 당신은 내 인생 전부입니다.

Conversation

A) **I never been to USA, I haven't lived.**
미국도 한 번 못 가보고 인생 헛살았어요.

B) **But you will be able to go there later.**
그러나 나중에 갈 수 있을 거예요.

A) **Nobody knows what may happen.**
세상 일은 무슨 일이 벌어질지 아무도 모르는거죠.

Hey! What are friends for?
야! 친구 좋다는 게 뭐냐?

'한 번만 봐주세요!'라고 할 때는 어떻게 할까? 원어민들은 **give me a break**라고 하거나 **please have a heart**라고 한다. 교통경찰에게 걸려서 한 번 봐달라고 할 때도 이렇게 말하면 되지만 그냥 가볍게 **Can you just let it go this time please?** 또는 **Can you cut me some slack?**이라고 해도 '한 번만 봐주세요'가 된다. '눈감아 달라고 할 때'는 **over look**을 쓰는데 숙어로써 '눈감아 주다, 넘어가다'의 뜻이 있기 때문이다. 그래서 '눈감고 한 번만 봐주세요'라고 할 때 TV에서는 **Please overlook this and give me just one more chance?**라고 하지 않던가? '이번 한 번만 눈감아주지!'라고 할 때에도 **I'll overlook only this time**이라고 한다. **Pass over** 역시 '묵과하다, 용납하다'의 뜻이 있어 **I can't pass over your mistake anymore**라고 한다면 '당신의 과오를 더 이상 묵과할 수 없다'가 된다.

표제문의 관사를 살짝 바꿔 **What is a friend for?**로 써도 무방하다.

유사 표현 문장

○ **They decided to pass over her rude remarks.** 그들은 그녀의 무례를 묵과하기로 했다.
○ **Please let me save a little my face by overlooking it just this once.** 제 얼굴을 봐서 한 번만 봐주세요.
○ **Let me off the hook just this once.** 딱 한 번만 봐주세요.
○ **Please have a heart, what are friends for?** 한 번만 봐주라. 친구 좋다는 게 뭐니?

Conversation

A) **How many times must I tell you not to use my bike?**
  내가 몇 번 말했니? 내 오토바이 사용하지 말라고.

B) **Please have a heart, what are friends for?**
  한번만 봐주라, 친구 좋다는 게 뭐니?

A) **Hey, personal is personal, business is business, you know?**
  공은 공이고 사는 사야 몰라?

085 That sounds grating on my ears!
그 소리 정말 귀에 거슬리네요!

대박영어

영어에 **That sound is inviting my eye**라는 말이 있다. 그냥 쉽게 **That sounds inviting me**라고도 한다. 이 말을 해석하면 '귀가 솔깃해지는 말인데요!'의 뜻이다. 물론 **tempting**을 써서 **It was a tempting offer** 해도 '귀가 솔깃해지는 제안이었습니다'이다. **I have his ear**는 '나는 그 사람의 귀를 가지고 있다' 즉 '그 사람은 제 말이라면 다 듣습니다'이다.

이와 반대로 귀에 거슬리는 소리가 있다. 이것이 바로 **grating**인데 **grating**에는 형용사형으로 '삐걱거리는, 귀에 거슬리는, 신경 거슬리는'의 뜻이 있다. 그래서 **That sounds grating on the ear but it's funny** 하게 되면 '그것이 귀에 좀 거슬리긴 하지만 재미는 있다'가 된다. 물론 '말조심 좀 하세요'라고 한다면 **Please watch your tongue**나 **Watch your mouth** 그리고 **Watch your language**을 쓰기도 한다. 말에는 **word, language, speech, tongue** 등 여러 가지가 있다. **Term** 역시 명사형으로 '용어, 말' 등의 뜻이 있어 **techinical term**은 '전문용어'이고 **I am not speaking terms with him for a long time** 하게 되면 '그와 말을 섞지 않은지 오래 되었다'이다.

유사 표현 문장

○ **We're not on speaking terms.** 그와 나는 말도 하지 않는 사이다.
○ **She is too shy to speak.** 그녀는 부끄러워 말도 제대로 못 한다.
○ **Talking back to older people is impertinent.** 어른한테 말대답하는 건 실례가 된다.
○ **I don't like the way you talk.** 그렇게 말하는 당신 말투 정말 싫어요.

Conversation

A) He is all muscles and no brain.
그는 무식한 게 힘만 세요.

B) What? That sounds grating on my ears.
뭐라고요? 그것 참 귀에 거슬리는 소리군요.

A) I am sorry if you felt like that.
그렇게 느꼈다면 죄송합니다.

086
Epic English

It could be your worse.
불행 중 다행입니다.

'불행'은 영어로 **unhappiness**나 **misfortune** 그리고 **unhappy** 혹은 **unlucky**라고 한다. 하지만 '다행'은 어떻게 표현할까? un만 빼면 '다행' 또는 '행운, 행복'의 뜻이 된다. 그렇다면 '불행 중 다행'은 어떻게 표현해야 할까? **Unhappiness and happiness?** 뭔가 좀 이상하다. 차라리 **a happy feature of a misfortune**이 가장 적합한 표현이 아닌가 싶다. 즉 '불행 중에 다행이 있다'이다. **Fortunate**이란 단어를 써서 **It's fortunate that you weren't hurt**라고 하면 '다치지 않아서 다행입니다'이다. 불행하게도 '~하다'라고 할 때에는 **unfortunately**를 써서 **Unfortunately, this area is susceptible to flooding** 하게 되면 '불행하게도 이 지역은 홍수가 빈번히 발생한다'이다. 참고로 **Thank god you're safe**라고 하면 '당신이 무사해서 천만다행입니다'이고 **By a lucky chance, nobody get hurt** 하면 '천만다행으로 아무도 다치지 않았다'이다. 축구나 농구에서 슛이 빗나갔을 때 건네는 위로도 **Unlucky!**다.

유사 표현 문장

○ **Thank god I don't have the morning class tomorrow.** 내일 아침에 수업이 없어서 천만 다행이다.

○ **I was saved by god's grave.** 나는 천우신조로 구조되었다.

○ **We need to be grateful for small mercies though.** 그렇지만 우리는 불행 중 다행으로 여길 필요가 있다.

○ **It's comforting that nobody was killed.** 사망자가 없어서 불행 중 다행입니다.

Conversation

A) **I had car accident this morning, but I didn't get hurt.**
오늘 아침에 차 사고를 냈는데 다치지는 않았습니다.

B) **Oh! It's could be your worse.**
그것 참, 불행 중 다행입니다.

A) **But it's still green in my memory.**
그건 그렇지만 아직도 기억이 생생하게 나네요.

087 He made a decision unilaterally.

대박영어

그는 일방적으로 결정을 해버렸다.

One sided는 '일방적으로'의 뜻이 있다. 그래서 일방적인 경기를 one sided game이라고 한다. 또한 혼자만의 일방적인 사랑도 one sided love라고 하며 삼각관계는 love triangle이라고 한다. 혹자는 '사랑은 주고받는 것이다'라고 했다. 이것을 영어로 Love is two way street라고 한다. No way out은 '출구가 없다'이다. '막힌 길, 막다른 길'은 dead end라고 한다. Oh, it's a dead end situation. We've no way out! (오, 이건 정말 막다른 상황입니다. 탈출구가 없네요!) 참고로 '일방적인 결정'은 unilateral decision이고 '공동결정'은 joint decision이라고 한다. 또한 '일방적 통고'는 notify unilaterally라고 하고 '일방적 계약 파기'는 unilaterally break a contract이다. 마지막으로 '일방적인 해고'는 unilaterally layoff 나 unilaterally fired를 쓴다. 예를 들면 She was fired unilaterally. (그녀는 일방적으로 해고를 당했다.)

유사 표현 문장

○ Recently he was laid off unilaterally.   최근 그는 일방적으로 정리해고를 당했다.

○ He unilaterally got a dear John letter from his girl friend.   그는 여자 친구로부터 일방적으로 절교장을 받았다.

○ I don't want to do it unilaterally.   나는 그것을 일방적으로 하고 싶지 않다.

○ They unilaterally start that business without any notice.   그들은 어떤 통보도 없이 일방적으로 그 사업을 시작했다.

Conversation

A) He unilaterally kissed me and vanished, right under my nose.
그가 일방적으로 나에게 키스를 하곤 눈앞에서 사라져 버렸어.

B) Really?
정말로?

A) Yes! I really don't know what his game is!
그래, 난 진짜 그 사람 속을 모르겠어!

088 We can be denied about that!
우리는 그것에 대해 부정할 수는 없다!

'부정하다!' 어떻게 표현할까? corruption? illegality? negatively? 많은 단어와 표현이 있다. 먼저 이 문장부터 살펴보자. **It's easier to think negatively than positively**란 무슨 뜻일까? '인간은 누구나 긍정보다는 부정적으로 먼저 생각하기 쉽다!'라는 뜻이다. **He was not mentioned neither negatively nor positively**는 '그는 긍정적이지도 부정적이지도 않게 언급하였다'다. 우리가 잘 알고 있는 문장인 **Maybe yes maybe no**와 비슷한 뜻을 가진 문장이라 할 수 있다. 또한 **gainsay** 역시 동사형으로 '부정하다, 반대하다'의 뜻이 있어 **Nobody can gainsay his claims**라고 하면 '아무도 그의 주장을 부정할 수 없다'이다. 한때 전 세계를 떠들썩하게 만들었던 문장이 **Allegations of bribery and corruption**이다. 이 뜻은 '뇌물수수와 부패혐의'의 뜻이다. **It need a self-denial!**(극기/금욕이 필요해!)

유사 표현 문장

○ **You're denying your own humanity.** 당신은 당신 인간성에 대해 부정하고 있다.
○ **The authorities are quite emphatic in denying the report.** 당국은 그 보도를 단호히 부정했다.
○ **Nobody can be denied about that matter.** 아무도 그 문제에 대해 부정할 수 없다.
○ **We believe that this is unlawful.** 우리는 이것이 불법이라 믿는다.

Conversation

A) **We don't deny there is one Korea.**
한국이 하나라는 것에 대해 부정하지 않습니다.

B) **Right, we can't be denied it.**
그렇죠, 부정할 수는 없죠.

A) **But somebody deny it.**
그러나 누군가는 그것을 부정하기도 하죠.

089 대박영어

I have nothing but + 명사.
전 ~빼면 시체입니다.(아무것도 없습니다.)

'난 자존심 빼면 시체입니다'라는 말이 있다. 이럴 때 쓰는 표현이 **I have nothing but pride**이다. 말 그대로 '가진 게 없다 **pride** 빼고는 …'의 뜻이다. 이 문장에서 **pride**를 **time**으로 바꾸면 '난 시간 빼면 시체다' 즉 '가진 게 시간밖에 없다'이고 **money**를 쓰면 '난 돈 빼면 시체입니다'가 된다. 이처럼 응용을 잘 하는 사람이 영어를 잘 하는 것인데 제대로 응용을 하기 위해서는 문장의 문맥을 알아야 한다. 이야기를 계속하면 **nothing but**은 '~에 불과하다'이고 **anything but**은 '결코 ~이 아니다'이다. 문장을 살펴보면 **He is nothing but a driver**(그는 운전수에 불과하다)이고 **she is anything but a murder**는(그녀는 결코 살인마가 아니다)이다. 그리고 **There is nothing that I can do now** 하게 되면 '내가 할 수 있는 일은 아무것도 없다'의 뜻으로 '이판사판 입니다!'라고 번역할 수 있다. **ABC**는 미국의 부시 대통령이 사용했던 구호인데 **Anything But Clinton**, 즉 전임자인 '클린턴 대통령이 한 일 빼고는 모두 다'의 뜻이다.

유사 표현 문장

○ **I have nothing but healthy.** 전 건강 빼면 시체입니다.
○ **She has nothing but beauty.** 그녀는 미모 빼면 시체입니다.
○ **We have nothing but friendship.** 우리는 우정 빼면 시체입니다.

〈단어공부〉

all to nothing 철두철미, **as nothing** 아무것도 아닌, **as slick as nothing at all** 눈 깜짝할 사이에, **be for nothing in** ~ 아무 영향이 없는, **good for nothing** 빛 좋은 개살구, 예) **He is a good for nothing.** (그는 겉만 번지르르하다.)

Conversation

A) **I have nothing but justice.**
전 정의 빼면 시체라고요.

B) **Okay! I will try to believe you.**
그래요, 믿도록 노력하고 있습니다.

A) **Trust me, please.**
제발 절 믿어주세요.

※ '~하지만 ~한다'는 **but** 접속사를 쓴다. **He is poor but honest**(그는 가난하지만 정직하다) 그리고 ~을 제외하고는 **except**나 **save**를 쓴다.

090 Epic English

I am kicking myself for doing that.
그것을 한 것에 대해 엄청 후회하고 있습니다.

'후회하다'에 해당하는 많은 영어단어와 표현이 있다. **Regret, repent, be sorry, feel regret** 등이다. 영어속담에 **It's no use crying over spilt milk**라는 게 있다. 이 뜻은 '우유를 엎지르고 난 후 울어 봐도 소용없다, 엎질러진 물'의 뜻이다. 그들은 우유에 비유하고 우리는 물에 비유한다는 것만 다를 뿐 같은 뜻이다. 먼저 **regret**를 보면 **regret bitterly**(뼈저린 후회)를 비롯하여 **biggest regret** 등의 표현이 있다. 그래서 **My biggest regret is that I didn't study English hard** 하게 되면 '내가 지금 최고로 후회하는 것은 영어공부를 열심히 하지 않은 것이다'이다. **Regret**은 동사여서 뒤에 동명사(**ing**)가 오거나 명사가 오면 된다. 예를 들면, **I regret breaking up with my girl friend** '내가 후회하는 것은 내 여자 친구와 헤어진 것이다.' **Much to my regret~**은 '유감입니다만~'의 뜻으로 말을 시작할 때 쓰는 주요 관용어구중 하나다. **Be sorry** 역시 후회의 뜻이 있어 **You'll be sorry if you don't listen to me** 하면 '내 말을 듣지 않으면 언젠가 후회한다'가 된다.

유사 표현 문장

○ **Don't do anything you might regret.** 후회할 짓은 하지 마라.
○ **I deeply regret what I've done.** 내가 한 일에 대해 후회 막심하다.
○ **I have no regrets about becoming a teacher.** 교사가 된 것을 후회한 적은 없습니다.
○ **I am kicking myself for doing this business.** 이 사업을 시작한 것에 엄청 후회하고 있습니다.

Conversation

A) **Do you regret that you met her last night?**
   어젯밤 그녀를 만난 것을 후회하시나요?

B) **Yes, I am kicking myself for meeting and join her.**
   네, 그녀를 만나서 같이 지낸 것이 엄청 후회스럽네요.

A) **I am sorry to hear that.**
   그것 참 유감이네요.

091 He is as good as trash!
그는 인간쓰레기나 다름없다!

대박영어

As good as는 '~와 같다' 혹은 '~와 마찬가지다'의 뜻을 가진 숙어다. 학창시절부터 우리를 괴롭혀 온 as 용법이 다시 나왔다. 먼저 as 용법을 간단히 살펴보자. 먼저 as soon as possible은 '가능한 빨리'의 뜻이고 as often as possible은 '가능한 자주', as soon as는 '~하자마자', as long as '~하는 동안에', as good as '~ 마찬가지이다', as far as I know '내가 알고 있기로는', as far as I can '내가 할 수 있는 한', as a matter of fact '사실은' 등 수없이 많다. 그 중에서 우리가 가장 자주 접했던 숙어가 as soon as possible이다. 예문을 보자. I want to speak English well as soon as possible. (가능한 빨리 영어를 잘하고 싶습니다.) 요즘은 문자메시지를 애용하는 신세대들이 많다. 그래서인지 줄여서 표현하는 숙어들이 채팅 상에서 많이 등장했다. 그 대표적인 예가 ASAP(as soon as possible)나 TGIF(thanks god it's Friday, 주말 감사합니다)이다.

유사 표현 문장

○ **He is really low-grade person.** 그는 진짜 저질 인간이다.
○ **He is too good for a lowlife like you.** 그는 너 같은 저질하고는 어울리지 않는다.
○ **He is a low-class person.** 그는 수준이 아주 낮은 인간이다.
○ **He is a good for nothing.** 그는 빛 좋은 개살구이다.

Conversation

A) **He is as good as trash.**
그 자식은 정말 인간쓰레기예요.

B) **Who are you speaking of?**
누구 말하는 겁니까?

A) **John! He is a crafty and slander.**
존이요, 아주 간사하고 교활해요.

092 That's over my head!
그것은 저에게는 무리입니다!

'어렵다'의 뜻을 가진 단어로는 형용사형인 **difficult**가 있다. 그래서 **it's too difficult to ~** 하게 되면 '~하는 것은 정말 어렵습니다'이다. 물론 '~하는 것은 불가능합니다'라고 한다면 **difficult** 대신에 **impossible to~**를 쓴다. 예를 들어 **It's impossible to come there right now.** (지금 거기에 간다는 것은 불가능합니다.) Difficult 대신에 자주 쓰이는 단어가 **hard**이다. **It's very hard to speak English well as an American.** (미국인처럼 영어를 말한다는 것은 정말 어려운 일입니다.) 그런데 여기서 알고 가야 할 것 하나가 바로 **That's over my head**라는 표현이다. **Over my head**는 '내 머리 위에 있다'는 의미로 '나에게는 무리이다' 혹은 '너무 어렵다'는 뜻을 나타낼 때 쓰이는 문장이다. 간혹 **That's beyond me**라고 하기도 하는데 **beyond me** 하게 되면 '이해가 가지 않는, 나하고는 영 다른, 나와는 거리가 있는'의 뜻이고 또한 '너무나 어려운'이라는 뜻도 함께 있다. 그래서 **The problem is utterly beyond me** 하게 되면 '그 문제는 너무 어려워서 나에게는 무리이다' 가 된다. '식은 죽 먹기'의 영어 표현이 **It's a piece of cake**, **It's a kiss to my hand**라면 **That's over my head**는 그 반대인 '너무 어렵다' 혹은 '무리이다'라고 할 때 쓰이는 문장이다.

유사 표현 문장

○ **This movie is over my head.**   이 영화는 제가 이해하기 어렵습니다.
○ **That class is over my head.**   그 수업은 제게는 무리입니다.
○ **It's too difficult to understand that book.**   그 책을 이해한다는 것은 매우 어렵습니다.
○ **How you sleep now is beyond me?**   나를 두고 어떻게 지금 잘 수가 있습니까?

Conversation

A) **We must finish that work until tomorrow, no matter what.**
우리는 내일까지는 무슨 일이 있어도 그 일을 끝내야 해요.

B) **I am sorry, that's over our head.**
미안하지만 그건 우리에게 무리입니다.

A) **But we have no other choice.**
그러나 우리에게 선택의 여지가 없어요.

093 대박영어

It's a piece of cake!
그건 누워서 떡 먹기죠 뭐!

'쉽다'는 영어로 **easy**다. 그래서 **easy person** 하게 되면 '쉬운 사람'을 뜻한다. 또한 **simple** 역시 '쉽다'로 자주 애용하는 단어이다. 그래서 **This question is too easy**라고도 하지만 **easy** 대신에 **This question is simple**라고 하면 '이 문제는 아주 쉽다(간단하다)'의 뜻이 된다. 그렇다면 '말하기는 쉬우나 실천하기는 어렵다'를 영어로 어떻게 표현해야 할까? **It's easier said than done**이라고 하면 된다. **Cinch** 역시 명사로서 '아주 쉬운 일'의 뜻이 있어 **That question was a cinch**라고 하면 '그 문제는 아주 쉬운 것이었다'가 된다. 예를 들어, **The test was a cinch.** (그 시험은 엄청 쉬웠다.) 그리고 **It's a cinch** 하게 되면 '그것은 누워서 떡 먹기이다'의 뜻도 된다. 식은 죽 먹기로는 **A piece of piss to me**나 **kid stuff**라고 하는데 이것들 역시 '아주 쉽게', 혹은 '식은 죽 먹기'의 뜻이다. 서두의 제목인 **It's a piece of cake**은 영화의 단골 표현이다. 즉 아주 쉬운 것을 부탁하거나 말하고자 할 때 **It's a piece of cake**을 쓰곤 한다.

유사 표현 문장

○ Baking a cookie is as easy as rolling off a log.　쿠키를 굽는 것은 아주 간단한 것이다.
○ That's a very easy job.　그건 아주 쉬운 일이다.
○ It's a piece of cake to speak English.　영어로 말하는 것은 누워서 떡 먹기다.
○ It was a piece of cake to be here.　여기 오는 것은 누워서 떡 먹기였어요.

Conversation

A) I was supposed to have meeting in English? Can you help me?
　　영어로 미팅을 하기로 했는데 도와줄 수 있으세요?

B) Yes, it's a piece of cake.
　　네, 그럼요 누워서 떡 먹기죠.

A) Thank you very much!
　　정말 고맙습니다.

094 Are you threating me now? (Is that a threat?)
지금 나한테 협박하는 겁니까?

모든 단어가 그렇겠지만 '협박하다'도 많은 영어 단어와 문장이 있다. 외국인이 윽박지르고 협박해도 영어가 부족해서 응징도 못하고 불이익을 당하는 경우가 많았다면 다음 문장을 참고하자. 먼저 '협박하다'의 단어로는 **browbeat**가 있다. 동사형으로는 '으르다, 협박하다'의 뜻이 있다. **They browbeat him into leaving the agreement.** (그들은 사람을 협박해서 협정에서 나가게 했다.) 또 **threat**나 **blackmail**도 '협박, 위협'의 뜻이 있다. **Do you realize this is an emotional blackmail?** (이것이 정서적 협박이라는 건 알아?) 또한 **intimidation**이나 **duress**도 협박이다. 동사형으로는 **threaten, intimidate, blackmail** 등이 있다. 수동태형으로 '협박을 당하다'라고 한다면 **be + threated**나 **be + blackmailed**를 쓴다. **Under duress** 역시 '협박당하여, 강압하여'의 뜻이 있다. 그래서 **He signed the contract under duress**라고 하면 '그는 협박에 못 이겨 계약서에 싸인했다'가 된다.

유사 표현 문장

○ **It's no use to put the frighteners on me.** 내게는 협박 같은 게 안 통한다.
○ **It's clear he was threating her though.** 그래도 그가 그녀를 협박하는 건 확실했다.
○ **They used a good cop, bad cop method to me to sign up the contract.** 그들은 내가 계약서에 서명하도록 하기 위해 회유와 협박을 동시에 했다.
○ **He threaten to kill me.** 그는 나를 죽이겠다고 협박했다.

Conversation

A) **You must listen or else you'll be sorry later.**
당신은 내 말을 들어야 합니다. 그렇지 않으면 후회합니다.

B) **What? Are you threating me now?**
뭐라고요? 지금 나한테 협박하는 건가요?

A) **You can think what you want but listen to me!**
맘대로 생각하세요. 그러나 내 말 들으세요.

095

대박영어

I can almost say + 주어 + 동사.
~라고 해도 과언이 아닙니다.

'당신 말에도 일리가 있습니다'는 You got a point there를 쓴다. You can say that도 같은 뜻이다. 직역하면 '당신은 그렇게 말할 수 있다'이다. '당신 말 속에 뼈가 있군요'는 어떻게 표현 할까? There is an anger in your word라고 한다. '네 말 안에 화가 있다'고 표현하는 것이다. 또한 '말을 취소하겠습니다'라고 할 때에도 '취소'인 cancel이라는 단어를 쓰지 않고 take back을 써서 I'll take back my word라고 한다. '말 당장 취소해'라고 한다면 그냥 Take back your word right now를 쓴다. Cancel은 예약이나 약속 등을 취소할 때 쓰는 것이지 말을 취소할 땐 쓰지 않는다. 서두의 almost say는 '거의 말하다'인데 almost는 부사로서 거의 대부분, '대체로, ~이라고 해도 되게' 또는 '하마터면' 등의 뜻을 가지고 있다. 그래서 It's almost 10 o'clock 하면 '거의 10시가 다 되었네!'가 되는 것이다. 예를 들면, He was almost frozen to death. (그는 하마터면 얼어 죽을 뻔했다.)

유사 표현 문장

- I can almost say she is my girl friend. 그녀는 내 여자 친구라고 해도 과언이 아니다.
- I can almost say you're a play boy. 당신은 바람둥이라고 해도 과언이 아닙니다.
- I can almost say she is my everything. 그녀가 나의 모든 것이라고 해도 과언이 아닙니다.

〈단어공부〉
Almost 거의, nearly 거의 대체로, all but 거의, as good as 거의 대체로, everyday 매일, usually 항상, often 자주, almost never 거의 없다, almost same 거의 같은, almost everyday 거의 매일,

Conversation

A) **What happen? You look so blue.**
무슨일인가요? 우울해 보여요.

B) **I can almost say I am finished. She's gone for good.**
난 거의 끝났다고 해도 과언이 아니에요. 그녀가 영원히 가버렸어요.

A) **It's not an end of the world.**
그렇다고 세상이 끝난 것은 아니잖아요.

096

Take a chance and do it.

속는 셈 치고 한번 해봐.

Chance는 '기회'이다. 그래서 '가능성이 희박하다'라고 할 때에는 **My chances are slim**을 쓰고 반대의 경우에는 **My chances are good**이라고 한다. 그렇다면 '가능성은 반반이다'는 어떻게 표현할까? 바로 이렇게 하면 된다. **There is a fifty-fifty chance!** 예를 들어, **There is a fifty-fifty chance that you will speak English very well.** (당신이 영어를 잘 할 수 있는 가능성은 50대 50이라고 생각합니다.) 참고로 **You missed a big chance**는 '당신은 큰 기회를 놓쳤다'이고 **This is a once in a life time chance**는 '이것은 일생에 한 번 있을까 말까 한 기회이다'이다. 또 **This is the first and last time chance**는 '이것이 처음이자 마지막 기회입니다'이고 **I don't want to take any chance**는 '저는 모험을 하고 싶지 않습니다'이다. 그러므로 **Take a chance and do it**은 '속는 셈 치고 한번 시도해 봐!'가 되는 것이다.

유사 표현 문장

○ **There is a fifty-fifty chance for everybody!** 누구에게나 반반의 기회는 있다.
○ **There is a fifty-fifty chance that it will be rainning.** 비가 올 가능성은 50대 50이다.
○ **She doesn't trust any chance.** 그녀는 설마를 믿지 않는다.
○ **He likes to take a chance all the time.** 그는 항상 모험심이 강하다.

Conversation

A) **He wants to have business with me but I can't trust him any more.**
그 사람이 나랑 같이 사업을 하자는데 더 이상 믿을 수가 없어.

B) **If he has a good project, take a chance and do it.**
만약에 프로젝트가 좋으면 속는 셈치고 한번 해보지 그래.

A) **No, enough is enough.**
아냐, 그 정도면 이미 전에 충분히 믿었어.

쉬면서 알고 가는 재미있는 영어표현

101. 뭐 이런 놈이 다 있어!
What kind of person is this!

102. 저 사람 변태 아니야?
Isn't he a pervert?

103. 보자보자 하니 해도 너무 한다.
I let it go, but this is too far.

104. 애들은 싸우면서 크는 거야.
Kids grown up fighting all the time.

105. 어휴~ 난 이제 죽었어.
Man.. I'm dead now.

106. 걔 생각하면 지금도 가슴이 아프다.
When I think about him, it hurts even now.

107. 옷이 촌스럽다.
Thoes clothes are out of style.

108. 기본부터 돼 먹지 않았다.
It was wrong from the beginning.

109. 지나가던 개도 웃었다.
A passing dog would even laugh.

110. 너 나이 헛 먹은 거 아냐?
Do you think I've aged uselessly?

속담표현

- 동병상련 – Misery loves company.
- 두 마리 토끼를 다 잡을 수는 없다 – You can't have it both ways.
- 두드려라 그러면 열릴 것이다 – Please knock at the door and it will be opened.

일상생활에 자주 사용되는 재미있는 영어 표현들입니다.

111. 누구 맘대로?
     With whose permission?

112. 니가 잘나면 얼마나 잘났니?
     If you're all that, how big could you be?

113. 야! 사는 게 왜 이럴까?
     Why is my life like this?

114. 그 여자는 너무 코가 높아.(콧대가 세다/도도하다)
     She's too snobby.

115. 내 일은 내가 알아서 다 할거야.
     I'll take care of my business.

116. 뭐 찔리는 거라도 있는 거야?
     Are you hiding something?

117. 니 입만 입이냐?
     Do you think your mouth is the only mouth here?

118. 내 방은 지저분해서 발 디딜 틈이 없어.
     My room is so messy, there is no place to step.

119. 좋은 게 좋은 거지.
     If it's nice, then it's nice.

120. 넌 꼭 그런 말만 골라 하는군.
     You always choose that type of words.

속담표현

- 둘러치나 메치나 매한가지죠 – Upside down downside up is the all the same.
- 똥 묻은 개가 겨 묻은 개 나무란다 – The pot calls the kettle black.

097 I have one condition.

대박영어

저에게도 조건이 하나 있습니다.

우리는 어릴 때부터 외래어를 자주 사용하곤 했다. 가장 많이 쓰던 단어 중 하나가 **condition**이다. 이 단어의 정확한 뜻도 모르고 그냥 '오늘 컨디션이 좋다 그렇지 않다'라고 했다. 운동선수들도 '오늘 컨디션이 최상이다'라고 했는데, **condition**의 뜻은 신체적인 상태 이외에도 '제반 여건, 상태'의 의미가 더 강하다. 그래서 '오늘은 ~할 조건' 즉 '상태가 좋다. 그렇지 않다'가 되는 것이다. 하지만 무슨 조건이 좋은지 뭘 함에 있어 좋은 조건인지는 뒤에 오는 목적어가 제시한다. 그래서 **I have one condition** 하게 되면 '저 역시 조건이 하나 있습니다'가 되는 것이다. 다시 말해서 '당신을 도와주는 데 조건이 있다'라고 한다면 **I have one condition to help you**다. 그러므로 **a good condition**은 '좋은 조건', **a bad condition**은 '나쁜 조건'이다. 참고로 **terms of ~** 도 '~의 조건'이고 **qualification** 역시 '조건'이다. 그래서 **meet the qualifications for ~**는 '~의 조건을 갖추다'이고 같은 뜻으로 **Be + qualified for**를 쓰기도 한다. '조건부로 승인하다'는 **give a conditional approval**이다.

유사 표현 문장

○ **I'll say yes on one condition.** 그것을 허락하는 대신 한 가지 조건이 있다.
○ **Health is an essential condition for happiness.** 건강은 행복의 필수조건이다.
○ **We will start to work on even terms.** 우리는 대등한 조건으로 일을 시작할 것이다.
○ **What's the condition of speaking English well?** 영어를 잘 할 수 있는 조건은 무엇인가?

Conversation

A) **You must help us to get a job.**
우리가 취직하게 좀 도와주셔야겠습니다.

B) **Okay, but I have one condition.**
좋아요, 그러나 한 가지 조건이 있습니다.

A) **What is your condition?**
조건이 뭔가요?

Epic English

I am just exaggerating a bit, okay?
말이 그렇다는 거죠, 안 그래요?

원래 **exaggerate**는 동사형으로 '과장하다, 자만하다'의 뜻이다. **The hotel was really dirty and expensive and I'm not exaggerating.**(그 호텔은 비싸고 더러웠다, 과장이 절대 아니다.) 그래서 **exaggerate**는 결국 '거창하게 말하다, 과대하게 말하다'의 뜻으로 쓰이는 것이다. 어느 영화대사에 **Stop exaggerating and stick to the facts**라고 했다. 이 말은 그대로 번역하면 '뻥튀기하지 말고 사실 그대로를 말해라'이다. 그러므로 **I am just exaggerating a bit** 하게 되면 '제가 사실 조금 뻥을 쳤어요'이니 상황에 따라 '말이 그렇다는 거지요'가 된다. **Just say**는 '그냥 말이 그래요'인데 **You're just saying that right?**라고 해도 '당신 그냥 해본 소리죠?'가 된다 그래서 **That's just my opinion** 하게 되면 '제 의견이 그렇다는 겁니다'이다. **I was thinking out loud**는 '혼자 해본 소리입니다'이고 **I was just jiving you** 하게 되면 '놀리려고 그냥 해본 소리입니다'이다.

유사 표현 문장

○ **Don't give me any of that jive.** 사람 놀리지 마세요!
○ **Please riding me any more.** 더 이상 생트집 잡지 마세요.
○ **I think you are over exaggerating just a little bit.** 당신은 과장이 좀 심해요.
○ **He mixed in some lies, exaggerating the story.** 그는 거짓말을 섞어가며 이야기를 부풀렸다.

Conversation

A) **Don't trust everything what he said.**
그의 말 모두를 믿지 마세요.

B) **I know, I'm just exaggerating a bit.**
알아요, 말이 그렇죠, 그걸 어떻게 다 믿어요.

A) **It's a relief to hear that.**
그렇게 말씀하시니 좀 마음이 낫네요.

099 The people are scrambling to the movie star.
사람들이 영화배우에게 몰려있네요.

사람들이 '붐빈다'라고 하거나 '엄청나게 많다'라고 할 때는 **crowded**를 써서 **It's so crowded**라고 한다. 물론 **heavy populate** 해도 되지만 이렇게는 잘 쓰지는 않는다. 또한 숙어형 **chock-a-block** 역시 '사람이 엄청 붐볐다'라는 말로 **It was chock-a-block in town today**(오늘 시내에 사람들이 엄청 붐볐다) 같은 표현이 있다. 또한 **jam-packed bus**는 '만원버스'를 의미한다. 그래서 **I would rather go on foot than take a jam packed bus** 하게 되면 '만원버스를 타느니 걸어가겠다'이다. 물론 '사람들이 많다'라고 할 때 가장 일반적인 표현은 **many people**이나 **a lot of people**이다. 그래서 **There are a lot of people over there**라고 하거나 **There are many people over there**라고 하면 '거기에 많은 사람들이 있다'가 된다. 첫 머리에 나오는 **scramble**에는 '쟁탈전, 재빨리 움직이다, 자리를 먼저 잡으려 다투다' 등의 뜻이 있다. 그래서 **The people are scrambling to buy a house before the price becomes unreachable**(사람들이 집값이 오르기 전에 서로 다투어 집을 사고 있다)라고 한다.

유사 표현 문장

- There are a lot of people in the park. 많은 사람들이 공원에 있습니다.
- The people are scrambling to talk with American. 사람들이 미국이과 대화하기 위해 몰려있어요.
- The street is crowded with people. 거리에는 사람들로 붐비고 있다.
- I can't count noses how many people are there. 거기에 몇이나 있는지 셀 수가 없어요.

Conversation

A) What's happening there?
저기 무슨 일이 있는 거죠?

B) What?
뭐가요?

A) The people are scrambling to talk to American.
사람들이 미국인과 대화하려고 몰려있네요.

100 Epic English

It's not a time to sentimentalize about that.
지금 그런 사소한 감정에 얽매일 때가 아닙니다.

It's a time to + 동사원형은 '~할 시간이다' 혹은 '~할 시기(때)이다'. 그래서 time은 꼭 시간의 뜻에만 국한되어 있는 것은 아니다. 때와 장소를 영어로 a time and a place라고 하지 않던가? 위의 표현도 '지금 ~할 때가 아니다'인데 sentimental이 '감상적인, 감정적인, 정서적인'이고 명사형인 sentiment는 '정서, 감정, 감상'의 뜻이다. Sentimental의 유사단어로는 emotional이 있는데 a sentimental movie나 an emotional movie는 '감상적인 영화'를 말한다. 또한 '다정다감하다'라고 할 때도 그들은 sentimental을 쓴다. 예를 들어 He is very sentimentalize는 '감상적으로 다루다, 감정에 치우치다'의 뜻이다. 또한 '감상에 빠지다, 감상적이 되다'의 뜻도 있어 We must not sentimentalize(우리는 감상적으로 행동하면 안 된다)라는 문장을 쓰기도 한다.

유사 표현 문장

○ She is getting sentimental in her old age. 그녀는 나이를 들면서 감상적이 된다.
○ He became sentimental reading the book. 그녀는 그 책을 읽고 감상적인 기분이 되었다.
○ It's not a time to be sentimental. 지금 감상적일 때가 아니다.
○ I want to keep this letter for sentimental reasons. 나는 감상적인 이유로 이 편지를 보관하고 싶다.

Conversation

A) I think you're a hopeless romantic.
내 생각에 당신은 구제불능 낭만주의자 같아요.

B) What are you talking about? Romantic is beautiful.
무슨 소리를 하는 겁니까? 감상적인 것은 좋고 아름다운 거죠.

A) But it's not a time to sentimentalize.
그러나 지금은 사소한 감정 따위를 운운할 때가 아닙니다.

101 Unlike most people but ~

대박영어

대다수 사람들과는 달리~

Unlike는 전치사로 '~와 다른', '~와 상이한'의 뜻이 있다. Unless는 접속사로 그 뜻은 '~하지 않는 한', '~이 아니면'의 뜻을 가지고 있는 품사다. 그럼 여기서 unlike와 unless의 활용법을 살펴보자.

(1) The beach is at quite, unlike crowding summer days. (북적대는 여름과는 달리 해변가는 조용하다.)

(2) Unless anything else, I am going home. (특별한 일이 없으면 집에 갈게요.)

Unlike는 '~답지 않다'의 뜻으로 쓰이는 단어이고, unless는 '그렇지 않으면의' 뜻으로 otherwise와 같이 쓰이는 단어이다.

그러므로 unlike most people but~하게 되면 '대다수의 사람들과는 달리 ~의' 뜻으로 쓰인다. 접속사인 although는 '비록 ~이긴 하지만'의 뜻이고, even if는 '~에도 불구하고', even so는 '그럼에도 불구하고', even though는 '비록 ~일지라도'이다. 이것들만 잘 활용해도 영어를 잘 표현할 수 있다.

유사 표현 문장

○ **I will go there even if I have to walk.** 걸어서라도 거기에 갈 것입니다.

○ **Although she is beautiful she lacks intellectual beauty.** 그녀는 아름답기는 하나 지성미가 없다.

○ **Even though they are poor, they seem happy together.** 그들은 가난할지라도 행복해 보인다.

○ **Unlike most people he likes to study English.** 대부분 사람들과는 달리 그는 영어공부를 좋아한다.

Conversation

A) **Unlike most women, she likes sports.**
대다수 여자들과는 달리 그녀는 스포츠를 좋아한다.

B) **Really? That's news to me.**
그래요? 그거 금시초문인데요.

A) **She's crazy about football.**
그녀는 축구에 미쳤다구요.

102

You should face up to what you did.
당신이 한 일에 대해서는 인정해야 합니다.

Acknowledge나 accept, concede, 또한 recognize 등은 모두 '인정하다, 시인하다, 받아들이다' 등의 뜻을 가진 단어들이다. '그래서 저는 그 사람이 좋은 사람이라는 것을 인정했어요'라고 한다면 어떻게 말할까? I acknowledge that he is a great man이다. 또한 concede를 써서 He conceded defeat라고 하면 '그는 패배를 인정했다'가 된다. Admit 역시 '인정하다'의 뜻으로 She admitted it was her fault 하게 되면 '그녀는 그것이 그녀의 잘못이라고 인정했다'가 된다. 하지만 face up to 역시 '인정하다'의 뜻이 있다. 원래의 숙어 뜻은 '직시하다, 받아들이다'의 뜻이 강하지만 '인정하다, 현실을 직시하다'라는 뜻도 있다. 그래서 face up to something이라고 하면 '뭔가를 인정하다'이다. He had to face up to the fact that he would never walk again. (그는 그가 다시는 걸을 수 없다는 것을 인정해야 했다.) We shuold face up to reality as it is. (우리는 현실을 있는 그대로 받아들여야 한다.)

유사 표현 문장

○ We must face up to the fact that we're not winning the war. 우리는 그 전쟁에서 이길 수 없다는 것을 직시해야 한다.

○ I want you to face up to the facts. 난 네가 사실을 인정하길 바래.

○ We decided we must face up to the truth. 우리는 진실을 받아들이기로 결심했다.

○ We must face up to the right is right, wrong is wrong. 우리는 잘한 것은 잘했다고, 못한 것은 못했다고(옳고 그름을) 인정해야 한다.

Conversation

A) I think I am not to blame, am I?
제 생각에 저한테는 책임이 없어요. 안 그래요?

B) Well, but you should face up to this matter happened.
글쎄요. 그러나 이 일에 대해서는 인정해야 합니다.

A) Why me? That's not making sense!
왜 나예요? 그건 말도 안 되는 소리죠!

103

대박영어

She has no concept of time and money.
그녀는 돈과 시간 개념이 없습니다.

'개념'은 **concept**이다. 그래서 '~에 대한 개념이 없다'라고 한다면 **have no concept of** ~를 쓴다. 예를 들어 '그들은 시간개념이 없습니다'라고 한다면 **They have no concept of time**이 되는 것이다.

Idea나 **notion** 그리고 **conception** 역시 '개념'의 뜻으로 자주 사용되는 단어이다. 그래서 '개념을 이해하다'는 **understand a general idea**라고 한다. 또한 **have no** 대신에 '~이 부족하다'의 뜻을 가진 **lack**을 써서 **They lack the concept of time**이라고 해도 '그들은 시간에 대한 개념이 없다'의 뜻이 된다.

'인간의 개념'이라는 제목의 책이 있다. 이것은 **A concept of human**이라고 한다. '추상적인 개념'은 **an abstract concept [idea]** 이라 하고 **idea of happiness**는 '행복의 개념'이다. **An affirmative concept**은 '긍정적 개념'이고, '상반된 개념'은 **directly opposed idea**라고 한다. 마지막으로 '기본개념'은 **a fundamental concept**이라고 하고 **concept of principles**는 '개념의 원리'이다. **A concept lost on some people, that's what I don't like.** (난 개념이 없는 사람들은 싫어.)

유사 표현 문장

○ **He has no idea what he is doing.** 그는 개념이 없는 사람이다.
○ **For now, this is just a concept.** 아직까지는 구상단계일 뿐입니다.
○ **We have no conception about that situation.** 우리는 그 상황을 전혀 알지 못한다.
○ **The conception of nature and space.** 자연과 공간개념.

Conversation

A) I don't like people who isn't punctual.
저는 시간 안 지키는 사람은 딱 질색이에요.

B) But she has no concept if time either.
그러나 그녀 역시 시간개념이 없어요.

A) That's why she turns me off!
그래서 난 그녀가 딱 질색이에요.

104

I can't make out what's what.
뭐가 뭔지를 모르겠습니다.

'뭐가 뭔지를 아무 것도 모르겠어요'를 I can't make out what's what이라고 한다.

'누가 누군지 모르겠다'라고 한다면 what's what 대신에 who's who를, '어디가 어딘지 모르겠다'는 which's which라고 한다. 하지만 Who's who?를 사전에서 쓰면 '누가 누구?'의 뜻으로 '인명사전'이 된다.

여기서 I don't know what's what이라고 해도 상관없으나 can't make out ~를 쓰는 편이 보다 영어다운 표현이다. Make out의 뜻은 '알다, 이해하다, 인식하다'의 뜻이 있기 때문이다.

예) I can't make out what is his thinking. (그가 무슨 생각을 하고 있는지 알 수가 없다.)

I can't make him out은 '그의 마음을 도저히 모르겠다'이고 He certainly knows what's what하면 '그는 분명 뭐가 뭔지 안다'이다.

What is the deal?은 '어떻게 되어가고 있는 것이냐?'이고 What's going on with ~는 '~는 어떻게 되어가고 있습니까?'이다.

유사 표현 문장

○ **I will tell you what's what.** 진상은 이렇습니다.

○ **She knows what's what well.** 그녀는 분별력이 좋아요.

○ **Sometime I sink into moods where I wonder why things happen.** 난 가끔 모든 것이 어떻게 돌아가고 있는지 모르겠다는 생각에 젖어 들어요.

○ **What will come of your business then.** 그럼 당신 사업은 어떻게 되는 겁니까?

Conversation

A) **What's going on with your business?**
사업은 어떻게 되어가고 있습니까?

B) **I can't make out what's what either.**
뭐가 뭔지를 모르겠습니다.

A) **Oh my god! It's getting worse by the minute.**
맙소사, 시시각각 악화되고 있군요.

105 I broke my back to ~

대박영어

~하느라 정말 고생 많이(뼈 빠지게 고생) 했습니다.

'고생하다'의 뜻으로는 **hardship** 그리고 **trouble**, **suffering**과 같은 명사형들이 있고, 동사형에는 **have + trouble**, **have + a hard time** 등도 있다.

그래서 **I had hard time** 하게 되면 '정말 고생 많이 했다'가 되고 **hardship** 을 써서 **Undergo all sorts of hardship**이나 **Experience the bitters of life** 하면 '온갖 고생을 다했다'가 된다.

참고로 '사서 고생을 하는군요'는 **You're asking for trouble**이라고 하고 **Thanks for your hard work** 하게 되면 '고생 많이 했습니다'이다. **Had a hard life** 역시 '고생을 많이 했다' 혹은 '어려운 삶을 살았다' 이다.

예) **I had a hard time since childhood.** (어려서부터 고생을 많이 했습니다.)

하지만 마음고생은 **had a hard time** 이나 **trouble**을 쓰지 않고 **headache** 를 쓴다. **I have been through a lot of headache.** (요즘 마음고생이 심합니다.)

유사 표현 문장

○ **You don't need to break your back to care that.**   그것을 돌보려고 고생할 필요는 없습니다.
○ **I broke my back to come over here.**   여기까지 오기까지 뼈 빠지게 고생했어요.
○ **Many people get into hot water for their family.**   많은 사람들이 가족을 위해 고생한다.

Conversation

A) **Have you a hard time getting here?**
여기까지 오시는데 힘드셨나요?

B) **Yes. I broke my back to be here.**
네. 아주 죽는 줄 알았습니다.

A) **I see. It's hilly.**
그렇군요. 언덕길이니까요.

106

His face clouded because of her.
그녀 때문에 그의 얼굴(표정)은 어두웠다.

Epic English

'표정'은 expression 그리고 face, look 등으로 표현할 수 있다.

그래서 '표정이 밝다'라고 표현할 때에는 look bright라고 하고, '표정을 살피다'는 study somebody's face 혹은 read one's face를 쓴다. '표정을 짓다'는 make a face다. She made a sad face. (그녀는 슬픈 표정을 지었다.)

또한 '어리둥절한 표정을 짓다'는 make a puzzled look (face), '우스꽝스러운 표정을 짓다'는 make a funny face, '짓궂은 표정을 짓다'는 make a mschieveous face, 그리고 서두의 제목과 같은 '어두운 표정을 짓다'는 his face is dark나 his face is gloomy라고 한다.

참고로 '표정의 변화가 없다'는 have a poker face라고 하고, '표정이 굳어졌다'는 her face stiffened 라고 한다. Stiffen의 뜻으로는 '뻣뻣해지다, 경직시키다' 등의 뜻이 있기 때문이다.

예) When she saw him, her face stiffened. (그를 본 순간 그녀의 표정이 굳어졌다.)

유사 표현 문장

○ He were a worried look puzzlement showed on his face.　그는 난처한 표정을 지었다.
○ Her look of surprise was apparent.　그녀는 놀라워하는 표정이 역력했다.
○ She has a serious look on her face when she makes jokes.　그녀는 진지한 표정으로 농담을 해요.
○ She showed an expression of tension on her face.　그녀는 긴장한 표정을 얼굴에 드러냈다.

Conversation

A) Do you know what happened to her?
그녀에게 무슨 일이 생겼는지 알아?

B) I don't know. Why?
모르겠는데, 왜요?

A) Her face clouded today.
오늘 그녀의 표정이 어두워서.

107

You can at least tell me first!
적어도 나에게 먼저 이야기 해 줄 수는 있잖아!

대박영어

At least나 all the very least는 우리 식으로 하면 '적어도', 혹은 '최소한은'의 뜻이다. 하지만 at best, at most라고 하게 되면 '기껏해야'의 뜻이 된다. 예) She is twenty at most. (그녀는 기껏해야 스무 살이다.) He will work there 3 days at best. (그는 기껏해야 거기서 3일 정도 일할 것이다.) At least는 우리가 일상 생활에 자주 쓰는 표현으로서 at least in our own lifetime라고 하게 되면 '적어도 우리시대에서는'의 뜻이다. 물론 in today's world 역시 '요즘 시대에는'의 뜻이다. 예) At least in our own lifetime, we must know how to play the computer. (적어도 요즘 시대에서는 컴퓨터 사용법은 알아야 한다.)

그럼 여기서 at least는 어떻게 쓰이는지 기본문장의 형태를 알아보자. Make up at least 10 percents of ~ (적어도 ~의 10 퍼센트는 차지하다)를 비롯하여 Life is something that everyone should be try at least once. (인생이란 누구나가 한 번쯤 시도해볼 만한 것이다.) He must be at least 60. (그는 적어도 60살은 되었을 것이다.)

유사 표현 문장

○ You could at least listen to what she says.   당신이 최소한 그녀의 말을 들어줄 수는 있잖아요.

○ It works, at least I think it does.   그것은 효과가 있어. 적어도 난 그렇게 생각해.

○ You must check in at least 1 hour before departure time.   최소한 출발시간 1시간 이전에 오셔서 탑승권을 받아야 합니다.

○ He maybe slow but at least he is reliable.   그가 느릴지는 몰라도 적어도 믿을 수는 있습니다.

Conversation

A) **How does the hiring process work?**
사원채용작업은 잘되어 가고 있나요?

B) **Well, I have no idea!**
글쎄요. 잘 모르겠습니다.

A) **Hey, you can at least tell me about that.**
이봐요, 그것에 대해 적어도 나에게 조금은 말해줄 수 있잖아요.

108

There is a fifty-fifty chance!
가능성은 오십 대 오십입니다!

'가능성'은 영어로 chance, possibility 혹은 potential, 그리고 likehood, probability 등 여러 가지가 있다.

그래서 '가능성이 있다'는 have + chance, 그 반대의 경우는 have no + chance이다. 또한 of를 써서 The chance of rain is 50 percent라고 하면 '비 올 가능성이 50%이다'가 된다.

그럼 여기서 '가능성'에 대한 다채로운 표현을 알아보자. 먼저 '가능성이 반반이다'는 There is a fifty-fifty chance를 쓰고, '가능성이 희박하다'는 slim chance, Chinaman's chance, 그 반대로 '가능성이 많다' 혹은 '좋다'는 good chance를 쓴다. 이들의 쓰임새도 살펴보자.

There is a fifty-fifty chance that you will speak English well. (영어를 잘 할 수 있는 가능성은 반반이다.)
Your chance are slim. (당신의 가능성은 희박합니다.)
Your chances are good. / You'll have a realistic chance. (가능성이 많습니다.)

유사 표현 문장

○ Here is no chance that they will win.   그들이 이길 가능성은 없다.
○ There is an even chance our success.   성공의 가능성은 반반이다.
○ There is a strong possibility of snow today.   오늘 눈이 올 가능성은 높다.
○ Is there even the slightest possibility?   일말의 가능성이라도 있나요?

Conversation

A) **Chances are slim but we can try it.**
가능성은 적지만 한번 시도해 봐야죠.

B) **Right, there is a fifty-fifty chance.**
맞아요, 가능성은 반반이니까요.

A) **Where there is a will, there is a way.**
뜻이 있는 곳에 길이 있지요.

109 대박영어

I have been eating my heart out.
저 정말 심각하게 고민하고 있습니다.

'고민'을 뜻하는 단어로는 명사형으로 **worry, trouble** 동사형으로 **worry** 를 비롯하여 **agonize, be concerned** 등이 있다. **Bother me** 역시 '나를 고민하게 만든다'라는 의미로 사용되고 **hang-up** 역시 '콤플렉스'의 뜻도 있지만 '고민'의 뜻이 담긴 숙어이다.

예) **I got a little hang up about my body.** (전 몸매 때문에 고민이 많습니다.)

이 가운데 '고민'으로 가장 많이 쓰이는 단어는 **worry**이다. 그래서 **I am worried because I am losing my hair.** (머리카락이 자꾸 빠져서 고민입니다.) **There is nothing to worry about.** (고민할 것 없습니다.) **There is nothing to be concerned about.** (고민할 것 없습니다.) **I have something to worry about these days.** (요즘 고민거리가 생겼어요.) 등도 있다.

Eat one's heart out은 '비탄에 잠기다'의 뜻이 강하지만 '그 정도로 심각하게 그것에 대해 고민하고 있다'라고 할 때 쓰는 문장이다. **She stole my heart**는 '그녀에게 내 마음을 뺏겼다'이고, 팝송가사에 나오는 **My heart is eating for you**는 '당신을 간절히 원하고 있습니다'이다.

유사 표현 문장

- **The news tore my heart out.** 그 소식에 가슴이 찢어지는 듯 했다.
- **I am eating my heart out with money.** 돈 문제로 심각하게 고민 중입니다.
- **It was a very prominent question in my mind.** 그 문제는 최대 고민거리였어요.
- **He ate his heart out all his problem.** 그는 그의 문제로 고민을 거듭했다.

Conversation

A) I heard we can be fired anytime.
우리도 언제든지 해고될 수 있다고 들었어요.

B) Yes, that's why I am eating my heart out with that.
네! 그래서 저도 그것에 대해 심각하게 고민 중이에요.

A) I am so afraid that.
진짜 고민이에요.

110

I have a good sense of + 명사.

저는 ~에 감각이 있습니다.

Sense는 오감 중의 하나인 '감각'을 말하는 것이다. '오감'을 영어로 the five senses라고 한다. '육감'을 sixth sense라고 하여 I know it by my sixth sense라고 하면, '육감적으로 그것을 알았습니다'가 된다.

우선 sense와 관련되는 단어로는 sensitive로 형용사형으로 '(기분을 헤아리는) 세심한, 감성 있는, 예민한, 민감한'의 뜻이 있다. 그래서 She is very sensitive to other people's feeling 하게 되면 '그녀는 다른 사람의 기분에 대해 아주 세심하다'가 된다.

The actor's sensitive reading of the playing. (연기 중에 보이는 그 배우의 감성적인 대사.) '예민하다, 민감하다' 쪽으로 표현하고자 한다면 You're too sensitive about her weight (그녀는 몸무게에 대해 지나치게 민감하다) 등이 있다.

Sensitive skin 역시 '민감한 피부'를 의미하는데 sense of 명사가 오면 '~에 대해 민감하다' 혹은 '감각이 있다'의 뜻이다.

유사 표현 문장

○ She is unusually sensitive to the cold. 그는 남달리 추위를 탄다.
○ I have a good sense of direction. 저는 방향감각이 있습니다.
○ We like the people who have a sense of humor. 우리는 유머감각이 있는 사람을 좋아합니다.
○ She has no sense of shyness or discretion. 그녀는 부끄럼이나 분별 따위는 모른다.

Conversation

A) He can speak many languages.
그는 여러 나라 말을 잘 합니다.

B) Yes, I think, he has a good sense of language.
맞아요. 제 생각에는 그 사람 언어에 대한 감각이 좋습니다.

A) Yes, that's why he speaks well.
맞아요. 그러니 말을 잘하죠.

111 대박영어

How can you say something so mean?
어떻게 그런 심한 말을 할 수가 있죠?

Mean은 여러 가지의 뜻이 있다. Mean은 동사형으로 '~라는 뜻이다' 혹은 '~을 뜻하다'이다. 그래서 What does a this sentence mean? 하게 되면 '이 문장이 무슨 뜻이죠?' 이다.

또한 형용사형으로 쓰면 그 뜻은 '비열한, 더러운, 나쁜, 심술궂은, 짓궂은' 등 여러 가지 뜻이 있다. 예) Don't be so mean. (그렇게 짓궂게 굴지 마세요.)

그리고 '의미하다, 빗대어 말하다'의 뜻도 있고 '평균'의 뜻도 있다.

Mean의 과거형은 meant이다. 그래서 팝송에서 자주 등장했던 We're meant to be의 뜻은 '우리는 운명입니다'가 된다. 과거형을 써서 We were meant to be 하게 되면 '우리는 맺어질 운명이었어요'이다.

참고로 be + so mean to + 동사원형 꼴은 '~하는 것이 정말 못됐다, 볼썽사납다'의 뜻이다. 그래서 He was always so mean to us 하면 '그는 항상 우리에게 못되게 굴었다'가 되는 것이다. What do you mean? 은 '무슨 뜻인가요?'이다.

유사 표현 문장

○ We're meant to be together.   우리는 천생연분입니다.
○ You mean so much to me.   당신은 나에게 무척 소중합니다.
○ If it's meant to be, we will meet again.   인연이 있으면 다시 만나겠죠.
○ They were not meant to be defied.   그들이 반항적이라고 여겨지지 않는다.
○ You're so mean to yank his crack, grow up!   그의 약점을 조롱하는 너희들도 참 못됐다. 철 좀 들어라!

Conversation

A) He is so stupid idiot.
그는 정말 멍청이에요.

B) Hey, how can you say something so mean?
어떻게 그렇게 심하게 말을 할 수가 있죠?

A) But it's the reality.
그렇지만 그게 사실이니까요.

112

Epic English

You'll get blamed if you do like that.
그렇게 하면 욕먹을 겁니다.

Blame은 동사형으로 '~을 탓하다, 책임을 묻다'이고 명사형으로 '책임, 탓'이다. Blamed는 형용사형으로 '지긋지긋한, 빌어먹을, 고약한, 몹시'의 뜻이 있다.

그래서 She doesn't blame anyone for her poor 하게 되면 '그녀는 가난을 누구에게도 탓하지 않는다'가 된다. 하지만 blamed는 '비난을 하다, 비난을 받다'의 뜻도 있어 They deserve to be blamed 하면 '그들은 비난을 받아도 싸다'가 된다. Deserve 는 '~해도 마땅하다'의 뜻이다.

Be + blamed는 '꾸지람을 듣다, 욕을 먹다, 비난을 받다'의 뜻으로 수동태이다. I am sorry that you get blamed for what I did. (저 때문에 욕먹게 해서 죄송합니다.) '욕을 먹다'로 사용되는 단어로는 be + criticized, be + reproached 그리고 be + reviled 등이 있다.

참고로 The man was blamed for missing meeting 하게 되면 '그 사람은 회의 불참석으로 비난을 받았다'이다.

유사 표현 문장

○ He blamed the girl over the mark.   그는 과도하게 그녀를 비난했다.
○ He blamed me for my mistake.   그는 나의 실수를 비난했다.
○ He will get blamed for his act.   그는 그의 행동에 대해 비난을 받은 것이다.
○ We have no right to blame her.   우리는 그녀를 비난할 자격이 없다.

Conversation

A) We have to think twice before we go there. Or else…
거기 가기 전에 우리는 다시 한 번 더 신중하게 생각해야 합니다. 그렇지 않으면…

B) Or else what?
그렇지 않으면요?

A) We will get blamed for it.
그것에 대해 비난을 받을 것입니다.

쉬면서 알고 가는 재미있는 영어표현

121. 마음속으로 찍어둔 사람이 누굽니까?
     Do you have someone in mind?(anyone: 있는지 없는지 모를 때)

122. 너 시치미 떼지 마.
     Don't you try to lie.(you에 강세)

123. 친구랑 정이 많이 들었어요.
     I feel very close to my friend.

124. 그거 수상한 냄새가 나는데.
     There's something fishy about it.

125. 느낌이 오는데/감이 잡히는데.
     I got a hunch.

126. 그는 자심감으로 똘똘 뭉쳤다.
     He is full of self-confidence.

127. 좋은 사람 있으면 소개 시켜 줘.
     Hook me up if there's a good person.

128. 팀워크가 중요하다. 혼자 너무 튀지 마라.
     Teamwork is important, don't to stick out.

129. 난 쓸데없는 오해 받기 싫어.
     I don't want to be accused unfairly.

130. 네가 보고 싶으면 어떻게 참지?
     How do I control myself if I miss you?

속담표현

- 뜻이 있는 곳에 길이 있는 법이죠 – Where there is a will there is a way.
- 로마에 가면 로마법을 따르라 – When in Roma, do as the Romans do.

일상생활에 자주 사용되는 재미있는 영어 표현들입니다.

131. 우정이 갈수록 부실해진다.
   Our friendship is falling apart as time prsses.

132. 모든 게 귀찮아.
   Everything is a hassle.

133. 누가 네 성격을 받아주겠니?
   Who would put up with your attitude?

134. 감쪽같이 (사귀는 관계를) 속이다니.
   You hid your relationship to everyone.

135. 결코 고의가 아니었다.
   I didn't mean to do that/It's not what I mean.

136. 넌 배신자다!
   You are a traitor!

137. 다 티 난다.
   Everything shows/It's too obvious/You can't hide it.

138. 과연 얼마나 버틸 수 있을까?
   How long could it last?

139. 좀 봐 주면서 해라.(불쌍하다.)
   Be a little gentle with him.

140. 너하곤 게임이 안 된다.(상대가 안 된다.)
   There is no game with you.

속담표현

- 마이동풍이에요 – You're talking to the wall.
- 많으면 많을수록 좋죠 – The more, the better.
- 먹을 때는 개도 안 때린다 – Refrain from beating or scolding a person while he is at his meal.

113 First things first!
중요한 것부터 하십시오!

대박영어

우리나라 말에 '선착순'이라는 말이 있다. 항간에 이런 말도 영어에 있느냐 없느냐 설전이 있었다. 모든 나라의 언어는 같다. 단지 표현만 다를 뿐이다. 인간이 사는 것은 같을진대 어찌 이런 표현이 한국에만 존재하겠는가? '선착순'을 영어로 First come first served라고 한다. 즉, 먼저 오는 사람이 먼저 서비스를 받는다는 뜻이다. 그래서 미국에서는 '선착순 세일'을 First come first served basis라고 한다.

예) **Concert tickets are available on a first come first served basis.** (콘서트 티켓은 선착순으로 배분된다.)

그렇다면 First things first는 무슨 뜻일까? 이것은 Please do important things first라고 해도 되고 Please urgent things first라고 해도 무방하다. 하지만 영화에 가장 많이 나오는 The first things first이다. '중요한 것 먼저 하시오'라는 뜻이다.

This is not the first time 하게 되면 '이것이 처음이 아닙니다'인 것처럼 first라는 단어의 용도만 잘 활용해도 많은 표현이 가능하다. **My first experience** (나의 첫경험) **Let's eat first** (먼저 밥부터 먹고 하자) 등 first의 용도는 말로 다 표현하지 못할 정도로 많다.

유사 표현 문장

○ What do you think of my first impression? 저의 첫인상이 어떻습니까?
○ He was very handsome at the first blush. 그는 언뜻 보아 잘생겼었다.
○ This is the first and last time ask. 처음이자 마지막 부탁입니다.
○ Which comes first? 제일 중요한 게 지금 뭔가요?

Conversation

A) I don't see the ends of working!
　일을 해도해도 끝이 없어요!

B) First things first, OK?
　중요한 것부터 먼저 하세요.

A) But that's not easy.
　그렇지만 그게 쉽지 않아요.

114

Nothing is complete unless you put it in final shape.
구슬이 서말이라도 꿰어야 보배다.

우리나라 말에 '구슬이 서말이라도 꿰어야 보배'라는 속담이 있다.

영어단어를 아무리 많이 알고 있어도 방법이나 요령을 모르면 영어회화를 잘 할 수 없다. 그래서 많은 사람들이 **Practice makes perfect**라고 말을 하지 않던가? 즉, '연습만이 완벽함을 만든다'. 왜냐 하면 **Nobody is good from the beginning.** (누구든지 맨 처음부터 잘하는 사람은 없기 때문이다.)

서두에 나오는 **unless**의 뜻은 '~하지 않는 한' 혹은 '~아닌 이상'의 뜻이다. 그러므로 '아무것도 완성되지 않는다. 마지막까지 모양(형태)을 만들지 않는 한'의 뜻이니 결국 '구슬이 서말이라도 꿰어야 보배다'라는 뜻이 되는 것이다. **Shape**는 '모양, 형태, 형' 등의 뜻이 있다. **This tool is used for shaping wood** 라고 하면 '이 도구는 나무를 다듬는 데 쓰인다'이고, **I like to keep in shape** 하면 '몸매를 유지하고 싶다'가 된다. 여기서 **shape**는 '몸매의 모양'이 되는 것이다.

Complete는 동사형으로 '완료하다, 끝마치다' 또는 '서류 등을 작성하다'의 뜻이 있다. **The project should be completed within a year**. (그 프로젝트는 일 년 안에 완성되어야 한다.)

유사 표현 문장

- **Nothing comes from nothing.** 무에서는 무밖에 안 나온다.
- **No try no gain.** 시도하지 않으면 얻어지는 건 하나도 없다.
- **Scratch my back and I'll scratch your back.** 가는 말이 고와야 오는 말이 곱다.
- **You need be bless in order to be blessed.** 마음을 곱게 써야 복을 받는다.

Conversation

A) I have many great projects.
저에게는 좋은 프로젝트가 많습니다.

B) Hey, nothing is complete unless you put it in final shape.
이봐요, 구슬이 서말이라도 꿰어야 보배죠.

A) But in order to be a great business man, it's necessary.
그렇지만 좋은 사업가가 되려면 그건 필수입니다.

I was distracted by the somebody fighting.

대박영어 115

어떤 사람의 싸움으로 인해 정신이 없었다.

Distracted는 '집중이 안 되게 하는, 산만한, (주의)를 다른 데로 돌리는' 등의 뜻이 있다. 그래서 **You're distracting me from my study**라고 하면 '너 때문에 내 공부가 집중이 안 된다'이다.

또한 **Don't distracted me while I am driving**라고 하면 '운전하는데 산만하게 하지 마라'가 된다.

영화대사에 자주 등장하는 **There is nothing to distract me from focusing on Tom**은 '**Tom**에게만 신경 쓸 수가 없어요'다.

Be + distracted는 '주의를 빼앗기다'이고 **go distracted**는 '정신착란이 일어나다', **get + distracted**는 '정신이 산만해지다'이다. 유사단어로는 **concentrate, vagrant, discursive, desultory** 등이 있는데 이것들 역시 '산만한, 집중이 안 되는' 등의 뜻이다. **It's time to concentrate.** (집중해야 할 시간입니다.) **Let us concentrate.** (집중합시다.)

유사 표현 문장

○ **I was distracted by the students dancing around.** 주위에서 춤을 추는 학생들 때문에 정신이 없었다.

○ **I can't concentrate with all that noisy.** 소음 때문에 집중을 할 수가 없다.

○ **He works in a desultory way and completes nothing.** 그는 산만하게 일해서 아무것도 끝내지 못한다.

○ **I am really discursive because my baby.** 우리 아들 때문에 정신이 산만하다.

Conversation

A) **You told me you will study. What are you doing here?**
당신이 공부할 거라고 했잖아요. 여기서 뭘 하는 거죠?

B) **I was distracted by the people noisy.**
사람들이 시끄럽게 하는 바람에 집중을 할 수가 없어요.

A) **Oh, that's too bad!**
그것 참 유감이네요!

116 I must get myself together again.
다시 마음을 추슬러야 했어요.

Get oneself together가 '마음을 추스르다'라는 뜻이다. Pull yourself togther도 같은 뜻이다. Make up one's mind 는 '마음을 정하다, 결정하다'의 뜻이 있다. 그래서 I made up my mind to go there는 '난 거기에 가기로 마음을 정했다'가 된다.

'마음이 어수선하다'는 cluttered mind를 쓰고, '마음이 콩밭에 가 있다'는 My mind is somewhere else를 쓴다. 또한 '마음의 안정을 잃어 마음이 갈팡질팡한다'는 My presence of mind deserted me 라고 하고, '마음이 공허하다'고 할 때에는 My mind a complete blank 혹은 empty를 써서 I feel so empty라고 한다.

참고로 on again off again도 '갈팡질팡'이라는 뜻이 있다. My mind is on again off again. (마음이 갈팡질팡한다.)

유사 표현 문장

○ I must take my time for a while.   당분간 마음을 정리해야겠어요.
○ She wouldn't give away her heart easily.   그녀는 쉽게 마음을 주지 않았다.
○ Her talk really touched my heart.   그녀의 말이 정말 가슴에 와 닿았다.
○ I can't get out of my mind how I got angry at her.   그녀에게 화를 낸 게 마음에 걸린다.
○ It took about 6 weeks to get myself together again.   다시 정신 차리고 수습하는 데 6주가 걸렸다.

Conversation

A) I heard that your business has failed.
사업이 잘못되었다고 들었습니다.
B) Yes, that's why I want to kill myself.
네, 그래서 죽고 싶어요.
A) Please, You can start again and get yourself together first.
제발, 다시 시작할 수 있어요. 먼저 마음부터 추스르세요.

117 I am the world's worst at parking!
난 죽었다 깨어나도 주차는 못하겠어요!

대박영어

'죽었다 깨어나도…'는 어떻게 표현할까? **Dead and live again?** 하하하. 정말 재미있다. 이렇게 해서라도 알아듣는다면 그것은 더 이상 **broken English**(엉터리 영어)가 아니다. 설명만 잘 하면 이렇게 해도 분명 알아들을 수 있을 것이다.

하지만 이런 경우 그에 해당되는 숙어도 분명 있다. 이렇게 문장을 만들어 보자. **You will never fathom my intentions in a million years.** (백만 년이 지나도 넌 내 의도를 헤아리지 못할거야.) 여기서 **fathom**은 '헤아리다, 이해하다'이고, **in a million years**가 '죽었다 깨어나도'의 뜻 역할을 하고 있음을 보여주고 있다. 말 그대로 '백만 년이 지나도 ~' 이니 결국 '죽었다 깨어나도'이다.

영작해 보자. **You won't be a rich in a million years**하면 '백만 년이 지나도 넌 부자가 될 수 없다.'

그런데 주제 문장에서는 **world's worst**가 '죽었다 깨어나도'의 역할을 하고 있다. 말 그대로 직역하면 '세상에서 최고로 나쁜 ~'의 뜻이니 결국 '죽었다 깨어나도 넌 ~를 못한다'라고 할 때 쓰는 것이다. 생각해 보라. 세상에서 최고로 못하는 사람이 ~를 한다는 게 가능하겠는가?

유사 표현 문장

○ **I am the world's worst at parallel parking.** 난 죽었다 깨어나도 평행주차는 못하겠어요.
○ **I do not buy that for a second.** 난 죽었다 깨어나도 안 믿겠다.
○ **You're impossible to understand what I feel now.** 네가 지금 내 심정을 이해하기란 불가능하지.
○ **I'm the world's worst at making money.** 난 죽었다 깨어나도 돈은 못 벌겠어.

Conversation

A) **How come you look so terrible, any problem?**
왜 그리 표정이 안 좋은데? 무슨 일이라도 있어?

B) **No, but I'm the world's worst at getting a job.**
아니, 그런데 난 죽었다 깨어나도 취직은 못하겠어.

A) **Cheer up! You have many tomorrow.**
힘내! 아직 기회가 많잖아.

118

She doesn't like to take center stage!
그녀는 남 앞에 나서는 것을 별로 좋아하지 않습니다!

Epic English

'전 나서고 싶지 않습니다'라고 하면 영화에서는 **I don't want to take center stage**라고 한다. **Center**는 '중앙'이고 **stage**는 '무대'이다. 그래서 즉, '중앙무대에 서다'의 뜻으로 '나서다'의 뜻과 일맥상통한다. 뭐든지 나서기를 좋아하는 사람에게 이렇게 말하곤 한다. 그렇다면 '튀는 것을 좋아한다'는 어떻게 표현할까?

She likes to stand out라고 한다. '나가서 서있는 것을 좋아하다'의 의미로 '튀다, 두각을 나타나다'의 뜻이다. 예를 들어 '그녀는 친구 중에 단연코 두각을 나타낸다'라고 할 때에도 **She stand out in her friends**라고 한다.

마지막으로 '여기 저기 안 끼이는 데가 없는 약방의 감초 같은 인간'을 미국인들은 이렇게 표현한다. **You're in on everywhere!!**

유사 표현 문장

○ **Ginseng business take center stage in Vietnam.** 베트남에서는 인삼사업이 각광을 받을 것이다.

○ **He is a good man but he doesn't like to take center stage.** 그는 좋은 사람이긴 하지만 나서는 것은 정말 싫어해요.

○ **She try to stand out in public.** 그녀는 사람들 앞에서 튀려고 노력 중이에요.

○ **This sweater draws too much attention.** 이 스웨터는 너무 튄다.

Conversation

A) **Why don't you take part in singing contest with her?**
그녀와 노래자랑에 한번 참가해 보는 게 어떠세요?

B) **I'd love too but she doesn't like to take a center stage.**
나도 그러고 싶지만 그녀가 튀는 걸 좋아하지 않아서요.

A) **Oh dear.**
맙소사.

119 Don't put on airs about coffee!

대박영어

커피 가지고 생색내지 마세요!

영어는 참으로 광범위한 언어다. 그래서 혹자는 영어는 배워도 배워도 끝이 없더라! 라고 한다. 과연 그럴까? 서둘지 말고 차근차근 즐긴다는 생각으로 하나하나 새로운 문장을 접하고 알아가면 어떨까? 어쨌건 오늘은 '생색을 내다'에 대해 공부해 보자.

먼저 '생색을 내다'의 단어로는 **patronize** 나 **patronizing**이 있다. 이 단어는 '생색을 내다'의 뜻 말고도 '거만하게' 혹은 '잘난 체하는' 등의 뜻도 있다. 그래서 **patronizing smile** 하게 되면 '잘난 체하는 웃음'의 뜻이다. 예) **This is patronizing in the extreme**. (너무 잘난 체하는 거 아냐?) **His manner, if patronizing, was not unkind**. (그의 태도는 생색내는 수준이었으나 불친절하지는 않았다.)

또한 **thankless**는 '생색내지 않는, 보람 없는'의 뜻으로 **He works very hard even at thankless tasks** (그는 생색나지도 않는 일을 참으로 열심히 한다)도 있다. 마지막으로 **put on airs about** '~은 ~에 대해 생색을 내다, 잘난 체하다'의 뜻이 있는 숙어이다.

유사 표현 문장

○ He puts on airs about things that are not important.   그는 별것 아닌 일에 생색을 낸다.
○ The rich woman put on airs when she was around her friends.   그 부유한 여인은 친구들 앞에서 뽐냈다.
○ He puts on airs in front of other people.   그는 사람들 앞에서 점잖을 뺀다.
○ Don't put on airs about small things.   조그마한 것들로 생색내지 마세요.

Conversation

A) He always put on airs about beer.
그는 항상 맥주 가지고 생색을 내요.

B) Oh really? I got the wrong person then.
진짜요? 그럼 내가 사람을 잘못 봤네요.

A) Men and melon are hard to know.
그래서 사람 속은 모르는 거죠!

120 Epic English

She begrudges the money to eat food either.
그녀는 먹는 것에 돈 쓰는 것조차 아까워한다.

'구두쇠'는 영어로 우리가 잘 알고 있는 **scrooge**이다. 또한 **cheapskate**나 **skinflint** 역시 '구두쇠'이다. 또한 **miser**나 **penny-pincher** 역시 '구두쇠'의 뜻이다. 그래서 **He is a dreadful penny pincher**라고 하게 되면 '그는 지독한 구두쇠입니다'의 뜻이다.

그리고 **miser**도 자주 쓰이는 단어로 '그 사람은 구두쇠로 이름이 나있다'라고 한다면 **He was a well-know miser**라고 한다. 여기서 **be + well-known** 은 '~으로 이름이 나있다, 소문나 있다'이다.

서두의 **begrudge the money** '~는 돈을 아까워하다'의 뜻이다. **Begrudge** 는 '시기하다'의 뜻도 있지만, '~을 하는 데 인색하게 굴다'의 뜻도 있기 때문에 **begrudge the money to + 동사원형**이 '~하는 데 인색하게 굴다, 돈을 아끼다'가 되는 것이다.

'참고로 인색하게 굴다'에는 **grudge, begrudge, be stingy, be close fisted** 등이 있다.

유사 표현 문장

○ We call a man like him a miser.   저런 사람을 가리켜 구두쇠라고 한다.
○ Please don't be such a scrooge, OK?   제발 구두쇠처럼 굴지 마세요, 에?
○ He is well-known to teach English well.   그 사람은 영어를 잘 가르치기로 유명하다.
○ He begrudges the money to meet friends.   그는 친구 만나서 돈 쓰는 것도 아까워한다.

Conversation

A) He is such a cheapskate that he refuses to tip waiters.
그는 구두쇠라 웨이터에게 팁 주는 것도 싫어해요.

B) Yes, I think so. He begrudges the money to eat either.
네, 저도 그렇게 생각해요. 그 사람은 먹는 것도 아까워하죠.

A) Anyway, nobody stopping him.
어쨌든 아무도 그를 못 말려요.

121 대박영어

You must clear about where you stand!
어느 편인지 넌 태도를 분명히 해야 한다!

Make one's thing clear는 문장서두에 붙이는 말로써 '분명한 것은…… 의' 뜻으로 사용된다. 문장 앞에서 자주 형식적으로 사용되는 말로는 **As a matter of fact** (사실은요)를 시작으로 **To cut a long story short** (간단하게 말씀 드리자면), **You are not going to like this** (이 소리 들으면 섭섭하시겠지만), **What I am telling you is….** (제가 지금 하고 싶은 말은), **What I want to know is….** (제가 알고 싶은 것은), **In the long run….** (장기적으로 보면), **I am telling you a point blank** (단도직입적으로 이야기하겠는데요) 등 부지기수가 있다.

이러한 표현들을 문장 앞에 붙여서 사용하면 문장이 훨씬 더 자연스러워진다.

이 페이지의 주제문은 이러지도 저러지도 못하고 어중간하게 행동하거나 처리하는 사람에게 하는 말이다. **Which side are you on?** (어느 쪽에 설 것이냐?), **Who are you rooting for?** (누굴 응원하느냐?), **Are you on my side?** (내 편에 설 것이냐?) 등 여러 표현이 있다.

유사 표현 문장

○ **The die is the cast!** 주사위는 이미 던져졌다.
○ **It's no use crying over spilt milk.** 물이 엎질러지고 난 후 울어봐도 소용없다.
○ **I want you to think twice before the answer.** 대답하기 전에 한 번 더 생각해보세요.
○ **Don't beat around the bush, just get to the point.** 말 빙빙 돌리지 말고 요점을 이야기 하세요.

Conversation

A) To make a long story short, you're getting your word muddled up!
간단히 말하자면, 너의 말은 뒤죽박죽이다.

B) What do you mean?
무슨 뜻입니까?

A) I mean, you must clear about where you stand!
내 말은, 태도를 분명히 하라는 거야!

122 That didn't start from yesterday!
그게 어제 오늘 일이 아닙니다!

가끔 영어와 한국어가 서로 일맥상통하는 표현이 있기도 하다. 하지만 표현의 차이가 약간 있을 뿐이다. 예를 들어 서두의 문장표현처럼 **That didn't start from yesterday!**를 우리 식으로 해석하면 '그것은 어제 시작된 일이 아니다'의 뜻으로 '어제 오늘 일이 아니다'라는 말이다. 만약 우리 식으로 표현한다면 **That's not today's and yesterday's problem**가 맞겠지만, 영어에서는 '어제'를 언급하는 것만으로 충분하다. '한두 번이 아니다'라고 한다면 예전에는 **That's not the first and second times**가 널리 쓰였지만 요즘은 대개가 그냥 **That's not the first**라고 한다.

예) **That's not the first time to drink there.** (거기서 술마시는 게 한두 번이 아닙니다.)

참고로 영화대사에 **I wasn't born yesterday**라는 표현이 자주 나오는데 이것은 '어제 태어나지 않았다'의 의미로 '난 바보가 아니다, 팔불출이 아닙니다'라고 할 때 쓰인다. 주로 남들이 자기를 기만하려 하거나 눈 가리고 아웅할 때 쓰는 표현이다.

유사 표현 문장

○ **Seem like only yesterday that I go to high school with my friend.** 고등학교 다니던 때가 엊그제 같네요.
○ **We can start again from scratch.** 우리는 다시 시작할 수 있습니다.
○ **It's becoming a popular practice.** 이것이 요즘 통용되는 관행입니다.
○ **They turn a blind eye to this kind of practice.** 그들은 이러한 관행을 눈감아 주고 있어요.

Conversation

A) **I can't believe that they received money under the table in today's world.**
요즘 세상에도 뇌물을 받다니 믿을 수가 없어요.

B) **That didn't start from yesterday, forget it.**
어제 오늘 일이 아니에요. 신경 꺼세요.

A) **But, why people turned a eye about that?**
그러나 왜 사람들이 그것에 대해 눈감아주죠?

123 That's a bolt out of the blue.
그건 마른하늘에 날벼락입니다.

'소식'을 영어로는 **news**라고 한다. 그래서 '금시초문인데요!'라고 할 때면 **That's news to me!**라고 하고, '뜬소문'은 **hearsay**를 써서 **That's hearsay**라고 한다. **Hearsay**는 '들리는 소리들'이란 뜻이다.

그리고 **The news surprised me a lot**은 '그 뉴스는 나를 엄청 놀라게 했다'이고 **The news come to us like a bolt out of the blue**라고 하면 '그 소식은 나에게 충격적이었다'(마른하늘에 날벼락이었다)이다. 또한 **A bad news travels fast**는 '나쁜 소문은 빨리 퍼진다'이다.

참고로 '황당무계한 이야기'는 **a cock and bull story** 라고 하고, '황당한 질문을 하다'는 **ask ridiculous question**이다. 그래서 '그는 나에게 황당한 질문을 했다'라고 할 때 **He asked me a ridiculous question** 라고 한다.

마지막으로 '어이가 없어서 말을 못했다'는 **I was so absurd that I was speechless**라고 한다. 여기서 **absurd** 는 **preposterous**와 같은 뜻으로 '말도 안 되는 터무니없는'의 뜻이다.

유사 표현 문장

○ That's so preposterous that I was speechless. 너무 황당해서 말도 안 나온다.
○ I was dumbfounded at the ridiculous of the rumor. 소문이 너무 황당해서 어이가 없었어요.
○ Yes, I mean, this is bizarre. 그래, 내 말은, 이건 좀 황당하잖아요.
○ I was at a total lost for words. 황당해서 말이 안 나왔어요.

Conversation

A) How's it going with your job nowadays?
요즘 당신 하는 일은 잘 되어가고 있나요?

B) Too bad, I lost my job a few days ago.
유감스러워요. 며칠 전에 실직을 했어요.

A) what? That's a bolt out of the blue.
뭐라고요? 그거 마른하늘에 날벼락이네요.

124
His assert was so preposterous! [insist on].
그의 주장은 너무 터무니가 없어요.

'자기주장이 강하다'는 insist on one's own way라고 한다.

'주장을 굽히다'는 concede를 써서 He conceded his point라고 하는 게 일반적이다. 또한 '그들은 서로 자기주장만 내세웠다'는 They each asserted their own point of view라고 하고, Their claims are contradictory는 '그들은 상반된 주장을 하고 있다'이다.

또한 영화에 보면 He stuck to his opinion이라고 하는데 '그는 끝까지 우긴다'라는 뜻이다.

'주장'의 뜻을 가진 단어로는 insist나 assert, purport, protest, maintain 등 수많은 단어들이 있다. 이것들은 어떻게 쓰느냐에 따라 문장의 의미나 뉘앙스도 달라진다. You can go there of you insist. (거기에 꼭 가야겠다면 가도 좋다.) I'll have one more glass if you insist. (그렇게 권하시니(우기시니) 한 잔 더 하겠습니다.)

참고로 opinion은 '견해'나 '주장'이고, insistence 나 assertion은 '고집'이며 argument는 '논쟁'을 의미한다. Contention 역시 '고집'의 뜻이 강하다.

유사 표현 문장

○ Are you insisting on social equality?   당신은 사회적 평등을 주장하는 거죠?
○ A man purported to be the thief.   한 남자가 자기가 도둑이라고 주장했다.
○ He is trying to rationalize his violent.   그는 그의 폭력을 합리화하려 하고 있다.
○ You have a point there but…   당신 말에도 일리는 있지만…

Conversation

A) What's the condition of their contract?
그들의 계약조건은 어떻습니까?

B) Well, their assertion was so preposterous.
글쎄요. 그들의 주장이 너무 터무니가 없어요.

A) What a ridiculous!
어처구니가 없네요.

125 You read my mind.
대박영어
내 맘 알아주는 건 당신밖에 없네요.

우리는 '~을 알아준다'라고 할 때, 대부분 **know**라는 단어를 떠올린다.

하지만 '마음을 헤아리다, 알아주다'라고 할 때는, **know** 대신에 **read** '읽어주다'를 쓰는 경우가 더 많다. 뭔가를 정말로 하고 싶었을 때 그 누군가 '우리 ~ 할까?'라고 한다면 원어민들은 **Wow! You know my mind**라고 하기 보다는 다르게 말한다. 오히려 **read**라는 단어를 써서 **You read my mind!**라고 하는 게 더 널리 쓰이는 일반적인 표현이다. 그래서 **You're the only person who reads my mind**라고 하면 '내 마음을 알아주는 사람은 너밖에 없네'가 된다.

'섹스 앤 시티'라는 미국 드라마를 보면 남자친구와 결별하고 슬퍼하고 있는데 친구가 와서 위로하자 **Are you able to read my mind?**라고 말하는 장면이 있다. 이 말은 '너 내 마음을 읽을 수 있니?'의 뜻으로 우리 식으로 하면 '내 마음 이해할 수 있겠어?'이다.

숙어형으로도 **read a person's mind**는 '남의 마음(심중)을 읽다, 헤아리다'의 뜻이다. **Have one's mind read**는 '마음이나 생각을 읽히다'이고, **try to read one's mind**는 '마음을 탐색하다'의 뜻이다.

유사 표현 문장

○ **I couldn't read her mind.** 그녀의 마음을 헤아릴 수가 없었다.
○ **I can tell, I read your mind.** 알아요, 당신 마음을 읽고 있잖아요.
○ **Why you don't understand what I feel?** 왜 내 마음을 이해 못하는 겁니까?
○ **I am trying to understand his felling.** 그의 마음을 이해하려고 노력 중이다.

Conversation

A) **Please think a positive, you'll be okay.**
긍정적으로 생각하세요. 괜찮을 겁니다.

B) **Thanks. You're the only person who reads my mind.**
고마워요. 제 마음을 헤아려 주는 건 당신뿐이에요.

A) **Don't worry too much!**
너무 염려 마세요.

126 Epic English

Don't make a broad interpretation.
침소봉대하지 마세요.(과장하지 마세요/ 확대해석 하지 마세요)

우리나라 속담에 '발 없는 말이 천리 간다'라는 말이 있다. 이것을 영어로 **The news travels fast**라고 한다. 그렇다면 '소문'은 영어로 뭘까? **Rumor**나 **hearsay**, 혹은 **gossip** 그리고 속어(슬랭)로 **scuttlebutt**가 있다. 우리가 잘 알고 있는 **scandal**은 원래 '추한 소문'의 뜻이다. 또한 '나쁜 소문'은 **an unsavory rumor**라고 하고 **racontage** 역시 '일화, 이야기, 소문' 등의 뜻이 있다. 그 중에 가장 많이 쓰이는 단어가 **rumor**이다.

Rumor는 '소문, 풍문, 풍설, 유언비어'를 비롯하여 '소음, 평판' 등의 뜻도 가지고 있다. 그래서 **The rumor is circulating everyday** 하게 되면 '그 소문이 날로 퍼지고 있다'이다. 이뿐 아니다. **The rumor turned out to be false** 라고 하면 '소문은 거짓으로 드러났다(판명되었다)'이다. 또한 '듣는 것과 보는 것은 크게 다르다'라고 하면 **Rumor and fact are miles apart**라고 한다. 주제문의 '**broad in tepretation**'은 '확대해석'이니 사실에 덧붙여 말하는 사람의 의견이나 추측, 희망사항이 대폭 첨가된 것을 뜻한다.

참고로 '과장하지 마시오'라고 하면 **Don't exaggerating**이라고 하고, '넌 과장이 좀 심하다'는 **You're over exaggerating a little bit**이라고 한다.

유사 표현 문장

○ Perhaps that is a bit of an overstatement.   아마도 그건 조금 과장이 있다.
○ I don't believe in overstatement.   저는 허풍을 믿지 않습니다.
○ It's not too much to say it's no exaggerating to say.   ~하고 해도 과언이 아니다.
○ That is not much of an exaggerating.   그게 그렇게 많이 과장된 것은 아니다.

Conversation

A) According to people say, he is a bad guy.
　 듣기로는 그 사람 아주 악인이래요.

B) Don't make a broad interpretation.
　 너무 침소봉대하지 마세요.

A) But that's what I heard.
　 그렇지만 제가 그렇게 들었어요.

127 대박영어

Why are you talking to out on me?
왜 내게 화를 내는 겁니까?

'화를 내다'에 해당하는 많은 단어와 숙어가 있다.

우리가 잘 알고 있는 **angry**가 바로 '화가 나다'이고 **be + mad at**'~도 화가 나다, 화를 내다'이다. **Lose one's temper**는 '이성을 잃다'이고 **blow up at**은 '폭발하다'이다. 속어 '뚜껑 열린다'의 영어식 표현으로는 **hit the ceiling**이 있다. 천장을 칠 만큼 화가 솟구친다는 뜻이다. **You're pushing my buttons**(너 때문에 화가 났다)는 표현도 익혀두자. **Be + angry**나 **get angry**는 '화를 내다, 화가 나다'인데 **She gets angry easily** 하게 되면 '그녀는 쉽게 화를 낸다'이다. 재미있는 표현은 '바락바락 화를 내다'는 **be red-hot with rage**라는 숙어를 쓰고 '미친 듯이 화를 내다'는 **rave with anger**이다.

그리고 우리가 잘 아는 '욱하고 화를 내다'는 **lose one's temper**이다. 이처럼 '화를 내다'에도 많은 단어와 여러 가지 표현들이 있다. 영화에 보면 **Don't give me a piece of your mind**라는 대사가 나오는데 이 역시 '나에게 따지지 마시오' 혹은 '나에게 화내지 마시오'이다.

'자초지종을 들어 보세요'라고 할 때에는 **Tell (listen) the whole story**라고 하거나 **Listen the story from beginning to end**라고 한다. 말 그대로 '처음부터 끝까지 들어봐라'이다.

유사 표현 문장

○ Why are you mad at me?   왜 나에게 화를 내는 겁니까?
○ Don't pass the buck to me, okay?   나에게 책임전가 하지 마세요.
○ He blew his cool at me.   그는 나한테 버럭 화를 냈다.
○ Why are you upset about me?   왜 내게 화를 내는 겁니까?

Conversation

A) How many times must I tell you, hear me out, okay?
내가 몇 번 말했습니까? 내 말 끝까지 들어보라고.

B) What the hell, why are you talking to out on me?
도대체 왜 나한테 화를 내고 그래요?

A) Sorry, I didn't mean it.
미안해요. 그런 뜻이 아니에요.

128

I am up for + 명사 anytime.

전 언제든지 ~할 수 있습니다.

Be + up for는 '~ 할수 있습니다'이다. Be + able to와 같다. I am up for it. (나도 할 수 있어.) I'll be up for my task. (나는 그 과업을 할 수 있어.)

Be able to는 can이다. '~할 수 있을 것이다'는 will be able to + 동사원형 을 쓰고 won't be able to + 동사원형은 '~할 수 없을 것이다'이다. 예를 들어 보자.

I will be able to talk to you tomorrow. (내일은 당신과 이야기 할 수 있을 것 같습니다.)

I won't be able to be there tonight. (오늘 밤에 거기에 갈 수 없을 것 같습니다.)

'~할 수 있을 것이다'는 will + can인데 같은 조동사가 한 문장에 동시에 들어올 수 없으므로 will은 그대로 쓰고 can과 같은 뜻인 be able to를 쓰는 것이다. Can 대신에 may를 쓸 수도 있다. You may go now. (지금 가셔도 좋습니다.)

그리고 You may be able to go now 역시 '당신은 지금 갈 수 있을 것입니다'이다. 조동사를 잘 이용하면 보다 쉽게 영어를 잘 구사할 수 있다.

유사 표현 문장

○ This house is up for sale. 이 집은 팔려고 내놓았어요.
○ That car was up for sale. 그 차는 팔려도 내놓은 차였다.
○ Korean team is up for the game. 경기를 앞두고 한국팀은 기세등등했다.
○ I have a dream which is up to dick. 나는 멋진 꿈을 가지고 있다.

Conversation

A) Can you stand up for your friend anytime?
  년 언제든지 친구를 옹호할 수 있니?

B) Of course I can up for it.
  그럼요, 언제든지요.

A) Good! Man needs a loyalty.
  좋아, 남자는 의리가 있어야 해.

쉬면서 알고 가는 재미있는 영어표현

141. 그래서? 내가 어떻게 하길 바라니?
So? What do you want me to do?

142. 이젠 돌이킬 수가 없다.(소용없다.)
You can't turn back now.

143. 농담도(장난도) 사람 봐가면서 해라.
Look who you are joking with.

144. 네게 섭섭하다.
I'm disappointed.

145. 사랑이 식었구나.
The love has died.

146. 우리 사이가 애매하다.
I don't know what kind of relationship we have.

147. 이 엄살쟁이…
You baby…

148. 너의 잘못을 남에게 떠넘기지 마.
Don't try to put your mistakes on others.

149. 까불고 있어, 다음부터는 까불지 마.
Don't try to joke anymore.

150. 야! 너 인물이 훤해졌구나.
Hey, your face looks a lot better.

속담표현
- 가까운 이웃이 먼 사촌보다 낫다 – A good neighbor is better than distant cousin.
- 모로 가도 서울만 가면 된다 – All roads leads to Roma.

일상생활에 자주 사용되는 재미있는 영어 표현들입니다.

151. 도대체가 끝이 안보이네, 끝이…
 I dont't see the end of this.

152. 내 말 안 듣더니, 그래 꼴좋다!
 You didn't listen to me, now look at you!

153. (비행기를 탔을 때) 귀가 멍멍하다.
 My ears are muffled.

154. 얌전한 남자아이.
 Calm and reserve boy. Sissy boy(Sissy=sister-like)

155. 화장 잘 받았다!
 Your make-up looks good!

156. 너, 화장 떴어!
 Your make-up doesn't look good!

157. 그렇게 함부로 말하면 안 돼
 You're not supposed to talk like that.

158. 전 간지럼을 잘 타요.
 I am ticklish.

159. 마음이 붕 떠 있어서 일이 손에 안 잡혀.
 I'm so excited, I can't work.

160. 행복한 고민하시네요.
 You have pleasant worries.

속담표현

- 못 먹는 감 찔러나 본다 – Sour grapes.
- 못된 망아지 엉덩이에 뿔난다 – A no good person is cacing up.
- 무소식이 희소식 – No news is good news.
- 무자식이 상팔자 – Little goods little care.

우보현·장원재의 대박영어 **167**

129 You're moving too fast to + 동사원형.
당신은 ~하는 것을 너무 서두르시는군요.

대박영어

너무 빨리 움직인다? 그렇게 해석하면 아무 의미가 없어진다. 영어란 가끔 의역도 필요하다.
이 문장의 뜻은 '너무 서두른다'라는 뜻이다. '서두르다'의 뜻을 가진 단어로는 **hurry up**이 있고, **make hassle**, **make time**, **get a move on** 등 여러 가지가 있다. 이 숙어들은 다 '서두르다'의 뜻을 가진 단어들이다.

우리가 잘 아는 **hurry up**은 '서둘러라!' 인데 **in a hurry**가 되면 '서둘러서'의 뜻이다. 예를 보자. **We have to go there in a hurry.** (우린 서둘러서 거기 가야 한다.)

또한 **be passed for time** 역시 '서두르고 있다'의 뜻이며 '시간에 쫓기다'의 뜻도 된다. 유명한 속담에 **More hassle, less speed**라는 표어가 있다. 이 뜻은 '서둘면 서둘수록 늦어진다'의 뜻이다.

'서두르지 마라'는 **Don't hurry**라고 하면 되고, '지금 이미 늦었어요'는 **I am running late**라고 한다. 참고로 **I am running just a little late**는 '제가 조금 늦은 것입니다'이고, **I am running late to a meeting**이라고 하면 '미팅에 늦겠는걸?'이다. **Sorry for my being late**는 '늦어서 죄송합니다'이다.

유사 표현 문장

○ **Don't jump to conclusions.**   속단하지 마시오.
○ **They jumped to conclusion that he was dead.**   그들은 그가 죽었다고 단정지어 버렸다.
○ **She is advanced for her time.**   그녀는 시대를 앞서간다.
○ **He got a habit of moving too fast everything.**   그는 무엇이든지 넘겨짚는 버릇이 있어요.

Conversation

A) **I heard that you are going out with her. When are you going to the knot?**
그녀와 사귄다고 들었어요. 언제 결혼하실 건가요?

B) **You are moving too fast.**
당신은 너무 앞서가는군요.

A) **No way, the sooner the better.**
왜 이러세요, 빠를수록 좋은 거죠 뭐.

You can't pull the wool over my eye.
내 눈은 속일 수가 없습니다.

'거짓말 하지 마세요'는 Don't tell me a lie라고 하고, '좀 정직하세요'는 Be honest okay?라고 한다. 그리고 '자기자신에게 좀 솔직하세요'라고 한다면 Please be honest with yourself라고 한다.

그런데 영화를 보다 보면 Don't look the other way라는 말이 나온다. 이 말은 무슨 뜻일까? 직역하면 '다른 곳을 보지 마라'이고, 의역하면 '눈 가리고 아웅하지 마라'의 뜻이 된다. 결국 '닭 잡아먹고 오리발 내밀지 마라'와 같은 뜻으로 쓰이는 문장이다.

또한 look the other way는 '외면하다'의 뜻도 함께 있어서 She didn't want to greet him so she looked the other way 하게 되면 '그녀는 그와 인사하고 싶지 않아서 그를 외면했다'가 된다.

서두의 표현은 'wool (모자)로 내 눈을 가리지 마라'의 뜻으로 '내 눈 속일 생각하지 마라'의 뜻이다. Don't try to blow smoke up my ass(나를 속일 생각은 하지 마라)도 익혀두자. 그렇다면 The apple doesn't fall far from the tree는 무슨 뜻일까? '사과는 떨어질 때 나무에서 멀리 벗어나지 않는다'이니 '피는 못속인다'에 해당하는 속담이다.

유사 표현 문장

○ Don't cover what is not yours. 네 것이 아니면 탐하지 마라.
○ Never play horse with others if you want to success. 성공하고 싶으면 남을 속이지 마라.
○ You can't pull the wool over my eye whatever you do. 네가 무슨 일을 하더라도 내 눈은 못 속인다.
○ It's deceitful to try to disguise that. 그것을 숨기려 하는 것은 기만적이다.

Conversation

A) How's going with your girl friend?
요즘 여자 친구하고는 잘 되어 가고 있어?

B) Girl friend? Who are you speaking of? I have no girl friend.
여자 친구? 누굴 말하는 거야? 난 여자 친구 없어.

A) Hey, you can't pull the wool over my eye, OK?
이것 봐, 내 눈은 못 속여. 알아?

131 I don't have any grudges, no worry!

대박영어

걱정 마세요. 전 뒤끝이 없는 사람입니다!

여기서는 '뒤끝'에 대해 알아보도록 하자.

영화에 보면 **Are you still holding against me?** 라고 하면 '당신 아직도 나한테 꽁해 있는 거냐?'의 뜻인데, 여기서 우리가 한 가지 알고 가야 할 것이 있다. 만약 술을 먹고 뒤끝이 있는 경우와 싸우고 난 후 뒤끝이 있는 경우는 표현이 다르다는 사실이다. 후자의 경우는 '감정'을 말하는 것이고 전자의 경우는 '숙취'를 말하는 것이다.

여기서 두 가지 문장을 잘 살펴보자. **He often loses his temper easily but doesn't hold a grudge**와 **Beer gives us bad hangovers**이다. 전자는 '그 사람은 화를 쉽게 내지만 뒤끝은 없다'이고, 후자의 경우 '맥주는 뒤끝이 좋지 않다 이다.' 즉, 여기서 **hangover**는 '숙취'이고 **grudge**는 '뒤끝'이다.

누구와 다투고 난 후, '난 네게 대한 악감정이 없다'라고 할 때 **emotion**을 쓰지 말고 **I don't hold any grudge**라고 해보자. 전달이 쉽게 될 것이다.

유사 표현 문장

○ We often fight each other but don't hold any grudge.   우린 서로 종종 싸우지만 뒤끝은 없다.
○ How come you got a long face?   왜 그렇게 꽁해 있어요?
○ My girl friend gets huffy often.   내 여자 친구는 잘 삐친다.
○ He is sore at me because I didn't help him.   그 사람은 내가 도와주지 않았다고 지금 나한테 삐쳐있다.

Conversation

A) I had a little argument with him last night.
어제 저녁에 그와 조금 언쟁을 벌였어요.

B) No worry, he doesn't hold any grudge.
염려 마세요. 그는 뒤끝이 있는 사람이 아닙니다.

A) Oh really? I am happy to heard that.
오 그래요? 그것참 듣던 중 반가운 말이네요.

Consider your surrounding first!
우선 분위기 파악부터 하세요!

'분위기'란 무엇을 말하는 것인가?

어떤 장소나 장면에서 느껴지는 기분이나 느낌을 우리는 '분위기'라고 한다.

그렇다면 '분위기'에는 어떤 단어들이 있을까? 우리가 잘 아는 **moods**도 있고 **air**도 '분위기'이다. **Ambience**나 **atmosphere**도 '분위기'의 뜻이 있다. 원래는 '지구의 대기, 공기, 기운이 도는 장소'의 뜻이 있기 때문이다. 그래서 **He jokes loosened up that tense atmosphere of the place quite a bit** 하게 되면 '그의 농담으로 분위기가 훨씬 부드러워졌다'가 된다.

Mood를 쓴다면 **Please somebody liven up the mood**인데 이 뜻은 '누가 분위기 좀 띄워 보세요'이다.

또한 **ambience**를 써서 **I like the ambience of that coffee shop**이라고 하면 '그 찻집 (커피숍)은 분위기가 참 좋다'이다.

Consider your surrounding first는 '먼저 분위기부터 파악하다'의 뜻으로 천지분간 못하는 사람에게 쓰는 말이다.

유사 표현 문장

○ The environment is very heavy here.   여기 분위기가 살벌하네요.
○ This restaurant has an air of luxury.   이 식당은 고급스러운 분위기가 난다.
○ He had a serious air around him.   그에게서 심각한 분위기를 느꼈다.
○ He is very romantic man.   그는 분위기 있는 남자다.

Conversation

A) Hey, shall we go nightclub tonight?
  야, 우리 오늘 저녁에 나이트클럽이나 갈까?

B) Look, consider your surrounding first, okay?
  이것 봐, 분위기 파악부터 해. 알았어?

A) Why? What's happening here?
  왜? 여기 무슨 일 있어?

133 If you say yes, stay yes okay?

대박영어

남아일언중천금입니다. 아셨죠?

'남아일언중천금'은 영어로 **The man's word is as good as a bond**라고 한다. 속담을 몇 개 외워두면 원어민과 대화할 때 꽤 유용한 윤활유 구실을 한다.

이 페이지에서 배울 표현은 **If you say yes, stay yes**이다. 같은 말을 쉽게 하려면 **change**라는 단어를 써서 **Don't change your mind**라고 말하면 된다. 하지만 외화를 보다 보면 원어민들은 **If you say yes, stay yes**라고 한다. '한번 **yes**라고 했으면 끝까지 **yes**라고 하라'라는 뜻이다. 중간에 **no**라고 하지 말라는 뜻이다. **If you say yes stay there**도 같은 의미다.

여기서 잠시 **change**에 대해 알아보자. **Change**는 '바꾸다'의 개념이고 **exchange**는 맞바꾸는 것을 말한다. 즉, 물건과 물건을 맞바꿀 때 쓰이는 것은 **exchange**이다. 그래서 '환전(돈을 바꾸는 것)'을 **money exchange**라고 하는 것이다.

자리를 바꿀 때도 **exchange seat**라고 해도 된다. 물론 **trade**(거래, 무역, 교역)를 써서 **Would you trade our seat?**라고 해도 '우리 자리 바꾸시겠습니까?'의 뜻이 된다.

유사 표현 문장

○ I'll never take back my word.   전 결코 말을 바꾸지 않을 겁니다.
○ I'll give you my word.   제가 보장하겠습니다.
○ I do not buy that for a second.   죽었다 깨어나도 난 안 믿는다.
○ He keeps changing his story all the times.   그는 자주 말을 바꾼다.

Conversation

A) Are you sure you will come here tomorrow?
정말 내일 여기 오시는 거죠?

B) Okay, I am promised.
네, 알았어요, 약속할게요.

A) If you say yes, stay yes, okay?
말 바꾸시면 안돼요. 아셨죠?

134 I'm hunger for ~ ing (명사)!

Epic English

~하고 싶어 미치겠어요!

유명한 영어팝송 중에 **Unchained melody**라는 노래가 있다.

그 노래가사 중에 **I am huger for your touch**라는 구절을 기억하시는지. **Be + hunger for** '~는 ~하고 싶어 미치겠다' 혹은 '~에 목이 마르다'라는 뜻이다. 그러므로 '당신의 손길이 미치도록 그립습니다'라고 할 때에는 **I'm hunger for your touch**라고 하는 것이다.

Hunger for 다음에는 명사, 동명사 **ing**가 온다. **Crazy about** + 명사나 **ing** 도 '~에 미쳐 있다, ~하고 싶어 미치겠다'의 뜻이다. 그래서 **I am crazy about going to see a movie**라고 하면 '영화 보러 가고 싶어 미치겠다'이다. 가볍게 **be + crazy about** + 명사를 써도 좋다. 예) **I am crazy about American movies**. (전 미국영화를 아주 좋아합니다.)

참고로 '~라면 사족을 못 쓴다'에는 **enamored**가 있고 **weakness** 역시 '나약함, 힘이 없는'의 뜻이 있지만 '사족을 못 쓰는, 미치도록 좋은'의 뜻이 있다. 예) **He has a weakness for women**. (그는 여자라면 사족을 못 쓴다.)

유사 표현 문장

○ **He is a suckers for freebies.**   그 사람은 공짜라면 사족을 못 쓴다.
○ **Men is a suckers for pretty women.**   남자들은 예쁜 여자라면 사족을 못 쓴다.
○ **I am a partial to boxing.**   저는 권투라면 사족을 못 써요.
○ **I am hunger for doing that.**   전 그것이 하고 싶어서 미치겠어요.

Conversation

A) **I am hunger for going shopping.**
  쇼핑하고 싶어 죽겠어요.

B) **Yes, I am a suckers for shopping too.**
  네, 저도 쇼핑이라면 환장을 하죠.

A) **We have something in common, right?**
  우린 뭔가 통하는 게 있어요. 그죠?

135 You're not going to like this but…

대박영어

이 말 들으면 섭섭하겠지만요…

한국말의 '섭섭하다'와 영어의 '섭섭하다' 사이에 미묘한 뉘앙스는 차이가 있다. 먼저 사전을 찾아보면 '섭섭하다'의 표현으로 **sorry, disappointed** 그리고 **regrettable** 등이 나온다. 전부다 익숙한 단어들이다. 하지만 이것들이 우리가 찾고 있는 '섭섭하다'의 뜻과 100% 같을까?

먼저 **disappointed**가 들어간 문장을 보면 **Don't be disappointed about that**이 있다. '그 일에 대해 너무 섭섭하게 생각하지 마라'인데, 우리 식의 약 70~80%정도의 의미가 들어 맞는 섭섭함이다. 그 다음이 **sorry**이다. **I am sorry to have to part with you** (당신과 헤어지게 되어서 섭섭합니다)이다. 우리 식 의미로 생각하면 약 60~70%의 섭섭함이라 할 수 있을 것이다.

그 다음으로 **regrettable**이 있다. 원래 **regrettable**은 '유감스러운'의 뜻이 강하고 '후회스럽다'의 뜻도 함께 있다. 그래서 **It's regrettable that she marry a man**이 '그녀가 남자와 결혼한다니 심히 유감이네요'이다. 그러므로 결론은 어떤 표현이 오느냐에 따라서 '섭섭하다'의 강도, 크기, 세기가 달라지는 것을 볼 수 있다. 서두의 문장도 **You're not going to like this**인데 직역하자면 '이것을 좋아하지 않겠지만…' 이다. 결국 의역은 '섭섭하시겠지만'으로 쓰인다.

유사 표현 문장

- It might hurt to hear this, but it's true.   그가 들으면 섭섭하겠지만 그것은 사실이다.
- He may be disappointed to hear such a thing but it's true.   그가 들으면 실망스럽겠지만 그러나 엄연한 사실이다.
- I have mixed emotions(feelings) about having retired.   퇴직을 하니 시원섭섭합니다.

Conversation

A) You're not going to like this but……
이 소리 들으면 섭섭하시겠지만 그러나….

B) But what? What are you going to say?
그러나 뭐? 무슨 말을 하려는 거야?

A) I changed my feeling.
마음이 변했어요.

136

If you get the stuck, just make something.
하다가 막히면 요령껏 해 나가세요.

It's easy. Once you've get the knack!
이 말은 '요령만 알고 나면 쉽다'라는 뜻이다. 여기서 요령은 **knack**이다.

요령은 **trick, knack, know-how** 등이 있고, **savvy**의 뜻에도 '지식, 상식, 요령' 등의 뜻이 있다. 그래서 **That's political savvy**라고 하게 되면 그것은 '정치상식이다'라는 말이 되는 것이다.

'요령을 터득하다'에는 일반적으로 **get the knack**이나 **get the hang**을 쓴다. 그래서 **You will get the hang of it** 하게 되면, '스스로 요령을 터득하게 될 것이다'이다.

'요령 있게 말하다'의 숙어는 **speak to the point**나 **speak to the purpose**라고 하고 '요령이 있다'는 **be + to the point**이다. 반대로 '요령을 (몰랐다) 모르다'는 **be + outside the rope**를 쓰는데 '끈 밖에 있었다'의 의미로 '요령을 모른다'이다. 예) **He was outside the rope.** (그는 요령을 몰랐다.)

마지막으로 '요령이 필요하다'는 **know-how**를 써서 **I need know-how** 라고 한다.

유사 표현 문장

- **If you can't stand the heat, get out of the kitchen.**   절이 싫으면 중이 떠나야죠.
- **If you get the stuck, just ad-lip.**   하다가 막히면 적당히 이어 가세요.
- **He is a sensible sort of person.**   그는 합리적인 사람이다.
- **I'll show you a trick to get it done quickly!**   빨리 하는 요령을 하나 알려 드릴게요.

Conversation

A) Don't try to take short cut. Just study English hard.
요령 피우지 말고 열심히 영어공부 하세요.

B) No. If I get the stuck, just make something.
아니요. 하다가 막히면 적당히 하면 되는 거죠, 뭐.

A) What? Ridiculous!!
뭐라고요? 어처구니가 없네요.

137 That's pretty weak!
그건 순 억지입니다!

대박영어

우리나라 말에 '어거지'를 쓴다. 혹은 '억지 부린다'라는 말이 있다. 숙어형 **pretty weak**가 '억지'의 뜻이다. 물론 쉽게 **nonsense**라고도 한다. 예를 들어 **It's not making sense that I understand every your mistakes**는 '내가 너의 모든 실수를 이해해야 한다는 건 어불성설이다'의 뜻이다. 우리는 **nonsense**라는 말을 잘 쓴다. **Nonsense quiz**도 있지 않는가?

Nonsense에는 '터무니없는, 생각이 안 되는, 말도 안 되는, 그리고 허튼소리'의 뜻이 있다. 예) **What he says is all nonsense.** (그 사람이 하는 모든 말들은 실없는 소리다.)

'실없다'와 '실없는 사람으로 만들지 마라'는 다르다. 어느 영화대사에서 **Don't make me look like irresponsible**이란 말이 나온다. '날 실없는 인간으로 만들지 마라'이다. **He is irresponsible for the result**라고 한다면 '그는 그 결과에 대해 책임질 필요가 없다'이다.

유사 표현 문장

○ **He sometimes swore black and white.** 그 남자는 가끔 억지를 쓴다.
○ **She said she wrote that book, but that's pretty weak.** 그녀는 그녀가 그 책을 썼다고 했지만 그건 순 억지다.
○ **That's pretty weak that I must understand all her rudeness.** 내가 그녀의 무례함을 이해해야 된다는 건 순 억지입니다.
○ **As an acting, she squeezed out a tear.** 그녀는 연기로 억지 눈물을 흘렸다.

Conversation

A) **Please come back tomorrow morning again.**
내일 아침에 다시 오시겠습니까?

B) **What? That's pretty weak, you know?**
뭐라고요? 그건 순 억지죠!

A) **Sorry. That's all I can do.**
미안해요. 이게 내가 할 수 있는 전부입니다.

138

Proper nutrition is essential to maintain health.
적당한 영양섭취는 건강유지에 필수입니다.

Proper는 주로 명사 앞에 쓰이는 단어로써 형용사형으로 '적절한, 제대로 된, 참된, 올바른' 등의 뜻을 가진 단어이다.

그래서 Nothing is in it's proper place라고 하면 '그 어떤 것도 적절한 위치에 있지 않다'의 뜻이다. 누군가가 I want to do proper business라고 한다면, '제대로 된 사업을 하고 싶다'가 될 것이다.

그렇다면 여기서 잠시 음식에 관한 영어단어를 공부해 보자.

먼저 우리가 잘 알고 있는 단어 비타민은 영어로도 Vitamin이다. 하지만 발음은 '비타민'이라 하지 않고 '바이타민'이라고 하는 것이 다소 우리와 다르다. '칼슘' 역시 calcium인데 발음 또한 우리와 같은 칼슘이다. 그리고 '철분'은 iron이고, '단백질'은 protein이라고 한다. '지방질'은 lipid 혹은 fat, 그리고 쌀에 많다는 '탄수화물'은 carbohydrate라고 한다.

마지막으로 김치에 많다는 '유산균'은 영어로 lactobacillus라고 한다는 것도 알아두자.

유사 표현 문장

○ He is the proper person for the work. 그는 그 일에 적임자다.

○ Health comes first. 건강이 최고로 소중합니다.

○ Amino acid is essential for life. 아미노산은 생존에 필수적이다.

○ Korean cars maintain dominant position in south America. 남미에서는 한국 자동차가 압도적 우위를 유지하고 있다.

Conversation

A) How can I keep my health well?
건강을 어떻게 잘 유지할 수 있을까요?

B) Well, proper nutrition is essential to maintain health.
글쎄요. 적당한 영양섭취는 건강유지에 필수라고 할 수 있죠.

A) I see. Thanks for the tip.
그렇군요. 요점을 일러주셔서 감사합니다.

139 You name the time and place!
대박영어 시간과 장소는 당신이 결정하세요!

우리가 알고 있는 **name**은 '이름'이다.

하지만 **name**에는 동사형으로 '지어주다, 부르다, 칭하다' 등의 뜻도 함께 있음을 알아야 한다. 그래서 **I don't want to name names**라고 하면 '누군지 실명을 거론하고 싶지는 않다'이다. 또한 **You name the time and place** 역시 '시간과 장소를 당신이 정하시오'인데 여기서 **name**은 '말하다, 결정하다'의 뜻이다. 물건, 음식을 찾을때 '어떤 종류든지 말만 해봐'에 해당하는 표현은 **You name it**이다

그러므로 단어의 한 가지 뜻만 생각하고 영작을 하거나 해석을 하면 자칫 혼란을 빚을 수 있다. 그 단어가 동사형으로 어떻게 쓰이는지 또 명사형으로는 무슨 뜻인지 잘 알고 있어야 비로소 영어를 잘 할 수 있는 사람이라 부를 만하다. 또한 한 단어의 뜻에만 매달리다 보면 문장 전체를 이해할 수가 없다. 그래서 '숙어를 많이 알아야 한다'고들 하지 않던가? 참고로 **name-calling**은 '욕하기'이고, **name card**는 '이름표' 혹은 '명함', **named**는 '지명된, 저명의, 유명한'의 뜻이며, **nameless**는 '무명의, 이름이 없는', **namely**는 즉, '다시 말해서', **name plate**는 '문패, 명판', **name space**는 '명칭, 공간', 마지막으로 **name tag**은 '명찰, 이름표'이다.

유사 표현 문장

○ Please don't forget the time and place.   시간과 장소를 잊지 마세요.
○ It's not my place to say that!   내가 말할 입장이 아닙니다.
○ We must make an appointment a day and a place.   우리는 날짜와 장소를 정해야 합니다.
○ Please you name the day and the place.   날짜와 장소는 당신이 정하세요.

Conversation

A) What time shall we make it?
우리 몇 시에 만날까요?

B) You name the time and place.
시간과 장소는 당신이 정하세요.

A) How about at 7 PM then?
그럼 오후 7시는 어때요?

140

Things don't always do your way!
세상사 다 내 뜻대로 돌아가는 게 아니죠!

'세상만사'는 영어로 **everything in the world**이다. **Everything** 대신에 **things**만 써도 문제가 없다. **Regretfully, things in life are not so simple**이란 말이 있다. 해석해보면 '애석하게도 세상만사가 그리 쉽고 간단하지만은 않다'라는 뜻이다. **That's always the case**는 '늘 그 모양이다, 세상 일이 다 그렇다'는 뜻이다. **That's always the case**는 '늘 그 모양이다, 세상 일이 다 그렇다'는 뜻이다.

영어 속담에 **There is no easy way**라는 말이 있다. 이 말은 '세상에 쉬운 것은 없다'이니 우리 식으로 해석하면 '세상에 쉬운 건 하나도 없다'이다. 그런데 간혹 외화를 보면 **no easy way** 대신에 **no free ride**나 **no free lunch**를 써서 '세상에 공짜란 없다'라고 응용해 쓰기도 한다.

힘들게 그리고 어렵게 한 문장을 외웠는데 어찌 한 문장에 만족하리오? 그 문장으로 여러 가지를 응용하면 여러 가지 표현을 할 수 있다.

You never know what life is going to throw at you! 이 말의 뜻은 '한 치 앞도 모르는 것이 세상사이다'라는 말이다.

유사 표현 문장

○ That's the way the ball bounces.   세상사란 다 그런 것이다.
○ That's the way of the world.   그게 세상의 이치입니다.
○ This thing is not to be despised.   그것을 얕보면 안 된다.
○ Please let me have my way okay?   내 맘대로 하게 내버려 두세요. 네?

Conversation

A) I tried to get a job but that's not easy.
   취직을 하려고 노력 중인데 참 쉽지가 않네요.

B) Yes, things don't always go our way.
   세상사 우리 뜻대로 되는 건 아니죠.

A) You got it.
   맞아요.

141

If you despised about that, no good!
그것을 얕보면 좋지 않습니다!

대박영어

Despise는 '경멸하다, 멸시하다' 뜻이 있고 '얕보다'의 뜻도 있다. 그래서 **She despised me many times** 라고 하면 '그녀는 나를 여러 번 얕봤다', 혹은 '경멸했다'이다. 이 문장에서 **me**를 **test**로 바꾸면 '그녀는 그 시험을 얕보았다'가 된다. **I despised about the test**이다.

'얕보다'에는 **look down**도 있고 **think easy**도 있다. 그래서 영화에서 **Don't look down on me!** (나를 깔보지 마시오!)나 **Don't think me easy** (나를 너무 쉽게 보지 마세요)같은 표현이 자주 나온다.

Make light of 역시 '깔보다, 얕보다'의 뜻이 있고 **take somebody lightly** 역시 '얕보다, 쉽게 보다' 혹은 '가볍게 보다'의 뜻이 있다.

그래서 **Don't take a cold lightly, go see a doctor**라고 하면 '감기라고 가볍게 보지 말고 병원에 가보세요'이다.

'나를 얕보지 마라'고 할 때에도 **Don't take me lightly** 라고 하면 되고 똑같은 뜻으로 **Don't look down on me!** 라고도 한다.

유사 표현 문장

○ **She is not someone that you can take lightly.** 그녀는 얕볼 수 있는 상대가 아니다.
○ **We must not take his power lightly.** 우리는 그의 힘을 과소평가하면 안 된다.
○ **You don't have to take his connection lightly.** 당신은 그의 인맥을 과소평가하면 안 된다.
○ **These things are not to be despised.** 이것들을 얕보아서는 안 된다.

Conversation

A) **I took his ability lightly.**
그의 능력을 과소평가했습니다.

B) **Oh my god! It's not good to despise about that.**
저런! 그걸 쉽게 보면 좋지 않아요.

A) **Yes, that was my mistake.**
네, 그게 내 실수였어요.

142

What's the use of ~ ing?
~하면 무슨 소용이 있습니까?

'~하면 무슨 소용이 있습니까?'는 **What's the use of ~ ing**를 쓴다.

Use of는 '~의 필요, 혹은 소용'이다. **Have the use of** '~하면 ~하는 습관이 있다'이다. 또한 숙어형으로 **make free use of** '~은 ~을 마음대로 쓰다'이다.

Feel free to 다음에 동사가 오면 '마음 편하게 ~하세요'가 된다.

예) **Please feel free to tell me anytime if you have any problem.** (무슨 문제가 생기면 언제든지 제게 이야기 하세요.) **Let's feel free to talk to you.** (당신과 허심탄회하게 대화하고 싶습니다.)

또한 **make full use of**은 '충분히 ~을 활용하다'이고 **make good use of** ~는 '유효적절하게 ~을 사용하다'이다.

예) **You must make good use of that English expressions if you want to speak English well.** (영어를 잘 하고 싶으면 영어표현(문장)들을 적절하게 잘 활용해야 합니다.)

마지막으로 **make best use of** ~는 '~을 최대한 활용하다'이다.

유사 표현 문장

○ **We must make best use of our connection.** 우선 최대한 인맥을 활용해야 된다.
○ **What's the use of studying English?** 영어공부하면 무슨 소용 있냐?
○ **Why don't you try to make full use of that?** 그것을 충분히 사용해보는 게 어때요?
○ **That's a white elephant.** 그것은 무용지물입니다.

Conversation

A) **Please listen to me, okay?**
내 말을 들으세요. 아셨죠?

B) **What's the use of meeting them again?**
그들을 다시 만나면 무슨 소용 있습니까?

A) **Hey, you must trying to make best use of it.**
그것을 최대한 이용하도록 해 보세요.

143 It is a bold and innovative plan.

대박영어

그것은 정말 대담하고 획기적인 계획입니다.

Innovation은 영어로 '혁신, 쇄신'의 뜻을 가진 명사형이다. 그래서 모 회사에서 슬로건으로 내건 표어가 **technological innovation**이다. 이 뜻은 '기술혁신'이다. **Value innovation**은 '가치혁신'이다. IMF (International Monetary Fund) 즉, 국제금융기구는 신용이 좋지 않은 국가에게 **financial innovation(금융혁신)**을 외치곤 한다.

요즘 시대는 기술혁신만이 살 길이다. 나라마다 기술력을 확보하기 위해 생사를 건다. 기술력 없이는 나라는 경제성장이 불가능하기 때문이다. 그래서 유명한 미국의 경영자가 이런 말을 했다. **We're living in an age of technological innovation!** (우리는 현재 기술혁신 시대에 살고 있습니다.) 여담으로 '삶의 경쟁이 치열하다'라고 할 때에는 **It's dog eat dog world**라고 하는데 이 말은 '개가 개를 문다'의 의미로 '치열한 경쟁(competition)'을 의미할 때 표현하는 문장이다.

참고로 innovation의 형용사형은 **innovative(혁신적인)**이다. 동사형은 **innovate(혁신, 쇄신하다)**이다.

유사 표현 문장

- This is an innovative project but.   이것은 획기적인 프로젝트이긴 하지만.
- We must develop innovative technology.   우린 혁신적인 기술을 개발해야 합니다.
- That company is not talking about new technology innovation.   그 회사는 기술혁신에 대해 함구하고 있다.
- That in itself is a great innovation.   그것은 그것 자체만으로도 훌륭한 혁신이었다.

Conversation

A) I heard you have new project.
듣기로 새로운 프로젝트를 가지고 있다고 들었어요.

B) Yes, it is a bold and innovative plan.
네, 그것은 정말 대담하고 획기적인 계획입니다.

A) Oh really? It's amazing!
정말요? 그것 참 대단한데요.

144 Epic English

That's too difficult for me.
그건 저에게 무리입니다.

'~하는 것은 무리입니다'라고 할 때 우리는 영어로 **too difficult for ~**를 쓰거나 **too much ask ~**를 자주 쓴다.

그래서 **That's too much ask for me to handle**이라고 하면 '그 일은 나에게 무리입니다'이다. 이번에는 **too difficult**를 써서 **That's too difficult for me**라고 하면 '그것은 나에게는 무리입니다'가 된다.

숙어형으로 **by force** 하면 '~을 무리하게 하다, 강요하다'의 뜻이 있긴 하지만 회화에서는 이것보다는 방금 예를 든 **too difficult**나 **too much ask**를 쓴다.

그렇다면 **That's over my head**는 무엇일까? 그것은 '내 머리 너머에 있다'는 의미로 '그것은 나에게는 무리이다'라고 할 때 쓰는 표현이다. 누군가가 무리한 부탁을 할 때 거절하는 표현으로 제격이다. 예) **This movie is over my head.** (이 영화는 어려워서 도대체 모르겠네.)

하지만 **still hanging over my head**는 약간 의미가 다르니 주의해야 한다.
예) **The problem is still hanging over my head.** (그 고민이 내 뇌리 속에서 떠나질 않는다.)

유사 표현 문장

○ **That class is over my head.**   그 수업은 내가 이해하긴 너무 어렵다.
○ **This math problem is over my head.**   이 수학문제는 너무 어렵다.
○ **This problem is too difficult for us.**   이 문제는 우리에겐 너무 어렵다.
○ **Come on, that's asking too much, you know?**   그건 무리한 요구입니다. 알아요?

Conversation

A) **I need two thousand for school, can you help me?**
학교에 낼 2천 달러가 필요한데 좀 도와주실 수 있나요?

B) **I am so sorry, that's too difficult for me.**
정말 죄송해요. 그건 제게는 무리입니다.

A) **Okay, Don't worry. I will be able to find other solution.**
너무 염려 마세요. 다른 해결책을 찾을 수 있을 겁니다.

쉬면서 알고 가는 재미있는 영어표현

161. 잔머리 돌리지 마.
Don't try to take the easy way out.

162. 친구지간에 그런 게 어딨니?
What is that between friends?

163. 어휴! 넌 아무도 못 말린다니까.
Ah, nobody can stop you.

164. 입에 침이나 바르고 거짓말해라.
Lick your lips before you lie.

165. 그 사람 참 분위기 있더라.
He has a lot of charisma./She has class. (무관사)

166. 그 사람은 화를 자초했군.
He asked for it!

167. 외유내강.
A steel hand in a velvet glove.

168. 무게 잡지 마.
Don't try to act tough!

169. 수고하세요!
Have a nice day!

170. 내 모든 걸 걸었어.
I put everything into it.

속담표현

- 물에 빠지면 지푸라기라도 잡는다 – A drowning man will clutch at straw.
- 미꾸라지 한 마리가 온 웅덩이를 흐린다 – One rotten apple spoils the barrel.

일상생활에 자주 사용되는 재미있는 영어 표현들입니다.

171. 골라먹는 재미가 있다.

It's fun picking out my favorite.

172. 너에겐 내가 있잖아.

But you've got me.

173. 원샷!

Bottoms up!

174. 강심장이군.

His heart is made of steel. (우리말이랑 비슷하네)

175. 오늘은 내가 쏜다.

Today, it's on me!

176. 왜 너 찔리니?

Why? You feel guilty?

177. 여기서 지척에 살아.

I live a stone's throw away from here.

178. 난 원래 피자를 좋아해.

Pizza is in my blood.(Poker is in my blood. 난 원래 포커를 좋아해.)

179. 그녀에게 뿅갔어.

I got a crush on her!

180. 왜 나한테 화풀이야?

Why are you taking it out on me?

속담표현

- 밑져야 본전이다 – You have nothing to lose.
- 반이라도 없는 것보단 낫다 – Half is better than nothing.
- 백문이 불여일견이다 – One picture is worth a thousand words.

145 I've still got it!
나 아직 안 죽었어요!

이거 왜 이래요! 나 아직 안 죽었다구요!
He is over the hill. '그는 언덕을 넘어 갔다'라는 말로 이것이 바로 '한물갔다'라는 뜻이다. 그리고 **He is a back number**라는 표현 역시 '그는 한물갔다'라고 할 때 쓴다. **A back number**에 '(잡지의) 지난 호, 시대에 뒤떨어진'의 뜻이 있기 때문이다.

Behind the time은 '구시대적인'의 뜻으로 **He is behind the time**이라고 하면 역시 '그는 구시대적인 사람이다'라는 뜻이 된다. 비슷한 뜻을 가진 표현으로 **out of dated**가 있다.

물건에 비유하여 '이 모델은 한물간 모델이다 (디자인)'라고 한다면 **This model (design) is behind the time**이라고 하면 된다. 반대로 최신식의 모델은 **up to date model (design)**이다. 예) **Her hair style is up to date**. (그녀의 머리스타일은 최신식이다.) 서두의 **I've still got it**은 아직도 그것을 가지고 있다는 말로 우리 식의 '나 아직 안 죽었어, 이거 왜 이래!' 쯤 된다 할 수 있다.

유사 표현 문장

- **I've got to hand it to you.** 당신 실력은 알아줘야 해요.
- **I know you have what it takes.** 당신 능력 있는 거 내가 알아요.
- **I am getting on a bit but I still get the same buzz.** 비록 나이는 조금 먹었지만 여전히 난 건재하다.
- **Don't be that way. I've still got it.** 그런 식으로 말하지 마세요. 아직 나 안 죽었어요.

Conversation

A) **Someone said you are too old to do this.**
누군가 말하기를 당신이 이 일을 하기엔 너무 나이가 들었다는군요.

B) **What are you talking about? I've still got it, okay?**
무슨 소리 하는 겁니까? 나 아직 안 죽었어요.

A) **I know but….**
알아요. 그렇지만….

You always choose that type of word!
넌 꼭 그런 말만 골라 하더라!

How come은 why와 흡사하다.

그래서 How come? 하게 되면 '어째서?' 혹은 '왜? 어찌하여 왜?' 등의 뜻으로 쓰인다. 간혹 What for? '역시, 왜? 무엇 때문에?'의 뜻으로 쓰인다. 그렇지만 why 보다 무언가를 더 강조하고자 할 때 how come을 쓰곤 한다. 예) How come you're always fighting? (왜 만나기만 하면 싸우니?)

그러므로 How come you always choose that type of word? 라고 하면 '왜 넌 매사에 그런 말만 골라 하니?'가 되는 것이다. 여기서 공부하고 가야 할 숙어는 that type of ~ 명사이다. '저런 타입의 ~ 혹은 그런 타입의 ~'의 뜻이다.

예문을 보자.

I don't like that type of man. (저런 타입의 남자는 싫다.) She is not my type. (그녀는 내 스타일이 아냐, 내 타입이 아니다.) That type of girl is not my cup of tea. (저런 타입의 여자는 내 타입이 아니다.)

그러므로 that type of word는 '그런 스타일의 언어, 말'의 뜻이 된다.

유사 표현 문장

○ How come you always choose that type of word? 넌 왜 항상 그런 말만 골라하니?
○ I can't forgive that type of behavior. 난 저런 종류의 행위는 용서할 수가 없다.
○ Why she always talks like that? 왜 그녀는 그런 식으로 항상 말을 하지?
○ I don't like the way you talk, okay? 난 네가 말하는 스타일이 정말 싫어.

Conversation

A) I am really sick and tired of her.
그 여자는 정말 신물이 나요.

B) Oh come on, why do you always choose that type of words?
오 저런, 왜 당신은 항상 그런 말만 골라하는 겁니까?

A) Because, I want to be more honest.
왜냐하면, 난 좀 솔직해지고 싶어요.

147

대박영어

See one and you've seen them all.
하나를 보면 열을 알 수가 있죠.

영화의 단골표현 중에 It 's an open and shut case라는 표현이 있다. 문이 열리고 닫히는 경우라는 뜻으로 우리 식으로 해석하면 '그것은 불 보듯 뻔한 것이다'라는 뜻을 가진 문장이다.

이처럼 외국어를 공부할 때는 같은 의미지만 비유의 대상이 우리말과 다른 경우를 자주 만난다. 단어 공부보단 경험, 경험보다는 그 나라의 문화를 이해하는 것이 영어를 빨리 터득할 수 있는 보다 효율적인 방법이라고 주장하는 이유다.

다시 본론으로 돌아와서 It's a piece of cake는 '누워서 떡 먹기이다'인데 뒤에 to를 붙여서 It's a piece of cake to know it 하게 되면 '그것을 안다는 것은 누워서 떡 먹기이다'이고 I know it backward and forward 역시 '앞도 알고 뒤도 안다'는 뜻으로 무언가를 훤히 안다고 할 때 쓴다. A word to the wise is enough는 '현명한 사람에겐 단어 하나로 충분하다' 즉 '현명한 사람은 하나를 보면 열을 안다'이다.

유사 표현 문장

○ I knew it by my sixth sense. 육감으로 알았어요.
○ I get a hunch that she will come here. 그녀가 올 것이라고 예감했어요.
○ Please make it sure. I like inch by inch. 확실하게 하세요. 전 정확한 걸 좋아해요.
○ I know every inch of this city. 전 이 도시 구석구석 다 알아요.

Conversation

A) **How did you know she is a gold digger?**
그녀가 꽃뱀이라는 걸 어떻게 알았어요?

B) **See one and you've seen them all.**
하나를 보면 열을 알죠.

A) **I believe that you're something.**
대단한 사람이네요.

148 Epic English

Upside down, down side up, it's all the same.
엎어치나 메치나 매한가지다.

한국 속담에 '모로 가도 서울만 가면 된다'라는 말이 있다. 위의 표현이 바로 그것이다.

먼저 **upside down**이라는 숙어를 살펴보자. Upside down은 '뒤집혀 있는' 혹은 '위아래가 뒤집혀 있는'의 뜻이다. 다시 말해서 '위아래가 뒤바뀌어 있는'의 뜻은 **upside down**이고 '안팎이 바뀌어 있는'은 **inside out**이다.

그렇다면 **downside up**은 무엇일까? Downside up은 '역전하여, 거꾸로 뒤집어져 있는'의 뜻으로 **upside down**과는 다소 차이가 있다. 그래서 **The coin was downside up**이라고 하면 '동전이 거꾸로 뒤집어졌다'가 되는 것이다. 둘이 합쳐져서 **Upside down, downside up, it's all the same**은 '뒤집어지나 엎어지나 매한가지다'라는 말로 우리 식의 '엎어치나 메치나 한가지다'의 뜻이 되는 것이다.

유사 표현 문장

○ **Whatever you do, it's all one to me.** 당신이 어떻게 해도 저에게는 매한가지입니다.

○ **However I try to study English, that's all about and about.** 어떻게 영어공부를 하려고 해도 매한가지입니다.

○ **They are everything same, nothing different.** 그것은 모두가 같습니다. 다른 건 없어요.

○ **The end justifies the mean.** 결과가 수단을 정당화한다 (모로 가도 서울만 가면 된다.)

Conversation

A) **I think you're doing backward about that.**
제 생각에는 당신은 그 일을 거꾸로 하는 거 같아요.

B) **Hey, wait, upside down, downside up, it's all the same.**
기다리세요. 이러나 저러나 매한가지인 걸 뭐요?

A) **What? Ridiculous!**
뭐라구요? 어처구니가 없네요.

149

대박영어

We must turn this corner.
우리는 이 고비를 넘겨야 합니다.

Corner를 활용하는 영어표현이 참 많다.

그 대표적인 예가 We must cut corners이다. 이 말은 '코너를 잘라버려야 한다'이니 결국 '경비를 절감해야 한다'라는 뜻이다.

우리는 '경비절감'에 economy라는 단어를 쓰지만 미국인들은 cut corners라고 한다. 그리고 두 번째가 바로 My birthday is coming around the corner이다. 이 말뜻은 '내 생일이 막 코너를 돌고 있다'이니 '거의 다 왔다'의 뜻이다. 우리 식의 '낼모레쯤'의 뜻이다.

예를 들어 '내 나이 40이 낼모레이다'라고 한다면 40 years is coming around the corner이고 '월급날이 낼모레이다'라고 한다면 My payday is around the corner라고 한다. 여기서 낼모레의 개념은 꼭 낼모레가 아니다. '곧' 혹은 '조만간'의 뜻인 것이다.

위의 표현인 We must turn this corner도 '코너를 돌아야 한다'라는 의미로 '이 고비를 넘겨야 한다'이다.

유사 표현 문장

○ We must turn this corner no matter what.　무슨 일이 있더라도 이 고비를 넘겨야 한다.
○ My due day is coming around the corner.　마감날이 다가오고 있다.
○ I want to cut corners first.　우선 경비를 절감해야 합니다.
○ You'll be fine if you turn this corner.　이 고비만 넘기면 잘 될 것입니다.

Conversation

A) How's your business in these days?
　요즘 사업이 어떠세요?

B) Well, very hard time, so I must turn this corner.
　아주 힘든 날을 보내고 있습니다. 그래서 이 고비를 넘겨야 합니다.

A) I am sorry to hear that.
　그것 참 유감스럽군요.

150

Epic English

We must move with the time!
우리는 현실을 직시해야 합니다.

Time은 우리가 '시간'으로만 알고 해석하는 경우가 많다. 하지만 '때(time)'와 '장소(a place)'라고 할 때도 time을 쓰며 '시기'도 time이고 '시대' 역시 time이다. 그래서 '세상이 변했습니다'라고 할 때에도 Times have changed라고 한다. 여기서 time은 '시간'이 아니라 '세상'이 되는 것이다. Move with the time은 '세상과 함께 움직이다'의 뜻으로 '순리를 따르다'로 번역할 수 있겠다. 의역하자면 '현실을 직시하다'가 되는 것이다.

우리가 잘 알고 있는 타이밍(timing) 역시 시기 선택, 특정한 일의 뜻으로 '시기'나 시간을 의미하는 것이며 '박자, 리듬, 감각'의 뜻도 함께 있다.

참고로 at a bad time은 '시기가 좋지 않은 상황'이란 뜻이고 at that time은 '그때, 그 시기에'의 뜻이다. 또한 One at a time please '차례차례 한 번씩' 혹은 '한 명씩 하세요!'의 뜻이고 You name the time and place는 '장소와 시간은 당신이 정하세요'이다. 마지막으로 Time is gone fast는 '세월은 유수 같다'이다.

유사 표현 문장

○ Many predators hunt in the night time.   많은 포식동물들이 밤에 사냥을 한다.
○ It rained hard about this time last year too.   작년 이맘때도 많은 비가 왔었어요.
○ Why you always ask me at a bad time?   왜 당신은 항상 내가 어려울 때 부탁하죠?
○ You have to see the reality.   현실을 직시해야 한다.

Conversation

A) **We can't deny reality.**
우리는 현실을 부정할 수 없습니다.

B) **That's right, so we must move with the time.**
맞습니다. 그래서 우리는 현실을 직시해야 합니다.

A) **Don't let us down.**
낙담하지 맙시다.

151 There is no need to thank me!
대박영어 나한테 고마워 할 필요는 없어요!

'~할 필요가 없다'는 **have to**를 쓰기도 하고 **need to**를 쓰기도 한다.

하지만 **have to**는 **must** 대신에 자주 쓰이고 또한 **have to** 보다 **need to**가 다소 더 강한 표현이다. 그래서 **The need to pay tax**라고 하면 '납세의 의무'가 된다. 어딘가에 취직을 하여 일을 하게 되었을 때, 원어민들은 사무실이나 공장벽에 어떤 문구를 써서 붙여 놓는다.

그것이 바로 **Need to know**이다. 즉 '꼭 알아두어야 할 사항'을 말하는 것이다. 사업을 함에 있어서도 사교적인 것은 필수이다. 그때 원어민들은 **Need to be sociable for business**이라고 한다. 이 말 그대로 '사업은 사교적인 것을 필수로 한다'이다.

아무튼 **there is no need to** + 동사원형은 '~할 필요가 없다'인데 '영어공부에 미칠 필요까지는 없다'라고 한다면 그들은 **There is no need to be crazy about studying English**라고 한다. 그러므로 **no need to say sorry**는 '미안해할 필요가 없다'이고, 반대로 **thank**가 들어가면 '고마워할 필요가 없습니다'이다.

유사 표현 문장

○ There is no need to be in a flap.   당황해할 필요는 없다.
○ There is no need to worry about that.   그것에 대해선 염려할 필요가 없다.
○ There is no need to talk to me first about that.   그것에 대해서 먼저 나에게 말할 필요는 없다.
○ There is no need to try to know about her.   그 여자 문제에 대해서 알려고 할 필요가 없다.

Conversation

A) **Thanks for the word of encouragement.**
격려의 말씀을 해 주셔서 감사합니다.

B) **There is no need to thank me.**
저한테 감사할 필요는 없어요.

A) **But your encouragement will change me.**
그러나 당신의 격려가 나를 변하게 해줄 것입니다.

152 Epic English

They pleaded with not to go!
그들은 나에게 가지 말라고 애원했다!

'**애원하다!**'가 영어로 뭘까?

그냥 **ask**라고 쓰거나 **favor**를 떠올리는 것이 일반적이다. 하지만 '애원하다' 혹은 '간청하다'의 뜻을 가진 단어는 의외로 많다. 함께 알아보자. 먼저 **plea**가 '애걸하다, 애원하다'의 뜻이다. 그리고 **entreaty**, **beg**, **plead with**, **entreat**, **implore** 등이 다 '애원하다' 혹은 '애걸하다'의 뜻을 가진 단어들이다. 이처럼 '애원하다'의 뜻을 가진 단어가 많은데 우린 쉽게 생각하고 각각의 단어에 깃든 섬세한 차이를 고려하지 않는다. 그러니 영어가 자연스러울 수가 없는 것이다. 문장을 잠시 살펴보자.

I begged her to give me a second chance. (난 그녀에게 한번 만 더 기회를 달라고 애원했다.)
She pleaded with me not to go back. (그녀는 나에게 돌아가지 말라고 애원했다.)
He entreated me not to meet her. (그는 나에게 그녀를 만나지 말라고 애원했다.)

참고로 **appeal to help**는 '구조해 달라고 애원하다'이고 **a look of appeal**은 '애원하는 눈빛'을 말한다.

유사 표현 문장

○ **I was pleading but she is gone.** 나는 애원했지만 그녀는 떠났다.
○ **I pleaded with him not to do that.** 난 그에게 그렇게 하지 말라고 애원했다.
○ **The wife pleaded with husband not to play gamble.** 아내는 남편에게 노름하지 말라고 애원했다.
○ **She pleaded with me to come back to her.** 그녀는 내가 그녀에게 돌아와 달라고 애원했다.

Conversation

A) **I pleaded with her to stay with me but she left.**
그녀에게 저랑 같이 있어달라고 애원했지만 그녀는 떠났어요.

B) **Oh my god! I am sorry to hear that!**
저런 세상에! 그것참 유감이네요!

A) **She is a cold-blooded bitch!**
그녀는 냉혈동물이에요.

153

I'll take the fifth.
묵비권을 행사하겠습니다.

뜻하지 않게 체포되었거나 어려움에 처해 있을 때, 영화에 보면 **I'll take the fifth**라는 말을 한다. 미국 헌법 제**5**조가 바로 묵비권에 관한 것이기에 그들은 이렇게 말하는 것이다.

체포 순간에 경찰이나 형사가 다음과 같은 말을 한다. **You have the right to remain silent and the right to consult a lawyer!** 이 말은 무슨 말인가? 먼저 **right to**를 보자. **Right to**는 '권리, 권한'이다. 그러므로 '당신은 침묵을 지킬 권리가 있으며 변호사를 선임할 권리를 가지고 있다'라는 말인 것이다.

'난 여기에 있을 권리가 있다'라고 한다면 **I have a right to stay here**이다. 그래서 **I have the right to vote** 하면 '나는 투표할 권리가 있다'이니 결국 '난 투표권을 가지고 있다' 혹은 '행사할 권리가 있다'이다. 참고로 '합법적인 권리'는 **legal right to**이다.

여기서 한가지 덧붙이자면, 제5열(**fifth column**)은 군사용어로, '이적행위를 하는 사람들'이라는 뜻이다. **The fifth column**은 '스파이 부대'라는 뜻이다.

예문) **We didn't check whether he was fifth column.** (우리는 그가 스파이인지 확인하지 않았다.)

유사 표현 문장

○ **You have the right to five it.** 당신은 묵비권을 행사할 권리가 있습니다.
○ **I only pleaded the fifth at the police station.** 난 경찰서에서 묵비권을 행사했다.
○ **He pleaded that I was to blame.** 그는 나에게 책임이 있다고 주장했다.
○ **The judge asked the court to be silent.** 판사는 법정에 있는 사람들에게 조용히 하라고 했다.

Conversation

A) **You're under arrest.**
당신을 체포합니다.

B) **What? okay, I'll take the fifth.**
뭐라고요? 알겠어요. 전 묵비권을 행사하겠습니다.

A) **Good. You have the right to remain silent and the right to consult a lawyer.**
좋아요. 당신은 묵비권을 행사할 수 있고 변호사를 선임할 권리가 있습니다.

Don't pretend not to know, okay?
시치미 떼지 마세요, 아셨죠?

Pretend는 동사형으로 '~인 척하다' 또는 '~처럼 굴다, 가식적으로 행동하다'의 뜻이다. 그래서 **He always pretends he is a good man** 하게 되면 '그는 언제나 (착한) 좋은 사람인 척한다'가 되는 것이다.

우리가 흔히 말하는 '내숭'에 가깝다고 할 수 있다. 명사형으로는 '허세, 가식, 겉치레, 가면, 위장' 등 수 없이 많은 뜻이 있다.

물론 '~처럼 행동한다'라고 할 때에는 **act like ~**를 쓴다. 그래서 **He acts like he is very handsome**은 '그는 그가 잘생긴 것처럼 행동한다'이다.

Act like는 '~처럼 행동하다', **feel like**는 '~처럼 느끼다', **work like**는 '~처럼 일하다', **eat like**는 '~처럼 먹다'의 뜻이다. 이것들만 잘 활용해도 여러 가지 영어표현들을 할 수 있다.

문장을 하나 살펴보자. **He pretended to be a doctor for 5 years.** (그는 5년 동안이나 의사 행세를 했다.) **I don't like the man who pretends to be altruism.** (난 다른 사람을 위하는 척하는 사람은 싫다.) 이처럼 '~인 척하다'의 뜻을 가진 단어가 **pretend**이다. 잘 활용해 보자.

유사 표현 문장

○ **He pretends he can speak English well.** 그는 영어를 잘하는 척한다.
○ **She acts like she is very pretty.** 그녀는 예쁜 척 행동을 한다.
○ **They work like horse every day.** 그들은 정말 매일 열심히 일한다.
○ **She eats like a bird.** 그녀는 아주 소식가이다. (아주 조금 먹는다.)

Conversation

A) **I am very busy to work nowadays.**
전 요즘 일 때문에 아주 바빠요.

B) **Don't pretend you're busy, okay?**
바쁜 척하지 마세요, 알아요?

A) **I'm so tied up, it's ture.**
일에 꽉 묶여있다구요. 정말로요.

155 You strayed from the topic!
대박영어 이야기가 옆길로 빠졌잖아요!

Stray는 동사형으로 '제 위치를 벗어나다' 혹은 '길을 벗어나다', '관점이 없어지다' 등의 뜻이 있다. 그래서 **a stray sheep** 하게 되면 '길 잃은 양'이란 뜻이 되고, **stray from the track**은 '길에서 벗어난'의 뜻이 된다.

만약 누군가 대화 도중 이야기를 돌리려고 한다면 누구나가 **Don't try to change your subject**라고 할 것이다. 이는 '주제를 바꾸지 마시오'이다.

뿐만 아니라 **point**(요점) 없이 말을 빙빙 돌리면 미국인들은 **Don't beat the around the bush**, **please get to the point** (말 빙빙 돌리지 말고 요점만 말하세요)라고 한다. **Let's get to the point**는 '우리 본론으로 들어갑시다'이다.

반대로 맞장구를 칠 때, '네 말에도 일리가 있어요'는 **You got a point there**이고 **That's what I wanted to say**는 '내가 하고 싶었던 말이 그 말이야'이다.

유사 표현 문장

- **In a way, that is the point.** 어떤 면에서 보면 그게 요점이죠.
- **You're barking up the wrong tree.** 자다가 봉창 두드리는 소리 하시네요.
- **Sorry, I strayed from the topic, where was I?** 죄송합니다. 잠시 샛길로 빠졌네요. 제가 어디까지 했었죠?
- **Stop making nonsense!** 말도 안 되는 소리 그만하세요!

Conversation

A) You strayed from the topic again.
또 잘 가다가 옆길로 빠지는구만.

B) Really? Sorry, What was I talking about?
진짜요? 미안해요. 무슨 이야기 했었어요 제가?

A) You were talking about her new business.
그 여자의 신규 사업에 대해 이야기 중이었어요.

Why you always try to sponge off people?
왜 넌 항상 사람들에게 빈대 붙으려고 하니?

'빈대 붙는다'를 영어로 표현하겠다고 정말로 빈대를 찾으면 큰일난다. 영어는 다른 문화권의 언어다. 생각해보라. 누군가가 '종로에서 뺨 맞고 한강에서 눈 흘긴다'라는 표현을 영어로 한다면 '종로'와 '한강'을 찾을 것이 아니라, 그에 상응하는 영어 표현을 찾아야 하지 않겠는가? 영어에 **Don't go home and kick the dog**이라 한다. 말 그대로 '집에 가서 괜히 개나 차지 말라'는 뜻이다. 즉 우리 속담 '종로에서 뺨 맞고 한강에서 눈 흘긴다'에 해당하는 표현인 것이다. 다시 본론으로 돌아와서, '~에게 의지하다'라고 할 때 쓰이는 단어로는 우리가 알고 있는 **depend on**이나 **rely on**, **lean on**, **turn to** 등이 있다. '자기 힘을 전혀 활용하지 않고 버릇처럼 남에게 의지하는 사람'을 빗대어 이런 단어들을 쓴다.

Depend on religion은 '종교에 의지하다'의 뜻이고, **rely on one's parents**는 '부모에 의지하다'이다. 또한 **I must turn to my friend for the moment**라고 하게 되면 '당분간 친구에게 의지해야 한다'가 된다.

Sponge off 역시 숙어형으로 '염치없이 붙어살다', '~에게 우려내다'의 뜻이 있다.

유사 표현 문장

- **Don't sponge off the people anymore, okay?** 사람들에게 제발 빈대 좀 붙지 마세요. 알겠어요?
- **He is the only person who I can depend on.** 그는 내가 의지할 수 있는 유일한 사람입니다.
- **We need somebody to turn to when we're in trouble.** 우리는 위기에 처했을 때 의지할 사람이 필요하다.
- **I am going to sponge off my senior today.** 오늘은 선배나 뜯어 먹어야겠네.

Conversation

A) **I need someone who can help me.**
누군가 나를 도와줄 사람이 필요해.

B) **What? Why you always try to sponge off people?**
뭐라구? 왜 넌 항상 남을 뜯어먹을 생각만 하니?

A) **Why? Because I have no other choice at the moment.**
왜냐구? 지금 당장은 선택의 여지가 없으니까.

157 I don't have any feeling left for her!
그녀에게 아무런 미련도 없습니다!

미련과 후회의 차이점은 뭘까?

그리고 미련은 또 어떻게 영어로 표현할까? 우선 미련도 두 가지가 있다. '미련하다'라고 할 때 '미련과 아쉬움이 남는 미련'이 있다. '그는 참으로 미련한 놈이다'는 He is quite stupidity라고 한다. Stupidity는 '미련함, 어리석음'의 뜻이다. 그냥 stupid만 쓰면 '어리석은'이다. 그래서 stupid mistake는 '어리석은 실수'이다.

두 번째 미련은 아쉬움이 남을 때 쓴다. 한국 대중가요에도 '미련, 미련 때문에…' 라는 가사가 있지 않은가? 이때의 '미련'은 no regret을 많이 쓴다. 예) Now I can die without regret. (지금 죽어도 미련이 없다.) 그러나 regret은 '후회'의 뜻이 강하다. 그래서 위 문장의 보다 정확한 번역은 '지금 죽어도 후회가 없다'가 되어야 한다. '미련'은 영어로 any feeling left를 써야 한다. '아무 느낌도 남아있지 않다'이다. 이것이 미련이다. 만약 '이 나라에는 이제 아무 미련이 없다'라고 한다면 I don't have any feeling for this country라고 하면 될 것이다.

유사 표현 문장

○ I am quite disgusted at [with] his stupidity.   그 녀석의 미련함은 정말 정 떨어진다.
○ I don't have any regrets, really.   정말 아무 여한이 없다.
○ I don't have any grudge now.   나는 이제 아무 여한도 미련도 없다.
○ I don't have any feeling left for this school.   이 학교에 미련 따윈 없다.

Conversation

A) I think, she is going to break up with me.
   내 생각에는 그녀가 나랑 헤어지려고 하는 것 같아요.

B) Why? What happened?
   왜요? 무슨 일이 있었나요?

A) I don't know. I don't have any felling left for her either.
   저도 모르겠어요. 저 역시 그녀에 대한 미련은 없어요.

158 It's very comforting for me.

Epic English

그것은 나에게 큰 위안이 된다.

It's very comforting for me.

'그것은 나에게 큰 위안이 된다'라는 뜻이다. Be + very comforting은 '위안이 되다'이다. 그래서 '병 주고 약 준다'라고 할 때도 그들은 You're trying to pacify (comfort) me after what you did me?라고 하는데 여기서 pacify 는 '설득하다, 달래다'의 뜻이고 comfort는 '위로, 위안'이다. 그래서 '나한테 그렇게 해놓고 위안하려고 하니?' 즉, '병 주고 약 주냐?'가 되는 것이다.

Comfortable은 형용사형으로 '편안한, 쾌적한'의 뜻이지만 comfort는 명사형으로 '위안, 안락, 위로'의 의미다. 또한 위안거리도 된다. 그래서 She is a great comfort to her parents 라고 하면 '그녀는 양친에게 큰 위안거리다'가 되는 것이다. Solace 역시 명사형으로 '위로, 위안, 위안이 되는 것'의 뜻이 있어 take solace in이나 find solace in은 숙어형으로 '위안을 삼다, 위안거리를 찾다'가 된다.

예) The reason why people attend church is to find solace. (사람들이 교회를 다니는 이유는 위안을 찾기 위해서이다.)

유사 표현 문장

○ I thank god everyday for our material comfort. 난 매일 하느님께 물질적인 편안함에 감사드려요.
○ My children can be very comforting for me every day. 우리 아이들이 나에게 유일한 위안거리다.
○ Don't try to seek solace in other person. 다른 사람들에게 위안을 찾으려고 하지 마세요.
○ That can be very comforting for me. 그것이 나에게 유일한 위안거리다.

Conversation

A) It's the hard knock life for us.
우리가 견디기엔 너무 힘든 삶입니다.

B) Yes, I think so too. Because it's a dog eat dog world.
저도 그렇게 생각합니다. 왜냐하면 삶의 경쟁이 너무 치열하니까요.

A) You're right. I like music. It's very comforting for me.
맞습니다. 그래서 나에게는 음악이 큰 위안이 됩니다.

159 I don't like the way he talks.

대박영어

그 사람 말투는 정말 싫어요.

우리나라 말에는 '이런 식은 싫고 저런 식은 좋다'라는 표현이 있다.

'이런 식, 저런 식'을 영어로는 **the way**라고 하는데 **I don't like the way S + V**와 **I like the way S + V** 등의 두 구문을 익혀두자.

먼저 '난 그 사람 저런 식으로 행동하는 건 정말 싫다'라고 표현한다면 **I don't like the way he talks**이다. 반대로 '그녀가 행동하는 건 정말 멋지다'라고 한다면 **I really like the way she acts**가 될 것이다.

결국 **the way** 뒤에 어떤 문장이 오느냐에 따라 그 표현이 달라진다. 이런 문장을 보자. **I don't like the way you study like that!** 이것은 뭘까? 결국 '난 네가 하는 공부스타일이 맘에 들지 않는다'이다.

'누군가 영어를 형식적으로 가르치려 한다'면 **I don't like the way the teacher teaches us like that**이 될 것이다. 여기서 **the teacher**는 **she** 혹은 **he** 로 바꾸면 될 것이다.

유사 표현 문장

○ **I don't like the way you are playing computer like that.** 난 너처럼 컴퓨터를 사용하는 사람은 싫다.

○ **She doesn't like the way you talk.** 그녀는 당신처럼 말하는 사람을 싫어해요.

○ **I don't like the way you cook.** 난 너처럼 요리하는 건 싫어.

○ **I don't like the way people drive motorbike like that.** 난 사람들이 저런 식으로 오토바이를 운전하는 건 싫어요.

Conversation

A) **Why don't you meet him and talk to him face to face?**
그 사람과 직접 만나서 이야기 한번 해보지 그래?

B) **But, I don't like the way he acts.**
그러나 그 사람 태도는 정말 싫어요.

A) **Why? What's the matter with him?**
왜? 무슨 일인데 그래?

160 Epic English

Do as you wish if you want!
만약 원하는 게 있으면 원하는 대로 해라!

영어에는 'as 용법만 알아도 웬만한 표현은 가능하다'라는 말이 있다. 다소 외울 것이 많고 헷갈리지만 as의 활용법만 익혀 놓아도 영어표현에 한결 자신감이 생길 것이다.

먼저 as soon as possible을 보자. 이 표현은 '가능한 빨리'의 뜻이다. 그 대표적인 예가 바로 I want to speak English well as soon as possible이다. '가능한 빨리 영어를 잘하고 싶다'이다. 그리고 as often as possible은 '가능한 자주'이다.

예) I want to study English as ofren as possible. (가능한 자주 영어공부를 하고 싶어요.)

As soon as는 '~하자마자'이다. 그래서 Call me or message me as soon as you get home이 있다. 이 말뜻은 '집에 도착하자마자 전화나 메시지를 주세요'이다. 그 다음이 as long as '~하는 동안'이고, as good as는 '~나 마찬가지다'이다. As much as는 '~만큼'이고, as like는 '~처럼'이다.

마지막으로 As far as I can은 '내가 할 수 있는 한'이고 can 대신에 know를 쓰면 '내가 알고 있기로는…'의 뜻이다. 참고로 As a matter of fact는 '사실은요 ~'의 뜻으로 문장 앞에 자주 형식적으로 붙는 표현이다.

유사 표현 문장

- She was dressed as princess.   그녀는 공주같이 옷을 입고 있었다.
- My friend is as smart as a fox.   내 친구는 여우같이 약삭빠릅니다.
- Do as I told you or you'll be sorry.   내가 시키는 대로 하세요. 아니면 후회합니다.
- I believe you will not do as you say!   나는 당신이 말한대로 하지 않을 것이라 믿습니다.

Conversation

A) I am really looking forward to doing that but.
난 정말 그것을 하고 싶은데, 그런데,

B) Do as you wish if you want, OK?
원하는 게 있으면 하고 싶은 대로 하세요.

A) But that's not easy.
그런데 그게 쉽지가 않아요.

쉬면서 알고 가는 재미있는 영어표현

181. 말이 청산유수로군.
    He's a good talker.

182. 내숭 떨지 마.
    Don't play innocent!

183. 흔들리면 안돼.
    Don't waffle.

184. 남자는 여자하기 나름이야.
    The woman makes the man.

185. 쪽 팔리는 줄 좀 알아라!
    Shame on you!

186. 그래도 그만하길 다행이다.
    It could've been worse than that.

187. 그는 골칫덩어리야.
    He's a pain in the neck.

188. 모든 일엔 다 때가 있다.
    There is a time for everything.

189. 그걸 꼭 말로 해야 되니?
    Do I have to make it explicit?

190. 좀 책임감을 가져라.
    Live a responsible life.

속담표현

- 백지장도 맞들면 낫다 – Many hands makes light work.
- 뱁새가 황새 따라가면 가랑이가 찢어진다 – You can't keep up with the joneses.

일상생활에 자주 사용되는 재미있는 영어 표현들입니다.

191. 너 많이 컸다!
You've come a long way!

192. 기분 짱인데.
I feel like a million!

193. 난 타고난 체질이야.
I was born for this.

194. 아까워라!
What a waste!

195. 음매 기죽어!
That hurts! what a blow to the ego!

196. 맞장구 좀 쳐 주라.
Back me up here.

197. 괴롭히지 좀 마세요!
Hey, get out of may hair!

198. 잠깐만 시간 좀 내주실 수 있으세요?
Have you got a minute to spare?

199. 너 제정신이니?
Are you out of your mind?

200. 너 뭔가 믿는 구석이 있구나?
You've got somebody behind you, huh?

속담표현

- 벼는 익을수록 고개를 숙인다 – The boughs that bear most hang lowest.
- 부전자전 – Like father like son.
- 빙산의 일각 – It's the tip of the iceberg.
- 뿌린 대로 거둔다 – As one sows, so shall he reap.

161 There is an order for everything!

대박영어

모든 것에는 순서가 있는 법입니다!

Order는 명사형으로 '순서' 혹은 '~순'의 뜻이 있고 '주문, 질서'의 뜻도 있다. 또한 '명령'의 뜻도 있다. 동사형으로는 '발주하다, 주문하다, 명령에 따르다'의 뜻이 있다.

이처럼 order는 우리가 알고 있는 것과는 달리 생각보다 많은 뜻을 가지고 있는 단어이다. 우선 '명령에 따르다'는 obey an order라고 하고 take an order는 '주문을 받다'이다. 그리고 give somebody order는 '명령을 하다', permit in order는 '허가서'이다. 그래서 Is your work permit in order? 라고 하면 '당신의 취업허가서는 적법합니까?'이다. 하지만 오늘 우리가 알고 갈 order의 뜻은 '순서'이다. '모든 것에는 순서가 있다. 일을 거꾸로 추진하다가는 낭패를 당하기 쉽다. 일을 거꾸로 한다'를 영어로는 You're doing backward!라고 한다. 순서에는 order 말고도 sequence나 turn이 있다. 그래서 '이번에는 네 차례다' 혹은 '네 순서다'라고 할 때 It's your turn이라고 하지 않던가? 참고로 '회의순서'는 meeting procedure라고 하고 in good order는 숙어형으로 '질서 있게'의 뜻이다.

유사 표현 문장

- The names are listed in alphabetical order. 이름들은 알파벳순으로 나열되어 있다.
- Beat in the sugar and then the eggs, one at a time. 순서대로 설탕을 넣고, 그 다음에 계란을 넣어라.
- Mix all ingredients together in order listed. 목록에 적힌 순서대로 재료를 넣으시오.
- Whatever you say, there is an order for everything. 당신이 뭐라고 해도 모든 것에는 순서가 있는 법입니다.

Conversation

A) Please one at a time, okay?
순서대로 한 사람씩 하세요. 아셨죠?

B) But we have to do this first.
그러나 이것부터 먼저 해야 합니다.

A) Hey look! There is an order for everything, okay?
이것 봐요! 모든 것에는 순서가 있는 겁니다. 알아요?

162 I am not a man to tell a lie.

Epic English

전 거짓말하는 사람이 아닙니다.

Be + man to 동사원형은 '~하는 사람의' 뜻이다.

그래서 **I am not a man to tell a lie**가 전 '그런 거짓말을 하는 사람이 아닙니다'이다.

Man to 다음에 다른 동사를 써서 여러 가지 표현을 할 수 있다. 가령 예를 들어 **I am not a man to go that kind of bar**라고 한다면 '전 그런 술집이나 가는 사람이 아닙니다'이다.

그렇다면 **I am not that kind of a person**은 무슨 뜻일까? **Kind of**는 종류이다.

예) **What kind of music do you like?** (어떤 종류의 음악을 좋아하세요?)

그래서 **What kind of a person is he?**라고 하면 '그는 어떤 종류의 사람인가요?'가 되는 것이다. **Person**을 살짝 바꾸어서 **movie**를 넣어 표현해 보면 '어떤 종류의 영화인가요?' (**What kind of movie was it?**)가 된다. **It's kind of a diffrent shoes.** (이것은 다른 종류의 신발이다.) **I'm kind of surprised you don't have any money.** (너에게 돈이 전혀 없다니, 이건 일종의 놀라움인데.)

유사 표현 문장

- I am not a man to be daunted by failure. 난 한두 번의 실패로는 꿈쩍도 안 하는 사람이다.
- He is not a man to say such a thing! 그는 그런 말을 할 사람이 아니다!
- He is not a man to keep the promise. 그는 약속을 지킬 사람이 아니다.
- I am not a man to break the promise. 저는 약속을 어기는 사람이 아닙니다.

Conversation

A) Can you keep the promise this time?
이번에는 약속을 지킬 수 있나요?

B) Sure, I am not a man to tell a lie, okay?
그럼요. 전 거짓말하는 사람은 아닙니다. 믿어 주세요.

A) But I don't think this is the first time.
그러나 제 생각으로는 이게 처음 있는 일이 아니라서요..

163 I can't tell a lie in good conscience.

대박영어

내 양심상 거짓말은 못하겠습니다.

'양심'은 영어로 뭘까? 명사형으로는 **conscience**이고 형용사형으로는 **conscientious**(양심적인)이다. 그리고 같은 형용사형으로 **conscious**는 '지각 있는, 분별력 있는'이 있다.

'양심의 가책'은 the pang of conscience나 the strings of conscience를 쓴다. 또한 '양심에 걸려서 혹은 양심 때문에…'는 for conscience를 쓰는 것이 일반적이다. 예) **I can't do this (because) for conscience.** (양심 때문에 이 일을 못하겠어요.) **I made the job a matter of conscience**는 '양심적으로 그 일을 처리했다'가 된다. 숙어형으로 양심에 비추어는 **in**이나 **all** 뒤에 **conscience**를 쓴다.

이처럼 양심에도 어떤 전치사가 따라 오느냐에 따라 뜻이 달라진다. 한국 사람들이 제일 까다롭게 생각하는 것 중 하나가 바로 전치사이다. 하나만 생각하자. 링컨 대통령의 명언 중 하나인 **Of the people, by the people, for the people**이다. '국민의, 국민에 의한, 국민을 위한 (정치)'. 여기서 **of**나 **by** 그리고 **for**가 다 전치사이다.

유사 표현 문장

- He has not an ounce of conscience. 그는 양심이라고는 눈곱 만큼도 없다.
- I can't over look in my conscience. 양심적으로 그것은 용납할 수 없다.
- I couldn't see the man who is more conscience than him. 그 사람보다 양심적인 사람을 본 적이 없다.
- I want to go by the book. 전 정석대로 할 것입니다.

Conversation

A) **All you have to do is say yes, okay?**
당신은 그냥 "네"라고만하면 됩니다. 아셨죠?

B) **No, I can't tell a lie in good conscience.**
아뇨, 전 양심상 거짓말은 못하겠어요.

A) **How dare you talk to me like this?**
어떻게 감히 나한테 이렇게 말할 수 있지?

164

Don't try to feel me out, okay?
사람 떠보지 마세요. 아셨죠?

'사람을 시험해보다'에는 분명 **test**란 단어를 쓴다. 그래서 영화를 보면 **Let's put him to a test** '우리 그 사람 시험 한번 해보자'라는 표현이 자주 나온다. 하지만 '사람을 떠보다'는 **feel somebody out**을 쓴다. 그래서 **Why you feel me out?** '왜 사람 떠보고 그래?'라고 하는것이다. 물론 **try out**도 **feel me out**와 마찬가지로 **test**의 성격을 가진 숙어이다. 그래서 **The business man decided to try out his luck** 하게 되면 '그 사업가는 자신의 운세를 시험해 보기로 결심했다'가 되는 것이다. **Try out food on a new comer.** (새로 온 사람에게 음식을 맛보게 하세요.) **Try out**은 명사형으로 '공개 테스트'의 의미가 있다.

Power of judgment는 '판단력'이다. 그래서 **This problem is designed to test your power of judgment** 하게 되면 '이 문제는 너의 판단능력을 시험하기 위한 것이다'이다.

'담력을 시험하는 것'은 **put one's courage to the test**이다.

유사 표현 문장

○ **She got a habit of feeling people out.** 그녀는 사람을 떠보는 버릇이 있다.
○ **They hired and fired to test him.** 그들은 그를 시험해보기 위해 임시 고용했다.
○ **Don't test other people.** 사람을 시험하지 마세요.
○ **I have an English test tomorrow.** 내일 영어시험이 있어요.

Conversation

A) **Don't try to feel me out anymore, okay?**
사람 더 이상 시험하지 마세요. 알아요?

B) **What are you talking about?**
지금 무슨 소리하는 겁니까?

A) **Hey, your face tells it.**
네 얼굴에 다 씌어있어.

165 대박영어

Don't press me to do that.
나에게 그 일을 하라고 강요하지 마시오.

'말리다, 혹은 저지하다'는 **stop**이나 **keep** 그리고 **block**이나 **hold somebody back**을 쓴다. **Deter** 역시 동사형으로 '그만두게 하다, 저지시키다, 단념하게 하다'의 뜻이 있다. 그래서 **I told him that I wasn't interested him but he wasn't deterred** 라고 하면 '그에게 관심이 없다고 말했지만 그는 단념하지 않았다'이다. **Stop**은 우리가 잘 알다시피 '정지시키다, 그만두다'의 뜻인데 **stop a fight between** '~은 누구와 싸우는 것을 말리다' 혹은 '정지시키다'의 뜻이다. **Break up** 역시 같은 뜻을 가진 숙어이다.

Stop의 용도를 살펴보면 **The pain won't stop**(통증이 멎지 않는다)를 비롯하여 **The bleeding won't stop**(출혈이 멈추지 않는다), **no stopping**(정차금지), **stop and go**(가다 서다 하다) 등 여러 가지가 있다. **Press**는 **force**와 같은 '압박하다, 강요하다'의 뜻이다. **Don't press me to do that.** (나에게 그 일을 하라고 강요하지 마시오.) **Press**의 다른 뜻으로는 '언론'도 있다. **Where can I have my press card?** (제 취재카드를 어디서 받나요?)

유사 표현 문장

○ **There is nobody stopping you!** 당신은 아무도 못 말려요!
○ **Please stop nagging at me.** 제발 잔소리 좀 그만 하세요.
○ **I won't stop you any longer if you really want to go.** 정 가고 싶다면 더 이상 말리지는 않겠습니다.
○ **Nobody can force you to study English.** 누구도 당신에게 영어공부 하라고 강요할 수는 없습니다.

Conversation

A) **I will go to study abroad no matter what.**
난 무슨 일이 있어도 꼭 유학 갈 거야.

B) **I am not gonna press you to stop it if you really want it but…**
정 그러시다면 말리지 않겠어요. 그렇지만…

A) **But what? Don't press me to do that.**
그렇지만 뭐? 나한테 강요하지는 마.

166

I am gonna die before my time because S + V

전 제 명대로 못 죽을 거예요. 왜냐하면~

'수명이 길다'는 **have a long life**이다. 물론 **be + long lived**도 같은 뜻이다. 반대로 '수명이 짧다'라고 할 때에는 **have a short life**를 쓴다. 이 또한 **be + short lived**라고 해도 될 것이다. **Long live the king!**은 국왕이여 오래 사소서, 즉 '국왕만세'이고 **Long live my country!**는 '내 조국이여 영원하라!'이다.

'수명을 단축시키다'는 **shorten one's life**이고 '수명을 연장하다'는 **lengthen one's life**이다. 어느 학술기관에서 이런 말을 했다. **Usually a woman lives longer than a man.** 이 말뜻은 '일반적으로 여성이 남성에 비해 수명이 길다'이다. **Lifespan**도 '수명'의 뜻으로 **The natural lifespan of a dog is 10 to 12 years**라고 하면 '평균적으로 개의 수명은 10년에서 12년이다'의 뜻이다. 하지만 무생물에는 **life**를 쓰는 것 보다 **period(기간)**을 쓰는 게 일반적이다. 그래서 '이 차의 수명이 다된 것 같다'라고 한다면, **I think the care is about to die** 나 **I think the car is no longer of any use** 혹은 **The car seems to be just about done**을 쓴다.

유사 표현 문장

○ **I am gonna die before my time because of money.** 내가 돈 문제 때문에 내 명대로 못 죽을 겁니다.
○ **The average lifespan of the cabinet is two years.** 내각의 평균수명은 2년입니다.
○ **The average length of life in the man is 75.** 남자의 평균수명은 75세이다.
○ **We're living longer in average than before.** 평균수명이 예전보다 더 길어졌다.

Conversation

A) **I am gonna die before my time because of my girl friend.**
내 여자 친구 때문에 내 명대로 못 죽을 겁니다.

B) **What's the matter with her?**
무슨 일인데 그래요?

A) **Someone cheated on her big money again.**
어떤 사람이 또 내 여자 친구에게 사기를 쳤어요.

167 This is a must for travel.

대박영어

이것은 여행에 필수입니다.

'필수'의 뜻은 '절대적으로 필요한 것'이다.

형용사형인 **essential**은 '필수적인, 극히 중요한'의 뜻을 가진 단어이다.

그래서 **an essential part** 하게 되면 '필수적인 부분, 요소, 성분' 등을 나타낸다. **Essential to** 역시 숙어형으로 '~에 있어서 필수적인, ~에 꼭 필요한'의 뜻을 가진 단어이다. 그래서 **Water is essential to human life** 하게 되면 '인간에게 있어서 물은 필수적인 것이다'이다.

하지만 **must for** 역시 '~에 필수적인'의 뜻이 있다.

이와 비슷한 뜻을 가진 숙어형들로는 **at any cost** '어떤 대가를 치르더라도'를 비롯하여 **at all costs**, **by all means**, **by hook**, **by crook**, **no matter what** 등이 있다. 모두 '무슨 일이 있더라도'의 뜻을 가진 숙어형들이다. 물론 이 숙어들은 긍정일 때 자주 쓰이는 숙어들이라 생각하면 된다.

참고로 '반드시'는 **surely**, **must**, **needs** 혹은 **inevitably**가 있다.

유사 표현 문장

- I think English is a must for getting a job.   제 생각에 영어는 취직을 함에 있어 필수입니다.
- Laptop is a must for businessman.   노트북은 사업가에게는 필수입니다.
- Money is essential for the life.   돈은 우리 생활에 필수입니다.
- Rice is an integral part of Korean diet.   쌀은 한국식단에 필수적인 부분이다.

Conversation

A) What's the must for studying English?
영어공부에 있어 어떤 것이 필수인가요?

B) Well, I think the practice makes perfect.
글쎄요. 제 생각에는 연습으로 만이 완벽해진다고 생각해요.

A) You get a point there but it's not easy.
당신 말에도 일리가 있지만 그게 쉬운 건 아니죠.

168 Don't hide your feeling, okay?
감정 숨기지 않아도 돼요. 아셨죠?

'감정'은 영어로 **feeling** 그리고 **emotion**, 그리고 **sentiment**가 있다.

한국 사람들과 아시아 사람들은 문법 위주로 영어를 배웠다. 그래서 공통점이 있다. 문법이나 단어는 강하나 영어회화는 약하다.

문제는 단어를 끼워 맞추는 식으로 영어를 구사한다는 점이다. 문법적으로는 문제가 없으나, 각혹 외국인들이 알아 듣지 못하는 표현이 나오는 이유다.

'감정을 드러내다'는 **show one's feeling**을 쓴다. 그리고 '감정을 숨기지 못하다'는 **cannot hide one's feeling**을 쓴다. '감정을 억누르다'는 어떻게 쓸까? **Control**이라는 단어를 써서 **try to control one's feeling**을 쓴다. **You should learn how to control your feeling in public.** (너는 공공장소에서 감정을 조절하는 법을 배워야한다.) '자신의 감정에 충실하다'는 **be honest with one's feeling**이고, '감정이 메말랐다'는 **have + no emotions at all**이다.

유사 표현 문장

- **He hardly expresses his feeling.** 그는 감정표현을 거의 하지 않는다.
- **Her voice shock with emotion.** 감정에 북받쳐서 그녀의 목소리가 떨렸다.
- **She is an emotional woman.** 그녀는 감정이 풍부하다.
- **I am sorry. I didn't mean to hurt your feeling.** 죄송합니다. 감정을 상하게 할 의도는 아니었어요.

Conversation

A) **I can't live without her.**
그녀 없이는 살 수가 없어요.

B) **If you say so, you don't need to hide your feeling.**
그러시다면 당신 감정을 속일 필요는 없어요.

A) **What can I do from now on?**
지금부터 무얼 할 수 있을까요?

169 | I don't force you to + 동사원형.
대박영어
당신이 ~하는 것에 대해 강요하고 싶지 않습니다.

I don't want to 동사원형은 '나는 ~하는 것을 원하지 않습니다'이다. 예) **I don't want to meet her.** (나는 그녀를 만나고 싶지 않습니다.)

그러나 **I don't want** 목적격 **to** 동사원형 꼴은 '내가 당신이 ~하는 것을 원하지 않습니다'가 된다. 예) **I don't want you to study hard.** (당신이 열심히 공부하는 것을 원하지 않습니다.)

I don't force you to 동사원형도 이와 같다. '당신이 ~하는 것을 강요하고 싶지 않습니다'이다. **Force**에는 '힘, 기세, 세력, 완력, 기력' 등 여러 가지가 있다. 하지만 어떤 것은 '강요하는 힘, 강압, 폭력, 영향력' 등의 뜻도 있고, 동사형으로는 '~을 강요하다, 억지로 ~을 시키다, 어쩔 수 없이 ~하게 하다'의 뜻이 있다.

그래서 **Don't force me to do it** (그것을 내게 하도록 강요하지 마시오)라는 대사가 영화에 자주 나온다. 예) **We force him to sign the paper.** (우리는 그에게 강제로 서류에 서명토록 했다.)

유사 표현 문장

○ **I don't want force Mr. Woo to stop smoking.** 나는 우선생에게 금연을 하라고 강요하고 싶진 않습니다.

○ **I don't force him to help me.** 난 그에게 도와달라고 강요 안 해요.

○ **I don't want force her to love me.** 나는 그녀가 나를 사랑해 달라고 강요하고 싶지 않습니다.

Conversation

A) **I don't force anybody to listen to me.**
난 누구에게나 내 말을 들어달라고 강요하지 않습니다.

B) **But you're a teacher!**
그러나 당신은 선생님이잖아요!

※ **Don't push me**하면 '나에게 강요하지 마라'라는 뜻이고, **You demand too much**는 '너는 나에게 너무 많은 것을 요구한다'의 뜻이다. **We must not expect donation**은 '기부를 강요해서는 안 된다'이다.

170 Could / Would you tell me more about + 명사.
~에 대해 좀 더 이야기해 주세요.

More는 **many**나 **much**의 비교급이다.

그 뜻은 '더 많은, 더 큰, 보다 ~한'의 뜻을 가지고 있다. 그리고 more 뒤에 than이 붙으면 '~보다 나은'의 뜻이다. 그래서 수수께끼에 보면 **more than enough**라는 말이 있는데 이 뜻은 '남아돌아갈 만큼 ~한' 뜻이다.

또 다른 예를 보면, **He is more than I am in the state**이다. 이 뜻은 '그는 나보다 지위가 더 높다'이다.

그렇다면 단골표현인 **more or less**는 무슨 뜻일까? 이것은 '많든 적든'의 뜻을 가지고 있다. 그래서 흔히들 이렇게 말하곤 한다. **I don't care about money more or less because money will come and go.** (난 돈에 대해선 신경 쓰지 않는다. 왜냐하면 돈은 돌고 도는 것이니까.)

참고로 **nothing more nothing less**는 '그 이상도 그 이하도 아니다'의 뜻이다.

유사 표현 문장

○ **Just tell me more about that plan.** 그 계획에 관해서 그냥 좀 더 이야기해 주세요.
○ **Could you tell me more about her?** 그녀에 관해서 좀 더 이야기 해주시겠습니까?
○ **Why don't you tell me more about American universities?** 미국대학교에 관해 이야기를 더 해주시지 않을래요?

Conversation

A) **Tell me more about Vietnam.**
베트남에 대해 좀 더 이야기 해주세요.

B) **What do you want to know?**
뭘 알고 싶으세요?

A) **What's the weather in winter?**
겨울 날씨가 어떤지요?

※ '좀 더 구체적으로 이야기 해주세요'는 **give me some more specific**을 쓰고 **concrete**는 구체적으로 의 뜻이다.

171

대박영어

I don't (can't) agree to (with) 명사.
전 ~에 동의하지 않습니다.

Agree는 '동의하다, 응하다, 찬성하다, 승낙하다'의 뜻이다.
물론 반대에는 **refuse**나 **reject**가 있다. 이것들은 '거절하다'이다.
보통 '~에 응하다'는 'agree with나 agree to + 명사'로 시작한다. 그러나 앞에 부정사인 **can't**나 **don't**가 있으면 '~할 수 없다'이다. 그러므로 I don't agree to your plan 하게 되면 '너의 계획에 동의할 수 없다'가 되는 것이다. (I don't agree with your plan도 같음)

또한 I agreed to undertake the job 하면 '난 그 일을 맡기로 승낙했다'가 된다. **Undertake**는 '맡다, 떠맡다'의 뜻이 있다. 여기서는 **to** + 동사원형을 써서 '~하는 데 동의했다, 승낙했다'로 활용됐다.

즉, 다시 말해서 '나는 거기 가는 데 동의했다'라고 한다면 I agreed to go there가 되는 것이다. **Be** 동사 문장이나 **have** 동사 문장에는 과거형을 쓸 때 **was**나 **were, had**를 쓰지만 일반동사 문장은 그냥 동사 끝에 **d**나 **ed**를 붙이기 때문이다.

유사 표현 문장

○ I agree to accept the offer.   그 제의를 받아들이는 데 동의했다.
○ I agree with your opinion.   당신 의견에 동의합니다.
○ I agreed to the plan.   그 계획에 동의했습니다.

Conversation

A) Let's meet the half way.
반반씩 나눕시다.

B) I don't agree with you.
전 동의하지 않습니다.

A) I think it's a fair deal.
전 공평한 거래라고 생각합니다.

172 Why don't you back me up please!

맞장구 좀 쳐주세요!

맞장구를 쳐주다?

She made a quick response라는 글귀가 있다. 해석은 '그녀는 얼른 재빠르게 맞장구를 쳤다'이다. 하지만 정확한 뜻은 그것이 아니다. Response는 '대답, 회신, 답장' 그리고 '반응, 대응, 부응' 등의 뜻이다. 그러므로 '그녀는 재빠르게 대응 혹은 반응했다'라고는 할 수 있지만 우리 식으로 '맞장구치다'와는 다소 차이가 있지 않을까 생각한다.

My friend chimed in what I said 중에서 chime in은 '끼어들다, 맞장구를 치다'의 뜻이 있다. 또한 '~에 보조를 맞추다'의 뜻도 있다. 그래서 '내 친구는 내가 한 말에 맞장구를 쳤다'가 된다. 재미있는 것은 영화 속 표현으로 Back me up please가 있다. Back somebody up은 '지지하다, 밀어주다, 편들어 주다'의 뜻이다. 그래서 Please back me up in this argument 하게 되면 '제발 이 논쟁에서 내 편 들어주세요'가 되는 것이다. 선거에서 유세장에서도 이런 표현을 쓰고 I'll back him up 하게 되면 '저는 그 사람을 지지할 것입니다'가 된다.

유사 표현 문장

○ She try to chime in with his opinion.   그녀는 그의 의견에 맞장구를 치려고 노력했다.
○ He constantly nodded in agreement.   그는 계속 고개를 끄덕이며 맞장구를 쳤다.
○ Nobody would take my side.   아무도 나를 옹호해주는 사람이 없다.
○ I asked him to back me up in this meeting.   이 미팅에서 날 지원해 달라고 요청했다.

Conversation

A) Can you help me tomorrow?
내일 저를 도와주실 수 있으세요?

B) Uh, help? Give me some more specific please.
네? 도움이요? 좀 더 구체적으로 말해 주세요.

A) I mean please back me up on that meeting.
제 말은 그 미팅에서 날 좀 지원달라는 겁니다.

173 | I don't see the ends of ~ ing!

대박영어

아무리 ~해도 끝이 없어요!

End는 '마지막, 끝'을 의미한다. 그래서 영화의 마지막에 The end라는 자막이 올라온다. Endless는 '끝이 없다'이고 Endless love는 '끝없는 사랑'이다.

여기서 잠시 정관사에 대해 공부해 보고 가자. 관사는 보통 일반관사 a, an과 부정관사 the로 나눈다. A나 an의 뜻은 하나의 뜻이고, 부정관사 the는 '바로 그'의 뜻이 있다. 예) **She is a girl** (그녀는 소녀이다), **I have a dog. The dog is black.** (나는 개가 하나 있다. 바로 그 개는 검은색이다.)

그런데, 여러분도 알다시피 부정관사 the는 관습이 하나 있다. 부정관사 the 앞에 모음(a, e, i, o, u)이 올 경우에는 the를 '더' 로 발음하지 않고 '디' 로 발음한다는 것이다. 그것도 짧게 '디' 라고 한다. 그래서 The end 가 '더 앤드' 가 아닌 '디 앤드' 인 것이다. 하지만 the가 꼭 앞에 모음이 와야만 '디'라고 발음하는 것만은 아니다. 비록 앞에 자음이라도 그 문장을 강조하기 위해서 '디'로 발음하는 경우가 있다.

이런 경우는 강하고 길게 발음한다. 바로 이렇게 말이다. '디~이'

예) **This is the comedy!** (이것이야 말로 코미디 중의 코미디다!)

유사 표현 문장

○ **My passport expires at the end of the year.**   내 여권이 금년 말에 만기입니다.
○ **Rent is due by the end of the month.**   집세는 매달 말일까지 내야합니다.
○ **I don't see the end of studying English.**   영어공부는 해도 해도 끝이 없어요.
○ **I don't see the end of working all day.**   온종일 일해도 끝날 기미가 안 보여요.

Conversation

A) How's it going with your English?
영어공부는 잘 되어가고 있나요?

B) Well, to cut a long story short, I don't see the ends.
글쎄요, 간단하게 말씀 드리자면, 영어공부를 계속해도 끝이 없어요.

A) Take your time. There is no easy way.
천천히 하세요. 세상에 쉬운 게 있나요?

174
Epic English

There is an anger in your words.
당신 말에는 뼈가 있군요.

'뼈'는 영어로 **bone**이다.

또한 '단어'는 **word**다. 그렇다면 '당신 말속에 뼈가 있다'라고 한다면, **You have bone in your words** 라고 할까? 이렇게 말하면 어처구니없는 엉터리 영어일 뿐이다. 영화에 보면 원어민들은 이 같은 상황을 **There is an anger in your words**라고 한다. 여기서 **anger**가 우리의 '뼈'에 해당한다.

사전을 찾아보면 여러 가지 문장이 나와 있다. 하지만 사전만 믿고 응용하다가는 낭패를 볼 수도 있다. 사전이라고 해서 100% 다 맞는 것은 아니다. 세월이 지나면 언어 관습이나 사용법도 변화하는데, 사전에는 시대에 뒤쳐진(**out of dated**) 표현이 가끔 나온다. 영어다운 영어를 하려면, 말 그대로 미국인들이 쓰는 표현(**expression**)이 필요한 것이다. **You always twist my word**를 보라. 이 말의 뜻은 '넌 왜 내 말에 말꼬리를 다느냐?'인데 말과 꼬리를 뜻하는 단어는 없다. 미국인들은 말에 깃달고 토다는 상황을 '왜 내 말에 **twist**를 주느냐'라고 한다. 이것이 개념의 차이다.

유사 표현 문장

○ There is nothing to say. 더 이상 할 말이 없습니다.
○ Are you still holding against me? 아직도 나한테 꽁해 있니?
○ I don't hold any grudge. 전 뒤끝이 없습니다.
○ It's not what you say, it's how to say it. 같은 말이라도 '아' 다르고 '어' 다르다.

Conversation

A) I never ever seen the man who is stupid.
  난 그렇게 바보 같은 사람은 본 적이 없어.

B) What? There is an anger in your words.
  뭐라고요? 당신 말 속에 뼈가 있군요.

A) I'm telling you the truth now, okay?
  사실을 말하고 있는 거예요. 알아요?

175 대박영어

Okay, I'll do it if I have to.
그것을 꼭 해야 하는 것이라면 기꺼이 하겠습니다.

군대를 다녀온 사람이라면 아직도 한두 가지 군대용어를 기억하고 있을 것이다.

군대에서는 말이 필요 없다. 하라고 하면 무조건 해야 한다. 그것이 군대이다. 군대는 명령에 죽고 사는 조직이기 때문이다.

그래서, **If you say jump, I jump**라는 말도 생겨났다. 이 말인즉, '그 사람이 점프하라고 하면 난 점프한다'의 뜻으로 '까라면 깐다'의 뜻이다.

줏대 없이 휘둘리는 사람에게도 이런 용어를 쓴다. 예) **He is so pushover, so if someone says jump, he jumps.** (그는 의지가 너무 약하다. 그래서 아무나 시키는 대로 한다.)

Principle은 '지조'다. 그래서 '지조가 없다'라고 한다면 **He is no principles**이라고 한다. '줏대'는 **backbone**이다. 그래서 '그녀는 줏대가 없다'라고 할 때에는 **She has no backbone**이라고 하는 것이다.

참고로 pushover는 약한 의지를 가진 사람을 뜻하거나 유혹에 약한 사람을 일컫는다. 즉, **push** '밀면', **over** '넘어간다'에서 유래된 말이다. 예) **She is no pushover.** (그녀는 결코 만만한 사람이 아닙니다.)

유사 표현 문장

○ **The game will be a pushover.** 그 경기는 식은 죽 먹기일 것입니다.
○ **I have no other choice to do it.** 그것을 하는 데는 선택의 여지가 없습니다.
○ **I'll do it as you wish.** 당신이 원하는 대로 하겠습니다.
○ **You're the boss.** 당신이 최고입니다.

Conversation

A) **I don't think he will agree because he is no pushover.**
내 생각에는 그 사람이 동의할 것 같지가 않아. 결코 만만한 사람이 아니거든.

B) **But I'll do it if I have to.**
그래도 해야 한다면 하겠습니다.

A) **I told you that's not easy.**
이야기했잖아. 쉽지 않을 거라고.

176

He always shrinks when I am in trouble.
그 사람은 내가 어려울 때면 발을 뺍니다.

'발뺌'을 뜻하는 여러 가지의 단어가 있다.
먼저 **an excuse**가 있고, **a pretext**, **an evasion**, **dodge**, 그리고 숙어형은 **draw back from**도 있다. 그래서 **That's only a pretext, you know?**라고 하면 '그것은 발뺌에 불과한 겁니다. 알아요?'가 되는 것이다.

또한 **be + good at subterfuges** 역시 '발뺌을 잘하다'의 숙어형이다. 그렇다면 **an evasion**은 어떨 때 쓰이는지 문장을 살펴보자. **His speech was full of evasion.** (그의 연설은 얼버무림의 연속이었다.) Evasion은 명사형으로 '회피, 모면'의 뜻이 있다. 또한 **excuse**는 '변명, 이유' 등의 뜻이 강하지만 **make excuse** 하게 되면 '이유나 변명을 만들다'이니 결국 '발뺌'이나 '회피'가 되는 것이다. 예) **That was only an excuse about that.** (그것은 오로지 그것에 대한 변명에 불과합니다.)

하지만 서두의 제목처럼 **shrink** 역시 '~을 꺼리다, 움츠러들다' 혹은 '옷 등이 줄어들다'의 뜻도 있지만 '회피하다, 꽁무니를 빼다'의 뜻이 있다.

유사 표현 문장

○ **He always shrinks from doing what is difficult.** 그는 항상 어려운 일에는 꽁무니를 뺀다.
○ **He always shrinks when we pay for something.** 그는 항상 우리가 뭘 내려고 하면 꽁무니를 뺀다.
○ **I saw it, don't try to make a dodge, okay?** 내가 다 봤으니까 발뺌하려 하지 마라.
○ **Don't try to make any excuse.** 핑계 댈 생각은 하지 마세요.

Conversation

A) **I wash my hands of him.**
  그 사람한테 두 손 두 발 다 들었어요.

B) **Why?**
  왜요?

A) **He always shrinks when I am in trouble.**
  그 사람은 내가 어려운 일이 생기면 항상 꽁무니를 빼요.

쉬면서 알고 가는 재미있는 영어표현

201. 이거 장난이 아닌데!
Man, this isn't a joke!

202. 간뎅이가 부었군.
What a nerve!

203. 너 많이 컸다.
You've come a long way.

204. 오늘 재수 옴 붙었다.
This is not my day.

205. 토할 것 같아요.
I feel throwing up.

206. 그는 따끔한 맛을 봐야해.
He deserves a lesson.

207. 그는 농담반 진담반 식으로 이야기해요.
He jokes with a straight face.

208. 내 인생은 파란만장했어요.
My life was full of ups and downs.

209. 그는 자포자기 상태예요.
He abandoned himself to despair.

210. 한 번 속지 두 번 속냐?
Once bitten twice shy, you know?

속담표현
- 사공이 많으면 배가 산으로 간다 – Too many cooks spoil the broth.
- 사람이 한 번 죽지 두 번 죽지 않는다 – A man can die but once.

일상생활에 자주 사용되는 재미있는 영어 표현들입니다.

211. 중요한 것부터 하세요.
    First things first.

212. 죽기 아니면 까무러치기죠.
    Sink or swim.

213. 이러쿵저러쿵 핑계대지 말고 당장 하세요.
    Do it now and no ifs, ands or buts.

214. 좌충우돌했습니다.
    I felt like a fish out of water.

215. 그거 볼장 다 봤습니다.
    That's the last straw.

216. 당신도 요령을 터득하게 될 것입니다.
    You'll get the hang of it.

217. 그 말에도 일리가 있군요.
    You got a point there.

218. 내가 그걸 믿을 사람으로 보이냐?
    Is there any green in my eyes?

219. 내가 네 부하냐?
    Who do you think I am, your waitress?

220. 당신이 선생이라니 말이 되나요?
    Is it possible that you a teacher?

속담표현

- 사랑은 이유가 없다 – Love and reason don't go together.
- 사촌이 논을 사면 배가 아프다 – Turning green with envy.
- 사랑은 맹목적이다 – Love is blind.
- 새 발의 피 – It's a drop in the bucket.

177 That's the right thing to do as a…

대박영어

그게 ~로써 해야 할 도리(행동)입니다.

인간이 살면서 지켜야 하는 게 도리라고들 한다.

하지만 도리는 지키기가 힘들고 쉽지 않다. '도리'는 영어로 **duty**나 **right way**이다. 그래서 '도리를 지키다'라고 한다면, **do what's right**라고 하고 '도리에 맞다'라고 할 때에는 **be consistence with what is right**이다.

반대로 '도리에 어긋나다'라고 한다면, 짧게 **be wrong**이란 말도 있지만 이것보단 **go against what is right**를 쓰는 게 일반적이다. 물론 **be the wrong thing** 역시 '도리에 어긋나다'이다.

그렇다면 **be + the right thing to do as ~** 는 무슨 뜻일까? 이 뜻은 '이것이 ~로서의 도리이다'이다.

그래서 서두의 **that's the right thing to do as a teacher**라고 한다면, '그것이 선생으로서의 도리이다'가 되는 것이다. 그렇다면 '학생으로서의 도리는 무엇인가?'라고 한다면 어떻게 할까?

What's the right thing to do as a student? 라고 하면 된다.

유사 표현 문장

○ What's the right thing to do as a salesman?   세일즈맨으로서의 도리는 뭔가요?
○ It's my duty to study hard at the moment.   현재로서는 열심히 공부하는 게 나의 의무이다.
○ Country people have a strong sense of duty.   시골사람들은 의리가 있다.
○ This is the right thing to do as an owner.   이것이 주인으로서의 도리이다.

Conversation

A) It's very hard to call and say hello to parents every week.
부모님께 매주 안부전화 드리는 것도 아주 힘듭니다.

B) But that's the right thing to do as a son.
그러나 그것이 자식 된 도리지요.

A) Right, that's why I am trying to call them as often as possible.
맞아요. 그래서 가능한 자주 전화 드리려고 노력하죠.

178

I will take back my word.
제 말 취소하겠습니다.

'취소하다'에서 '취소'에 해당되는 단어로는 어떤 것이 있을까?

먼저 '취소'에는 명사형으로 **cancellation**이 있고, **revocation**, **retraction**, **recantation**, 그리고 **cancel** 등이 있다.

주문 등이나 계약을 취소할 때는 일반적으로 **cancel**을 쓴다. 예) **cancel a contract** (계약을 취소하다), **cancel an order** (주문을 취소하다), **flight was canceled** (비행기가 취소되었다). 그러나 '취소'에 해당하는 영어 단어가 **cancel**만 있는 것이 아니다. '면허나 입학', 그리고 '허가를 취소하다'라고 할 때에는 **revoke**를 많이 쓴다. **Revoke a license** (면허를 취소하다), **revoke an admission** (입학을 취소하다), **revoke a permission** (허가를 취소하다). 하지만 말을 취소한다면 그건 또 다르다. 말을 취소함에 있어 **cancel**이나 **revoke**를 쓸 수는 없다. **I want to cancel my word!** 라고 할 수는 없지 않은가? '말을 취소하다'는 **take back one's word**를 써야 한다. 말 그대로 '내가 한 말을 거두어들인다'라고 표현하는 것이다.

유사 표현 문장

○ **Please take back your word before I change my mind.**   내 마음 변하기 전에 말 취소하세요.
○ **I think I have to cancel our evening meeting.**   우리 저녁 미팅을 취소해야 할 것 같습니다.
○ **My driver's license was revoked.**   제 운전면허가 취소되었어요.
○ **The meeting today is off and rescheduled for this Friday.**   오늘 미팅이 취소되고 오는 금요일로 다시 잡혔습니다.

Conversation

A) **Watch your tongue, where are your manners?**
말 조심하세요. 매너가 왜 그래요?

B) **Sorry, I'll take back my word if you felt no good!**
죄송해요. 불쾌했다면 제 말 취소할게요.

A) **You sometimes talk in a rough manner.**
당신은 가끔 말이 너무 거칠어요.

179 대박영어

It was just tongue of speech!
그건 그냥 제가 해 본 말이에요!

Speak는 '말하다'의 동사형이고 **speech**는 명사형으로 '연설, 담화', 그리고 말하는 기술인 '화법' 등을 의미한다.

그래서 **His speech is good!** 이라고 하면 '그는 말을 잘 한다'라고 하기 보단 '화술이 좋다'라고 해야 한다.

그리고 **speak**가 '말하다'의 의미라면 **talk**는 서로 '대화를 하는 것'이다. 혼자만 말하는 것을 **speak**나 **say**라고 한다면 **talk**는 '서로 주고 받는 말'을 의미한다. 그래서 **TV Talk Show**라는 프로도 있는 것이다.

참고로 '그는 말이 너무 느리다'는 **He is very slow of speech**라고 하고 반대의 경우는 **fast of speech**라고 하면 된다. 그러므로 **speech**가 말의 의미라면 **just tongue of speech**는 그냥 혀에서 하는 말 정도의 뜻이니 '그냥 해 본 말입니다'의 뜻이 되는 것이다.

이런 문장을 하나 알아두면 외국인과 대화 시 많은 도움이 될 수 있다. '그냥 해 본 말이니 신경 쓰지 마세요'를 어떻게 하겠는가? 만약 **It was just tongue of speech**를 모른다면….

유사 표현 문장

○ I said it just for fun, forget it.   그냥 재미 삼아 해 본 말이니 신경 쓰지 마세요.
○ You're just saying that right?   그냥 해 본 말이죠, 그죠?
○ I'm just kidding around.   그건 그냥 농담 삼아 해 본 말이에요.
○ Her comeback to screen is on the tongues of men.   그녀의 스크린 컴백은 사람들의 입에 오르내린다.

Conversation

A) I heard you love Suji, is that true?
당신이 수지를 좋아한다고 들었는데 진심인가요?

B) No way! It was just tongue of speech yesterday.
천만에요. 그건 어제 그냥 해 본 소리였어요.

A) I see. Now I am relieved it you say so.
그렇군요. 그렇게 말씀하시니 이제야 마음이 놓이는군요.

180

I was (get) tongue tied.

말문이 막혔습니다.

영어에도 애매모호한 표현들이 있다.

그래서 영어공부를 하는데 애로사항이 많다. 미국인들도 모르는 단어를 우리가 알고 있는 경우가 있는가 하면 특이한 영어단어를 많이 알고 있어서 사용할 기회가 거의 없을 때도 많다. 영어를 잘하는 사람은 단어보다 숙어를 많이 알고 있는 경우가 대부분이다.

Tongue은 앞에서 설명했던 것과 같이 '혀'이다. 그래서 **tongue**이 **tied** 됐다는 말은 '말문이 막혀버렸다'이다. **Tied**의 뜻은 '끈 등으로 묶이다, 묶어두다'이고 명사형으로는 '넥타이'를 말하는 것이다. 그래서, **tongue tied**는 '말문이 막히는 혹은 긴장해서 말이 잘 안 나오는…'의 뜻이 있다. 어처구니없어 말이 안 나올 때도 **tongue tied**를 쓴다. 여담이지만 **tied the knots** 역시 '끈을 묶다'로 '결혼하다'의 의미가 있어 **When will you tied the knots?**이라고 하면 '언제 결혼할 겁니까?'가 된다. **I'm tied up**은 '일에 묶였다' 즉 '상당히 바쁘다'이다. **I was tongue tied** 나 **I got tongue tied**는 '둘 다 말문이 막혔다'이다.

유사 표현 문장

- **I got all tongue tied when I met her.** 그녀를 만났을 때 말문이 막혔다.
- **I stumbled over my words.** 말문이 막혀버렸다.
- **I was at a loss for my words.** 할 말을 잃어버렸다.
- **I have to tie his tongue as he knows that I love her.** 그 사람이 내가 그녀를 좋아하는 걸 알고 있어서 그의 입을 막아야 한다.

Conversation

A) **I got tongue tied when she told me she loves me.**
그녀가 저보고 사랑한다고 했을 때 말문이 막혔어요.

B) **Why?**
왜요?

A) **I love her close friend.**
왜냐하면 전 그녀의 친한 친구를 사랑하거든요.

181 대박영어

I feel frustrated when I speak English!
영어로 말하려면 가슴이 답답해요!

'답답하다'는 어떻게 표현해야 좋을까?

'답답하다'라는 말 때문에 답답하다. 하지만 '답답하다'는 표현도 상황에 따라 다르다. 그래서 더 답답하다. 장소가 답답한지 아니면 마음이 답답한지….

우선 이 문장부터 보고 가자. **Stop with the nonsense already!** 라고 하면 '답답한 소리 그만 하세요!'이고, **He has a narrow minded view**는 '그는 생각하는 게 답답하다'이다. '장소가 답답하다'라고 할 때에는 **stifling**이라는 단어를 쓴다. 그래서 **This room feels very stuffy**라고 하거나 **It's stifling here**라고 한다.

하지만 외국인과 대화를 하고 싶은데 말이 안 통해서 '답답하다'라고 할 때에는 이런 단어보다는 **frustrate**를 쓴다. 그 대표적인 예가 **I feel frustrated because I can't express myself well in English**이다. 번역해 보면 '영어로 제 의사를 충분히 전달할 수가 없어서 답답합니다'이다. 할 말은 많은데 딱 들어 맞는 표현을 몰라 말을 하지 못하고 서로 눈치만 보고 있다면 그것이야말로 정말 답답한 일이라 하지 않을 수 없다.

유사 표현 문장

- My stomach feels heavy from indigestion. 소화가 안 되어서 속이 답답합니다.
- I am irritated by the way he works. 그 사람 일하는 거 보면 답답하다.
- I get so frustrated watching him work. 그가 일하는 거 보면 답답하다.
- It's terrible boring to spend all my time at home. 온종일 집에만 있으니까 너무 답답하다.

Conversation

A) How are you getting along with your English?
영어공부는 잘되어 가고 있나요?

B) No way, I feel frustrated when I speak English.
천만에요. 말할 때 답답해서 죽겠어요.

A) Take your time. Nobody is good from the beginning.
천천히 하세요. 아무도 처음부터 잘하는 사람은 없어요.

182 How's it going with your English lesson?
영어공부는 잘되어 가고 있습니까?

'~는 잘되어 가고 있습니까?'는 **How's it going with~**이다.

필요한 말이고 써야 할 때가 많은 표현이다. 그러나 우리는 그냥 **How about ~** 식으로 말해버리고 만다. **How about ~ ing** 역시 '~은 어때요?'라고 상대방의 생각이나 의견을 물을 때 사용하는 문장이다.

What do you think of + 명사 역시 사물이나 느낌, 의견 등을 물을 때 쓴다. 이 뜻은 '~을 어떻게 생각하십니까?'이다.

How about seeing the Korean movie? 라고 하면 '한국영화나 보는 게 어떨까?'라고 가볍게 묻는 말이다. 하지만 '~는 요즘 어떻게 되어가고 있습니까?'라고 좀 더 구체적으로 질문할 때는 **How's it going with ~** 를 쓰는 것이 일반적이다. 다시 말해서 '새로 시작한 사업은 잘되어 가고 있습니까?' 라고 한다면 **How's it going with your new business?** 라고 하는 것이다.

참고로 **How do you feel ~** 은 느낌을 물을 때 쓰이는 문장으로써 남녀 간의 느낌을 물을 때 쓴다. 예) **How do you feel about her?** (그녀에 대한 너의 느낌은 어때?)

유사 표현 문장

○ **How's your business?** 사업은 어때요?
○ **How's it going with your business?** 사업은 잘되어 가고 있습니까?
○ **What do you think of Vietnam?** 베트남을 어떻게 생각하세요?
○ **How do you feel about her?** 그녀에 대한 당신의 감정은?

Conversation

A) **Hey, James. Long time no see!**
하이, 제임스 씨, 오래간만이에요!

B) **Yes, how's it going with your business?**
네, 그렇군요. 사업은 잘되어 가고 있나요?

A) **Same old same old.**
늘 똑같지요 뭐.

183

대박영어

It slipped my mind (to) ~
~해야 하는 것을 깜빡했습니다.

'잊어버리다'와 '깜빡하다'는 차이가 있다. **Forget**은 '무조건 잊다' 혹은 '잊어버리다'의 뜻이고 **slip my mind**는 '머리에서 그것이 미끄러졌다'는 의미로 '깜빡하다'의 뜻이다.

그래서 **I will answer some before they slip my mind**가 '그것들을 깜빡하기 전에 제가 먼저 답변하겠습니다'이다.

Mind는 마음만의 뜻이 아니라 '정신' 혹은 '정신상태'의 뜻도 함께 있기 때문에 **slip one's mind**가 '깜빡하다'가 되는 것이다. **It never slipped my mind**는 '그 일이 마음속에서 떠나질 않았다' 이다.

미국인이 즐겨 쓰는 이 문장을 해석해보자. **How did they slip my mind because the party was really great?**이다. '어떻게 그것을 잊어버릴 수 있었을까 왜냐하면 그 파티는 정말 멋졌었는데' 이다. **The party** 대신에 **important meeting**을 써 봐도 좋을 것 같다. 어쨌든 영어는 '응용'(application) 아니겠는가?

유사 표현 문장

○ Sorry. It just slipped my mind.   죄송해요. 제가 깜빡했어요.
○ You're always forgetting to do things.   당신은 계속 깜빡깜빡하는군요.
○ I sometimes forget how old I am.   난 가끔 내가 몇 살인지 잊고 산다.
○ I was so busy that I forget to shave.   너무 바빠서 면도하는 걸 잊었다.

Conversation

A) **Did you bring your English text book?**
영어책 가지고 왔어요?

B) **Oh my god! It slipped my mind.**
아이고 이런! 그걸 깜빡했어요.

A) **Again? I wash my hands of you.**
또요? 당신한테 두 손 두 발 다 들었습니다.

184 I'll take your word for it.
당신 말을 믿겠습니다.

Word에는 명사형으로 '단어, 낱말' 그리고 '노래가사'의 뜻이 있다.

하지만 뭐니 뭐니 해도 가장 보편적으로 많이 쓰이는 단어의 뜻은 '말'이나 '언어'이다. 그래서 It's not empty word, you know?라고 하게 되면, '그거 정말 빈소리(헛소리)가 아닙니다'가 되는 것이다.

슬랭이긴 하지만 four word라고 하는것이 있다. 이것은 '욕설'이라는 뜻이다. 그래서 Don't use four words!라고 하면 '욕설하지 마라'인데, four words는 글자가 4개인 것을 의미한다. 그런데 주로 네 글자로 된 단어로는 shit, bull, fuck, damn, cock, dick, suck 등 거의 모두가 욕설에 관련된 단어들이다. 그래서 four words를 쓰지 말라고 하는 것이다.

You're too outspoken 역시 '말을 너무 함부로 하시는군요'이다.

어쨌든 중요한 것은 take one's word인데 '말을 지지한다'의 의미이니 결국 '말을 믿겠다'는 뜻이다.

유사 표현 문장

○ Take back your words before I change my mind. 내 마음 변하기 전에 당신이 한 말 취소해요.
○ You can't take back your words once they have been said. 말이란 한번 내뱉으면 주워 담을 수 없다.
○ I'll take your word for it. 당신 말을 믿겠습니다.
○ I want you to take back your words. 난 당신이 한 말 취소했으면 해요.

Conversation

A) **I didn't mean to hurt your feeling. Sorry.**
당신 감정 상하게 하려는 것은 아니었어요.

B) **Then, I'll take your word for it.**
그럼, 당신 말을 믿겠습니다.

A) **Okay, I'll take back my words!**
알았어요. 제 말 취소할게요.

185 It's on the tip of my tongue.

대박영어

그게 입안에서만 뱅뱅 돌고 말이 나오지 않아요.

영어회화라는 게 참 쉽지가 않다. 유창한 영어회화를 하려면 많은 표현을 알아야 한다. 자칫 잘못하면 **broken English**(엉터리 영어)가 되고 만다. 그래서 최대한 원어민과 자주 대화를 하는 게 영어회화 실력을 늘리는 가장 좋은 방법이다. 그럴 기회가 없다면 라디오를 듣고 **TV**를 보라. 연습 없이는 영어 실력이 늘지 않는다. 단어만 아는 영어는 '무용지물'(white elephant)이다.

어쨌든 **tongue**은 '혓바닥'이다. **Tip of tongue**은 '혓바닥 끝'을 의미하고 **bite tip of tongue**은 '혀끝을 깨물다'이다. **Forked tongue**은 '갈라진 혓바닥'의 뜻으로 '일구이언'을 의미하는데, **He speaks with a forked tongue** 하게 되면 '그는 일구이언하는 사람이에요'의 뜻인데, 갈라진 혀로 이야기한다는 의미로 '거짓말을 잘하는, 말을 잘 바꾸는'의 뜻이다.

참고로 **tongue tied**는 '말이 안 나오는' 혹은 '할 말을 잃은'의 뜻이고 **mother tongue**은 모국어이다. 마지막으로 '혀를 차다'는 **click one's tongue**이고 '혓바닥을 내밀다'는 **stick one's tongue**이다.

유사 표현 문장

- I want to talk to you in English but it's on the tip of my tongue. 당신과 영어로 대화하고 싶지만 입안에서 빙빙 돌고 말은 안 나와요.
- I was very angry with him but I hold my tongue. 그에게 굉장히 화가 났지만 침묵을 지켰습니다.
- Hold your tongue. You can't talk to me that way. 잠자코 있어. 넌 나에게 그런 식으로 말하면 안 돼.
- It's on the tip of my tongue. 생각이 날 듯 말 듯 하네요.

Conversation

A) You know the man who we met last night?
어젯밤에 만난 사람 누군지 알아요?

B) Wait! Oh my god! It's on the tip of my tongue.
잠깐만요, 세상에! 입안에서 빙빙 도는데 생각이 안 나네요.

A) Try to remember please.
잘 기억해 보세요.

186 It was a slip of my tongue.
제가 실언을 했습니다.

Slip은 '미끄러지다'이다. 그래서 it was a slip of my tongue라고 하면 '그것이 제 혀에서 미끄러졌어요'라는 표현으로 '제가 실언을 했습니다'의 의미가 된다.

'실수'는 mistake이다. 과거형은 mistaken이다. Mistake는 '실수, 잘못, 착오' 등의 뜻이 있다. 그래서 It's easy to make a mistake라고 하면 '실수를 범하긴 쉽다'이다. 또한 The truth is that I was mistaken 하면 실은 '내 잘못이었다'가 된다.

참고로 by mistake를 알고 가야 좋다. By mistake는 '실수로'의 뜻인데 I took her bag instead of mine by mistake라고 하면 '실수로 내 가방 대신 그녀 가방을 가지고 갔다'가 된다.

여기서 중요한 것은 mistake이다. 행동이나 행위 등을 잘못하여 실수하였을 때는 mistake를 쓰지만 언행이나 말실수를 하였을 때는 mistake를 쓰지 않고 It was a slip of my tongue이라고 한다는 것을 꼭 명심하자. '제 말 취소할게요!'라고 하여 누가 cancel이라는 단어를 쓰겠는가? I'll take back my words라고 하지 않던가? '말을 거두어 들인다'라고 표현하는 것이다.

유사 표현 문장

○ What's a big mistake between friends?   친구 사이인데 큰 실수면 뭐 어떠냐?
○ It was a slip of the tongue.   말이 잘못 나왔습니다.
○ It's no use crying over split milk.   물이 엎질러지고 난 후 울어 봐도 소용없다.
○ Why do you always twist my word?   왜 항상 당신은 내 말에 말꼬리를 다는 겁니까?

Conversation

A) Watch your tongue, what you wish for!
말조심하세요. 말이 씨가 된다구요!

B) Sorry, it was a slip of my tongue before I knew it.
미안해요. 나도 모르게 그만 실언을 했어요.

A) You must think twice before you say something.
말을 하기 전에 두 번 더 생각하세요.

187 I think you're a piece of work!

대박영어

내 생각으로는 당신 참 대단한 사람 같아요!

'대단하다' 혹은 '대단한 사람!' 이런 말을 영어로 떠올리기는 쉽지 않다. 그래서 그냥 **beautiful man** 혹은 **gorgeous man**, 그리고 **great man** 식으로 해석하거나 영작한다. 그래서 영작이나 번역을 하고 나도 왠지 좀 찜찜하다는 느낌이 가시지 않는다. 왜일까? 이에 대한 **100%** 확신이 없기 때문이다.

Gorgeous 는 참 많이 쓰이는 단어이다. **You look gorgeous**라고 하면 최고의 찬사이다. 말 그대로 '참으로 멋져 보이네요'이기 때문이다. 지적, 외모 다 겸비한 표현이 바로 **gorgeous**이다. **Gorgeous weather** 역시 '최고의 날씨'를 뜻한다. 영화대사 중 한 할리우드 스타가 이런 말을 했다. **It was absolutely gorgeous!** 이 말뜻은 '그것은 정말 멋진 일이었다'이다. 그렇다면 '대단하다'는 어떤 단어를 써서 표현할까? **A piece of work**나 **some piece of work**가 '참으로 대단한 사람'의 뜻에 꼭 들어맞는 표현이다. **A truly splendid man** 역시 '정말로 대단한 사람'의 뜻이 있고, **big man** 역시 '대단한 사람'을 일컬을 때 사용되는 단어이다. **Incredible** 역시 '대단한, 믿기 힘든'의 뜻이다.

유사 표현 문장

- **She often thinks of herself as the big enchilada.** 그녀는 종종 그녀 자신이 대단한 사람이라고 생각한다.
- **He considers himself to be the big cheese every so often.** 그는 종종 자신이 대단한 사람이라고 생각한다.
- **I think she is a piece of work.** 내 생각으로는 그녀는 참 대단한 사람 같아요.
- **I am glad to see that you finally amounted to something.** 마침내 대단한 사람이 된 걸 보게 되어 기쁩니다.

Conversation

A) **The movie I saw tonight was incredible.**
오늘 밤에 본 영화 정말 끝내줬어요.

B) **Right, the hero is a piece of work.**
맞아요. 주인공이 참으로 대단한 사람 같아요.

A) **That's what I want to say.**
내가 그 말을 하고 싶었다니까요.

188 I got a little hang up about ~
~에 대한 콤플렉스가 있습니다.

대한민국 사람 중에 '콤플렉스'를 모르는 이는 단 하나도 없을 것이다. 그만큼 자주 외래어로 쓰이는 단어가 바로 complex이다. 하지만 우리가 알고 있는 complex와 서양인들이 쓰는 complex에는 의미 상 다소 차이가 있다. 원래 콤플렉스(complex)의 뜻은 '건물의 단지, 집합체' 등의 뜻이 있고, 우리가 알고 있는 '강박관념' 즉, 콤플렉스의 뜻도 있다.

하지만 서양인들은 '~에 대한 콤플렉스가 있다'라고 할 땐 우리의 complex를 쓰지 않고 hang up을 쓴다. Complex는 '구성단지, 단체의' 뜻으로 자주 쓰이며 우리가 잘 알고 있는 '종합전시장' 역시 complex라고 쓴다. 삼성 complex, 잠실 complex. 그래서 sports complex 역시 '종합운동장'을 의미한다.

그렇다면 complex는 어떨 때 사용될까? 물론 prince complex, princess complex라고 하면 '왕자병, 공주병'을 지칭한다. 사전에는 Most women seem to have a complex about being short라고 표현하여 '대부분의 여성들은 작은 키에 콤플렉스가 있는 것 같다'라고 표현했다. 하지만 이 경우에 해당하는 영어 표현은 complex나 handicap이 아니라 hang up이다. 이 두 단어는 상황이 조금 심각할 때 사용하고, hang up은 '신경이 쓰인다' 정도의 뉘앙스. 다시 말해서 '난 IQ에 콤플렉스가 있다'라고 하다면 I have a little hang up about my IQ라고 해야 한다. 이것이 바로 올바른 영어표현이다.

유사 표현 문장

- What is it like living in that apartment complex?   저 아파트단지는 살기 어때요?
- The only handicap of my business is lack of capital.   내 사업의 유일한 장애는 자금부족이다.
- English is my only weak point.   영어가 나의 유일한 약점이다.
- I got a little hang up about my looks.   전 외모에 콤플렉스가 있어요.

Conversation

A) You look gorgeous.
참으로 멋져 보이네요.
B) No, I have a little hang up about my looks.
아뇨, 전 외모에 콤플렉스가 있어요.
A) Cheer up! There is no one without a weak point.
힘내세요. 누구나 약점 하나씩은 가지고 있어요.

189 She is a real catch!
대박영어 그 여자는 정말 킹카예요!

팝송가사에 **She turns me on**이라는 구절이 있다. 이 말은 '**그녀는 정말 매력적이다**'의 뜻이다. 반대는 **She turns me off**이다. '**그 여자 정말 예쁘다**' 혹은 '**아름답다**'라고 할 때면 **She is so pretty**나 **beautiful**이라는 단어를 써서 표현해도 되겠지만 의외의 표현이 많다. 그래서 외화를 보거나 팝송을 들으면 의미를 짐작하기 어려운 말들이 많은 것이다. 단어의 암기도 중요하지만 문장이나 표현법을 많이 알고 있으면 **hearing**할 때 훨씬 더 유리하고 귀가 뚫린다.

먼저 '**킹카**'는 뭘 의미하는가? '**최고**' 즉 **number one**이 킹카이다. 그렇다고 **number one**을 써서 **She is a number one**이라고 하면 틀린 말은 아니지만 썩 마음에 드는 표현은 아니다.

Hunk는 '**조각**, **덩어리**'의 뜻이지만 '**섹시한 남자, 멋쟁이 남자**'의 뜻이 있다. 그래서 **He is a hunk**라고 하면 '**그 사람 정말 섹시해**'라는 말이 된다. 원래 킹카의 유래는 카드(**card**)에서 나온 말인데 '**king card**'를 의미해 빼어난 남자를 의미하였다고 한다. 여자가 좋은 외모를 가지고 있거나 매력적(**charming**)일 경우는 **real catch**를 쓴다.

유사 표현 문장

○ **She is a real cutie.** 그녀는 정말 예쁜 여자애다.
○ **She is a well built and knock out.** 그녀는 정말 깜빡 죽인다.
○ **She is so gorgeous.** 그녀는 정말 멋있는 여자입니다.
○ **She was dazzlingly beautiful.** 그녀는 눈부시게 아름다웠다.

Conversation

A) **Did you meet any girl at the party last night?**
어젯밤 파티에서 어떤 여자라도 만났어요?

B) **Yes, she is a real catch.**
네, 그 여자 진짜 킹카예요.

A) **Really? But I can't believe that.**
진짜요? 그러나 믿을 수가 없어요.

190 That's my pain in the neck!
그것 정말 지겹습니다!

지겹다, 지루하다, 심심하다.

영어를 조금이라도 공부해 본 사람이라면 이 정도의 단어는 알고 있다. '지루하다'는 **boring**이나 **bored**를 쓰고 **dull**이나 **tedious**, **tiresome** 역시 '심심하거나 지루하다'라고 할 때 쓰이는 단어들이다. **Wearisome** 역시 형용사형으로 '지루하다, 싫증나다'의 뜻이 있다. **There is nothing more wearisome than waiting.** (기다리는 것만큼 지겨운 일도 없다.) **Be + sick and tired of** 역시 '~하는 것은 정말 지긋지긋하다'라고 할 때 자주 쓰이는 숙어이다. 예) **I am really sick and tired of it.** (정말 지긋지긋하다.)

어느 실업자가 이런 말을 했다. **I am really sick and tired of doing nothing.** (아무것도 안 하고 있다는 건 정말 지겨운 일이다). 그래서 많은 사람들이 **be + sick and tired of ~**를 잘 알고 있다. 하지만 **a pain in the neck**은 모르는 사람들이 많다. 원어민들 사이에서 널리 쓰이고 있음에도 불구하고 말이다. 어떤 사람은 '목이 아프다'라고 잘못 이해하는 사람도 있다. **Have + pain**이나 **feel + pain**은 '통증을 느끼다'이겠지만 **~ is a pain in the neck** 하게 되면 '~하는 것은 정말 지긋지긋하다, 지겹다'의 뜻이다.

유사 표현 문장

○ Teaching is my pain in the neck.   가르친다는 것은 지겨운 일이다.
○ I am really sick and tired of her.   그녀는 이제 지긋지긋하다.
○ I am fed up with the job.   그 일은 이제 지쳤다. (지겹다)
○ I am so bored to death.   지겨워 죽겠다.

Conversation

A) How's it going with your English calss?
   요즘 영어수업은 어때요?

B) That's a pain in the neck.
   정말 지겹습니다.

A) But no English no future.
   그러나 영어를 못하면 미래가 없어요.

191 I wasn't born yesterday, okay?

대박영어

전 팔불출이 아닙니다. 아세요?

난 어제 태어나지 않았다!

재미있는 말이다. '그 정도로 어리숙하지 않다'라고 할 때 쓰이는 문장이다.

누군가가 눈 가리고 아웅할 때 그들은 이렇게 표현하곤 한다. 물론 **I am not stupid**라고 해도 되고 **I am not an idiot**이라고 말해도 된다. '멍청이가 아니다'라는 말이다. **I am not a fool** 역시 '전 바보가 아닙니다'이다. **Fool**은 명사형으로 '바보, 멍청이'의 뜻이다. 그래서 **Don't be such a fool** 하면 '그렇게 바보같이 굴지마!'의 뜻이다. **Charlie** 역시 '바보'라는 뜻이 있어 **You must have felt a proper Charlie** 하게 되면 '너 정말 바보가 된 기분이었겠구나'이다. '바보처럼 보이고 싶지 않다'는 **I don't want to look foolish** 라고 하는데 **foolish** 역시 '어리석은, 바보 같은 행동'의 뜻을 가진 형용사다.

예) **I finally realized how foolish I was**. (마침내 내가 얼마나 어리석었는지 깨달았다.)

I wasn't born yesterday은 회화에서 자주 사용하는 영어표현이다. '전 바보가 아닙니다'라고 할 때 **stupid**를 쓰지 말고 이렇게 써보자. **I wasn't born yesterday** 라고.

유사 표현 문장

○ **I am so foolish as to believe that**.   난 그것을 믿을 만큼 어리석다.
○ **Genius is nut one remove from insanity**.   천재와 바보는 종이 한 장 차이다.
○ **Don't treat me as an idiot**.   멍청이 취급하지 마시오.
○ **There is nobody above nobody**.   사람 위에 사람 없고 사람 밑에 사람 없다.

Conversation

A) **What did you do last night? Tell me the truth**.
  어젯밤에 뭘 했어요? 사실대로 이야기 하세요.

B) **Well, I didn't do anything at home**.
  그게요. 집에서 아무것도 안 했어요.

A) **Hey, I wasn't born yesterday, okay?**
  이봐요. 제가 어디 호구로 보여요? (바보가 아닙니다. 알아요?)

192

It's a bitter sweet feeling (things).
시원섭섭합니다.

영어회화를 하다 보면 알고 있는 단어가 부족하지 않음에도 불구하고 별안간 말문이 턱 막힐 때가 있다. 이럴 때는 참으로 답답하다. 어떤 사람은 자기 입으로 말해 놓고도 상황과 문맥에 들어맞는 표현을 한 것인지 자신 없어한다. 외국어 습득이란 어려운 것이 사실이다. 그렇다고 정복하지 못할 난관도 아니다. 결국 노력한 만큼 과실이 돌아간다. 우선 **bitter**와 **sweet**의 단어 뜻을 살펴보자. **Bitter**는 '쓰다'의 뜻이고 **sweet**는 '달다'의 뜻이다. '쓰고 달다'의 뜻이니 결국 '시원섭섭하다'라는 뜻이다. '시원섭섭하다'를 Mixed feeling 혹은 mixed emotion이라고도 한다. 어쨌든 인간들은 여러 가지 추억들이 있다.

'좋은 추억, 나쁜 추억', 이것들은 **bitter sweet memories**라고 한다. 혹자가 이런 말을 했다. **The bitter experience will make you having better life**. 해석하면 '쓰라린 경험은 보다 좋은 (나은) 삶을 제공한다.'

참고로 '인생의 쓴맛, 단맛을 다 보다'는 **taste**를 써서 **taste the sweet's and bitter's of life** 하고 한다. 이처럼 **bitter**와 **sweet**의 용도는 다양하다. 누군가 '정든 곳을 뒤로하고 떠날 때'도 **It's a bitter sweet feelings**이라고 한다.

유사 표현 문장

○ **I enjoyed the bitter-sweet story of the movie.** 그 영화의 희비가 엇갈리는 스토리를 전 즐겼어요.
○ **The meeting was more bitter than sweet.** 그 미팅은 기분 좋기보다는 괴로웠다.
○ **I have mixed emotions.** 만감이 교차하는군요.
○ **I have a lot of mixed emotions.** 마음이 착잡합니다.

Conversation

A) **I heard you're going back soon.**
조만간 돌아간다고 들었습니다.

B) **Yes, so it's a bitter-sweet feeling.**
네, 그래서 시원섭섭하네요.

A) **Why not!**
왜 안 그러시겠어요!

쉬면서 알고 가는 재미있는 영어표현

221. 설마 바쁘다고 하시진 않겠지요?
Please don't tell me, you're busy?

222. 울며 겨자 먹기죠.
You must face the music.

223. 이건 제게 무리입니다.
This is over my head.

224. 이건 제게 너무 과분합니다.
This is too good for me.

225. 그건 정말 꼴불견이에요.
I never saw such a scatch.

226. 죽든 살든 제가 할 겁니다.
I'll do it sink or swim.

227. 제가 기원해 드릴게요.
I'll keep my fingers crossed.

228. 꼭 명심하겠습니다.
I'll keep that in mind.

229. 난 상황에 따라 대처하겠다.(임기응변)
I'll play it by ear.

230. 몸이 안 좋아요.(컨디션이 안 좋아요)
I'm feeling under the weather.

속담표현

- 서당 개 3년이면 풍월을 읊는다 – The sparrow near a school sings the primer.
- 선무당이 사람 잡는다 – A litter knowledge is dangerous. • 세 살 버릇 여든까지 간다 – As the boy, so the man.

일상생활에 자주 사용되는 재미있는 영어 표현들입니다.

231. 저는 거의 절망적이에요.
    I'm on a no win situation now.

232. 이제야 감 잡았어요.
    I've noticed little signs of it.

233. 전 이곳에 안 어울리는 것 같아요.
    I feel out of place.

234. 가슴이 두근두근하네요.
    I have butterflies in my stomach.

235. 그건 정말 시원섭섭하네요.
    It's a bitter sweet feeling.

236. 그건 제 육감이에요.
    It's my sixth sense.

237. 뭔가 조치를 취해야 합니다.
    It's time to take action.

238. 제 마음이 콩밭에 가 있어요.
    My mind is somewhere else.

239. 그건 좋은 징조인데요.
    That's a good sign.

240. 제 말을 취소할게요.
    I'll take back my words.

속담표현

- 세상에 공짜란 없다 – There is no free lunch.
- 소 잃고 외양간 고친다 – After death, the doctor.
- 세월이 약이다 – Time heals all wounds.
- 손바닥도 마주쳐야 소리 난다 – It takes two to tango.

193

대박영어

I was told not to + 동사원형!
~하지 말라고 들었습니다.(당부 받았습니다.)

'~라고 들었다' 또는 '당부 받았다, 명령을 하달 받았다'는 **be + told ~** 를 쓴다. 예를 들어 '그 사람을 만나지 말라고 들었습니다'라고 한다면 **I was told not to meet him**이고 '커피를 마시지 말라고 들었습니다'라고 한다면 **I was told not to have (drink) coffee**라고 한다.

Do as one is told는 '지시대로 행하다'이다. 그래서 **I only do as he is told** 라고 하면 '난 그가 말한 지시대로만 할 뿐입니다'가 된다.

Be + 과거완료형은 수동태다.

수동태란 무엇인가? 수동태란 주어(**S**)가 어떤 일을 당한다는 의미의 문장이고 그래서 이것들은 영어로 **active voice**(능동태), **passive voice**(수동태) 라고 하는 것이다.

예) **I broke the windows.** (능동태) (나는 창문을 깨뜨렸다.)
   The window was broken by me. (수동태)(그 창문은 나로 인해 깨졌다.)

유사 표현 문장

○ **I was told not to come here.**   여기 오지 말라고 들었어요.
○ **I was told that I study English hard.**   열심히 영어공부 하라고 들었어요.
○ **I was told to help her.**   그녀를 도우라고 들었어요.
○ **I was told not to fight with others.**   남들과 싸우지 말라고 들었어요.

Conversation

A) **Why you didn't come here yesterday?**
왜 어제 여기 안 왔나요?

B) **I was told not to be here.**
여기 오지 말라고 들었는데…

A) **Who told you that?**
누가 그랬는데요?

194

Epic English

I will die before my time.
내 명대로 못 살고 죽을 겁니다.

영어는 알고 보면 간단하다.

위의 문장을 보자. **I will die before my time**이다. 여기서 **my time**은 '내 명'이다. 말 그대로 '내 명 전에 죽는다'이니 '내 명대로 못 살고 죽을 것이다'이다. 여기서 내 명을 이야기 하자면 **my life** 역시 내 인생, '내 명'이 된다.

그래서 라이온 킹에 보면 동생이 형을 벼랑 끝으로 떨어뜨리면서 **King have the long life!** 라고 했다. '만수무강 하십시오'라는 뜻이다.

누군가 90살까지 살았다면 우리는 장수했다라고 하고 그들은 **had a long life** 라고 한다. '파란만장했다'는 우리와 비슷한데 표현은 **My life was full of ups and downs** 라고 한다. 말 그대로 올라갔다 내려갔다 했었다는 말이다.

'죽고 싶지 않아요'는 **I don't want to die**이고, '그건 자살행위이다'는 **That's the kiss of death**를 쓴다. '너 죽고 싶어?'는 **You have a death wish?**나 **You want to die?**를 쓴다.

유사 표현 문장

○ **I will die soon because of stress.** 스트레스 때문에 곧 죽을 거예요.
○ **I am under a lot of work related stress.** 일 때문에 스트레스 엄청 받아요.
○ **I am not afraid to die but…** 죽음이 두렵지 않습니다만…
○ **I am gonna die before my time because of money problem.** 돈 때문에 내 명대로 못 살 것이다.

Conversation

A) Is anything wrong? You look worried.
무슨 문제라도 있나요? 걱정스런 표정인데요.

B) I will die before my time, because of English.
영어 때문에 내 명대로 못 살 것 같아요.

A) Haha, take your time and enjoy.
하하하, 천천히 즐기면서 하세요.

195 I don't want to criticize but…

대박영어   비판하고 싶지는 않지만…

'비판을 하다'는 criticize이고 '비판을 받다'는 be criticized by ~ 이다. 그래서 I want to criticize his attitude (나는 그의 태도를 비판하고 싶었다), We were criticized by them (우리는 그들의 비난을 받았다) 같은 문장이 있다.

Criticize는 '비판하다, 비난하다'의 뜻이 있고 criticism은 명사형으로 '비판, 비난'이다. Disparage 역시 '폄하하다, 비판하다'의 뜻이 있다. 예) I don't want to disparage your achievements. (당신의 업적을 폄하할 생각은 없습니다). I don't like to disparage the new fellow. (나는 그 신입생을 비난하고 싶지 않습니다.) 여기서 criticize에 대한 숙어를 알아보자. 먼저 criticize for는 '~을 비판하다' 혹은 '~에 대해 비난하다'이다. 그리고 criticize widely는 '폭넓게 비평하다' 혹은 '평론하다'의 뜻이다. Criticize fairly는 '공정하게 비판하다'이고 criticize sharply는 '신랄하게 비판하다', 그리고 마지막으로 severely criticize는 '혹평하다'의 뜻이다. Sarcastic은 '빈정대는, 비꼬는'의 뜻으로 Are you being sarcastic me?는 '지금 나를 비꼬는 겁니까?'이다. Sarcastic comment나 sarcastic remark는 '비꼬는 말, 빈정대는 말'을 일컫는다.

유사 표현 문장

○ She was sarcastic to everyone all the time.   그녀는 시종일관 남들을 빈정댔다.
○ I wanted to criticize, but I held my tongue.   나는 비판하고 싶었지만 꾹 참았다.
○ I have a right to criticize about that.   난 그것을 비판할 자격이 있다.
○ It's very hard to criticize the people one loves.   자기가 사랑하는 사람을 비판한다는 것은 어려운 일이다.

Conversation

A) I don't want to criticize for his attitude but…
   난 그의 태도를 비판하고 싶지는 않지만, 그러나…

B) But what?
   그런데 뭐죠?

A) He is too arrogant. I don't like him.
   그는 너무 거만해. 그래서 난 그가 싫어.

196 Epic English

Let's call it a day!
오늘은 그만 하시죠!(여기서 마칩시다.)

Finish라는 단어를 모르는 사람이 몇이나 될까?

하지만 Let's call it a day는 모르는 사람들이 많다. 이것을 알아 둘 필요가 있다.

일단 '끝내다'의 뜻을 가진 단어로는 end나 close, complete, wind up 등이 있다. 이들의 쓰임새도 문장별로 다르다는 것을 알아야 한다. 먼저 '이쯤에서 끝냅시다'라고 할 때는 Let's finish up이나 Let's wrap it up here라고 한다. '여기서 접자'라는 말이다. Wrap up에는 '그만하다, 마무리를 하다'의 뜻이 있다.

간혹 외화에서 Let's get it over with라고 하곤 하는데, 이 뜻은 '일을 어서 마무리 합시다' 혹은 '빨리 끝냅시다'라고 할 때 쓰이는 문장이다. Get over 는 숙어형으로 '처리하다, 완료하다'의 뜻이 있다. 우리가 비교적 잘 아는 단어인 done 역시 '끝내다, 완료하다' 할 때 쓰는 단어이다. 예) I've already done all the prep work. (준비 작업을 모두 끝냈습니다.)

또한 우리가 잘 아는 단어로 영화에도 나왔던 '터미네이터'의 terminate에도 '끝내다'라는 뜻이 있다. 이 밖에도 '끝내다'의 의미를 가진 단어는 수없이 많다. Break up 역시 '끝내다'의 뜻이다. 그래서 I broke up with my girl friend라고 하면 '난 내 여자 친구와 끝냈다, 절교했다'가 되고 broke up a meeting 하면 '미팅을 종료했다, 끝냈다'가 된다.

유사 표현 문장

○ We must finish our work until this week.   이번 주까지는 우리 일을 마무리해야 합니다.
○ I want to terminate our discussion here.   전 여기서 토의를 끝내고 싶어요.
○ He just completed master's degree in business.   그는 얼마 전 경영학 석사과정을 마쳤다.
○ My passport will expire end of this year.   제 여권이 이번 연말에 만료됩니다.

Conversation

A) Today we worked very hard but…
오늘 우리 정말 일을 많이 했습니다만…

B) Okay, let's call a day.
그래요. 오늘은 여기서 끝냅시다.

A) But we're still behind our work.
하지만 일이 밀려있다구요.

197 I really want to flight from the reality.

대박영어 현실에서 도피하고 싶습니다.

요즘 같이 스트레스 많이 쌓이는 일상에서 누구나가 한 번쯤은 현실에서 도피하고 싶은 충동을 느낄 것이다. '현실에서 도피하고 싶습니다'를 영어로 **I want to flight from the reality**라고 한다.

여기서 현실은 **reality**이고 도피는 **flight**이다, **flight**는 '여행, 비행, 비행기' 등의 뜻이 있지만 '도주, 패주, 탈출' 등의 뜻도 함께 있다. 그래서 여기서 '도피하고 싶다'라고 할 때 **flight from the here**를 쓰는 것이다. 어느 팝송 구절에 **I want to go somewhere far away**라는 구절이 있다. 이 말은 한때 유행했던 말, '어디론가 멀리 떠나고 싶다!'의 뜻이다.

'도피'의 단어로는 **escape, elusion, refuge, flight** 등이 있다. 이들 모두가 도피나 회피의 용도로 쓰이는 단어들이다. 동사로 자주 쓰이는 **retreat** 역시 '도피하다'의 뜻이 있다.

참고로 현실은 **reality**인데 간혹 **We must move with the time**이라는 말을 자주 듣곤 한다. 이 말은 '시간에(맞게) 함께 움직이다'라는 뜻으로 '현실을 직시하다, 현실에 맞게 행동해야 한다'라는 뜻이다. **A realist**는 '현실주의자'이고, **harsh reality**는 '냉정한 현실', **real life**는 '실생활'이다.

유사 표현 문장

- **I want to get out of here as soon as possible.** 전 가능한 여기서 빨리 벗어나고 싶습니다.
- **I want to escape from my reality.** 제 현실에서 도피하고 싶습니다.
- **But reality is big different to this.** 하지만 현실은 이것과 아주 다릅니다.
- **Reality hit me when I went to the USA.** 미국에 갔을 때, 현실을 깨달았습니다.

Conversation

A) **I can't live because of money problem.**
정말 돈 문제 때문에 못 살겠어요.

B) **Things don't always go your way. Cheer up!**
세상사 다 뜻대로 되는 게 아니잖아요. 힘네세요!

A) **I really want to flight from the reality.**
정말 현실에서 도피하고 싶어요.

My boss is both strict and tender!
우리 사장님은 엄격하면서도 자상하다!

'보수적이다'를 영어로 **She or he is a conservative**라고 한다. '영국 보수당'을 **Conservative party**라고 한다. 그런데 우리가 잘 알고 있는 단어인 **diehard** 역시 형용사형으로 '보수적인, 완고한'의 뜻이 있다. 우선 **conservative**에 대해 좀 더 공부해보자.

먼저 **a conservative method**는 '보수적인 방식'을 의미하며 **a distinct leaning toward conservative**는 '뚜렷한 보수적 경향'을 말한다.

Strict 역시 형용사형으로 '엄한, 엄격한'의 뜻이 있다. 그래서 **strict and tender**라고 하면 '엄격하면서도 부드럽다' 혹은 '자상하다'의 뜻이 되는 것이다.

'너무 깐깐하게 굴지 마세요'라고 한다면 **Don't be so fastidious**라고 한다. 그리고 '우리 아버지는 권위적인 분이에요'라고 할 때에는 **My father is too bossy**라고 한다. '엄격하다'의 영어단어로는 **strict**를 비롯하여 **severe, stem, rigid** 그리고 **rigorous**가 있다. 이것들 모두가 '엄한, 엄중한, 엄격한'의 뜻을 가진 단어들이다. 예) **The surveillance is very strict**. (감시가 매우 엄하다.)

유사 표현 문장

○ **He is undergoing rigorous investigation.** 그는 엄중한 조사를 받고 있다.
○ **She is too strict with her children.** 그녀는 아이들에게 너무 엄하다.
○ **My English teacher is very strict and uptight.** 우리 영어 선생님은 아주 엄격하고 깐깐하다.
○ **I was tender of irritating my father.** 난 우리 아버지를 화나게 하지 않으려고 주의했다.

Conversation

A) **What manner of him?**
그 사람은 어떤 사람입니까?

B) **He is both strict and tender.**
엄하면서도 자상하죠.

A) **Double personality then?**
그럼 이중인격자인가요?

199 I have butterflies in my stomach.
가슴이 조마조마합니다.

'가슴이 두근거린다'라고 할 때에는 **My heart is beating**이나 **My heart is beating so fast**라고 하다. **Beat**는 (시합 등에서) '이기다'의 뜻이 있지만 음악 등에 '장단을 맞추다, 박자를 맞추다' 등의 뜻도 있다.

그리고 **beating**은 명사형으로 '때림, 두들겨 팸, 매질' 등의 뜻이 있어 '뭔가 내 심장을 **beating**한다'가 '가슴이 두근거린다'의 의미가 되는 것이다. 같은 뜻으로 **I feel my heart pounding**이라고도 하는데 **pounding**에는 '쿵쿵 두드리는 소리, 쿵쾅거리는 소리, 쿵쾅거림' 등의 뜻이 있다.

또한 영화장면에 자주 등장하곤 하는 **My heart went pit a pat** 또한 '나는 가슴이 두근두근했다'이다. **Pit a pat**은 '심장이 두근거림, 팔딱팔딱' 등의 뜻이다. 그리고 **go pit a pat** 하면 '펄떡펄떡 뛰다'이다.

하지만 위의 표현인 **have + butterflies in my stomach**은 '내 위 속에 나비들이 왔다 갔다 한다'는 의미로 '가슴이 두근두근' 혹은 '조마조마할 때' 자주 쓰이는 표현이다. 즉, 예를 들어 '미국인과 영어로 대화하자면 가슴이 조마조마해요' 하고 할 때 그들은 **I have butterflies in my stomach when I talk to American in English**라고 한다.

유사 표현 문장

○ What he said tugged at my heart.   그의 말에 가슴이 찡했다.
○ I am on the edge of my seat the whole time.   온종일 가슴이 조마조마했다.
○ I was afraid of being found out for having lied.   난 거짓말 한 게 들통날까봐 가슴이 조마조마했다.
○ I am on pins and needles.   가슴이 조마조마합니다.

Conversation

A) I don't think I will be able to speak English well later.
제 생각에는 제가 영어를 잘할 것 같지가 않아요.

B) Where did you get that idea?
어째서 그런 생각을 하죠?

A) Because I have butterflies in my stomach when I speak English.
영어로 말할 때는 가슴이 두근두근 하니까요.

200

Epic English

Wow! I can't picture this in my country!
우와! 우리나라에서는 이건 상상도 못하는 일이에요!

'상상력'은 Imagination이다. 하지만 '상상하다'라고 한다면 동사형인 Imagine을 쓴다. 이 경우 have + imagine을 쓰면 된다. '상상을 하고 있다'는 뜻이다. I can't picture는 '그림이 안 그려지네요' 즉 '상상이 안되네요'의 뜻이고 Now I get the picture!는 '그래, 감 잡았어!'에 해당한다.

It was more beautiful than I have imagined라고 하면, '제가 상상했던 것보다 훨씬 아름답군요!'가 되는 것이다. 어느 유명가수의 팝 가사 중에 Imagine all the people, living for today~라는 가사가 있었다. '상상해 보자, 사람들이 오늘 하루만 산다면~'의 뜻이 될 것이다.

우리말에도 '나머지는 네 상상에 맡긴다'라는 말이 있다. 이것은 영어로 옮긴다면 You may imagine what followed you나 I leave the rest to your imagination이다. 여기서 정확하게 단어의 용도를 살펴보자. '상상하다'는 imagine이나 fancy를 쓰고, '가정하다'는 suppose, '추측하다'는 guess나 conjecture를 쓴다. Expect나 can see 등은 '예측하다, 상상하다', 의 뜻이다. 가령 예를 들어 I never expected that he as an actor라고 하면, '그가 배우가 되리라고는 상상도 못했다'가 될 것이다. I couldn't see her as an actress라고 해도 이와 비슷한 뜻이다. '그녀가 배우가 되리라고는 상상도 못했다'이다.

Can't make out~은 '기대를 하지 않았다'라는 뜻보다는 '판단을 하지 못하겠다, 인식을 하기 힘들다'의 뜻이다. 영화 속에 자주 나오는 by any stretch of the imagination + S + V는 '아무리 ~하는 것을 상상해 봐도'의 뜻인데, 여기서 stretch는 '쭉 펴다, 즉 최대한 ~ 가늠해 봐도'의 뜻이다.

유사 표현 문장

○ She is the most innocent woman imaginable. 그녀는 상상도 못할 만큼 순진하다.
○ I can't imagine what the 22nd century will be like. 나는 22세기 모습은 상상이 안 간다.
○ I can't picture myself as a mother. 나는 엄마로서 네 모습을 상상할 수가 없다.
○ I can't picture this. 상상이 잘 안 가는데요?

Conversation

A) **The more I think, the more I can't understand this.**
아무리 생각을 해보아도 이것은 이해가 안 돼요!

B) **Yes! I can't picture this in Vietnam.**
네! 이건 베트남이라면 상상도 못해요.

A) **Certainly not.**
절대 아니죠.

201 That is really no more than froth!
대박영어 그것은 정말 실속이 없어요!

'실속'은 영어로 **substance**이다.
Real worth와 **solidity**라고도 하고, **hollow** 에는 '속이 빈, 알맹이가 없는, 공허한' 등의 뜻이 있다. 그래서 **That is the hollows**는 '실속이 없다'가 된다. 이와 반대로 **solidity**는 '견고한, 속이 꽉 차있는, 실질적인'의 뜻이 있다. 그래서 '실속이 있다'라고 할 때에는 **That is really solidity**라고 하는 것이다.

'빛 좋은 개살구' 속담이 있는데, 이것을 미국인들은 **good for nothing**이라고 표현한다. 즉, 다시 말해서 겉은 **good**인데 **for nothing** 즉, 속은 '그렇지 않다'는 뜻이다.

예) **She is a good for nothing.** (그녀는 빛 좋은 개살구예요.)

Solidity에 대해 좀 더 살펴보자. **A solid business**(실속 있는 장사), **a solid meal**(실속 있는 식사), **a solid plan**(실속 있는 계획). **Substance** 역시 '실속'의 뜻이 있다. **There is no substance on that.** (그것은 실속이 없습니다.) **Discard the shadow for the substance.** (허울을 버리고 실속을 차리다.) 여기서 **discard**는 '폐기하다, 버리다, 제거하다'의 뜻이다. 참고로 **froth**는 '거품의' 뜻 말고도 '허황된 것, 덧없는 것의' 뜻이 있다.

유사 표현 문장

○ His all talk was all froth. 그의 모든 이야기는 허황된 것들이다.
○ That business plan is really no more than froth. 그 사업계획은 정말 실속이 없다.
○ That match (event) was no more than froth. 그 경기(이벤트)는 정말 실속이 없다.
○ We need a something solid business project. 우리는 뭔가 실속 있는 사업계획이 필요하다.

Conversation

A) I heard you just start another business.
또 다른 사업을 시작하셨다고 들었습니다만.

B) That is right but that is really no more than froth.
맞습니다. 그러나 영 실속이 없네요.

A) It'll pays off in the long run.
장기적으로 볼 때는 이득일겁니다.

202

She likes to make mischief between the people.
그녀는 사람들 이간질하는 것을 좋아합니다.

언어에는 좋은 말과 나쁜 말이 있다.

'나쁜 말' 즉, '욕설'을 영어로 **four-letter word**라고 한다. '**4**', 왜 일까? 모든 좋지 않는 단어들이 대개 알파벳 숫자 네 글자로 되어 있기 때문이다. 그 예가 **shit, bull, fuck, damn** 등 단어이다. 그래서 간혹, **a four letter word**라고 하면, '그것은 욕이다'가 된다. 예) **Do diet is a four letter word for me.** (나보고 다이어트를 하라고 하는 것은 욕이다.) 또한, **He used a four letter word in TV**라고 하면, '그는 TV에서 욕을 사용했습니다'가 된다.

그렇다면, '험담'은 뭘까? **Abuse, slander, gossip, back biting** 등이 있으나 영화에서는 주로 이렇게 표현 한다. **He likes to say something in people's back.** (그는 사람 뒤에서 험담하는 것을 좋아한다.) 또한 **bad mouthing** 역시 '험담'이다. (예: **He is bad mouthing others every day.** 그는 매일 남을 험담한다.)

그렇다면, '이간질'은 뭘까? 숙어형으로 **make bad blood between~**이 바로 '이간질'이다. 하지만 영화에서는 곧잘 **Why do you always have to come between us?** 하곤 하는데 이 표현이 '당신은 왜 항상 우리를 이간질하려는 겁니까?'이다. **Mischief** 역시 '이간질'이고 **mischief-maker**는 '이간질하는 사람'이다. **Alienate** 역시 '이간질을 하다'의 뜻이다. 참고로 말대꾸는 **talk back**이다. (예: **Don't talk back to me, okay?** 말대꾸하지 마. 알았어?)

유사 표현 문장

- He is usually trying to make bad blood between the people. 그는 항상 사람들 사이를 이간질한다.
- She made mischief of between the two families. 그녀는 두 가족을 이간질했다.
- They tried to drive a wedge between friends. 그들은 친구 사이를 이간질하려 했다.
- She is quite skilled at playing one side against the other. 그녀는 이간질을 잘한다.

Conversation

A) The more I think, the more I don't understand his attitude.
생각하면 생각할수록 그의 행동에 이해가 가지 않습니다.

B) Maybe, he is trying to make mischief between you and her.
어쩌면 당신과 그녀 사이를 이간질하려고 하는 것 같아요.

A) I want to give him a lesson.
손 좀 봐주고 싶네요.

203 Don't lure her to go shopping together.
같이 쇼핑 가자고 그녀를 꼬시지 마세요.

'강요하다'는 force나 push를 쓴다. 그래서, Don't push her to study English라고 하면 '그 여자에게 영어공부를 강요하지 마라'가 되고, force를 써서 Don't force him to go to the party라고 하면 '그에게 파티에 갈 것을 강요하지 마시오'가 된다. Press 역시 같은 뜻으로 I am not gonna press you to study hard라고 하면 '공부 열심히 하라고 강요하지 않겠습니다'이다.

하지만, '설득하다, 혹은 꼬시다'라고 하려면 다른 표현을 써야 한다. '설득하다'에는 persuade나 convince 그리고 persuasion을 쓴다. 그래서 His argument lacks persuasion하게 되면, '그의 주장은 다소 설득력이 부족하다'가 되고, persuade를 써서 Please try to persuade her to come here라고 하면 '그녀가 여기 오도록 잘 설득해 보세요'가 된다.

예) **Nothing would induce me to take the job**. (그 무엇으로도 난 그 일을 하지 않을 것이다.)

여기서 보면, induce 역시 '설득하다, 유도하다'의 뜻이다. 하지만 '꼬시다 라'고 하면 또 뜻이 달라진다. 의미가 비슷할 지라도 '꼬시다'와 '설득하다'는 다소 차이가 있기 때문이다. '꼬시다'에도 여러 가지 의미가 있는데, '유혹하다는 chirps'라고 하고 '성적으로 ~를 꼬시다'는 pick someone up을 쓴다. 그래서 **He goes to clubs to pick up girls**라고 하면 '그는 여자애들을 꼬시러 클럽에 간다'의 뜻이 된다. 예문을 잘 보고 쓰임새를 알아보자.

유사 표현 문장

- He comes onto girl just for fun. 그는 재미 삼아 여자를 꼬신다.
- I need to hit on girl tonight. 오늘 저녁에는 여자를 하나 꼬셔야겠어.
- The only thing he is interested chasing women. 그는 온통 여자 꼬시는 데만 정신이 팔려 있다.
- Don't lure him away from his studies. 공부하는 그를 꾀어내지 마라.

Conversation

A) Don't lure her to go to see a movie together.
그녀에게 같이 영화 보러 가자고 꼬시지 마라.

B) What do you take me for?
나를 뭐로 보는 겁니까?

204 Epic English

I suddenly quit my job without a backup plan!
아무런 대책 없이 회사를 그만 둬 버렸어요!

'대책'은 영어로 **measure**이다. 간혹 **step**을 써도 '대책, 대응'이 되며 **countermeasure** 역시 '대응책'이다. **Stopgap**은 '임시방편'이다. 예) **That is nothing but a stopgap!** (그것은 임시방편에 불과합니다.) '비상대책'은 **emergency measure**이고, 정치인들이 선거 때마다 강조하는 '실업대책'은 **a countermeasure against unemployment**이다. '대안'은 **counter plan**이라고 한다. 하지만, **do something about it** 역시 뭔가 '대책을 세우다' 혹은 '뭔가를 조치하다'의 뜻으로 원어민들이 즐겨 쓰는 표현 중 하나이다.

예) **Instead of complaining all the time, do something about it.** (그렇게 매일 불평만 하지 말고 대책을 세우세요.) **Backup**은 원래 명사형으로 '지원, 대비, 대책' 등의 뜻이 있다. 그래서 **The police had backup from the army**라고 하면, '경찰은 군의 지원을 받았다'가 된다. 또한, **back up**에는 '(차를) 후진시키다'의 뜻이 있어 **Can you back up a little your car?**라고 하면, '차를 조금만 후진해 주시겠습니까?'가 된다. '후원하다, 지원하다'의 뜻에도 **back-up**이라는 단어를 자주 쓰는데, 이 용례와 가장 비슷한 단어로는 **support**가 있다. **Backup plan**은 **back up + plan**의 합성어이다. 그래서 '대책계획' 또는 '대체계획'이니 결국 '대책'이 된다.

유사 표현 문장

- **She always has a backup plan.** 그녀는 항상 대체계획이 있다.
- **That is a good idea to have a backup plan.** 비상대책이 있다는 건 좋은 생각이다.
- **I don't have a backup plan about that.** 그것에 대한 대안은 없어요.
- **I guess it's time for the backup plan.** 계획을 세울 단계로 다시 돌아가야 할 것 같습니다.

Conversation

A) **I have come to worry over why I did that!**
내가 왜 그렇게 했던가 후회가 됩니다.

B) **Forget it! I quit my job without a backup plan too.**
신경 끄세요! 저 역시 대책 없이 회사를 그만뒀어요.

A) **I really don't want to rock the boat.**
정말 평지풍파를 일으키고 싶지 않습니다.

205

All I have left now is dogged spirit.
마지막 남은 건 깡밖에 없다.

대박영어

'자존심은 접어주세요!'라고 한다면 **Put your pride in the pocket**이라고 한다. 말 그대로 '자존심은 주머니에 넣어 두어라'의 뜻이다.

'자존심이 있다'는 **have + pride**를 쓴다. 숙어형인 **be too proud to beg**는 '자존심이 있어서 구걸하지 않는다'의 뜻이다.

간혹 영화에 보면, **We have less than pride**라는 말이 있는데, 이 말 뜻은 '자존심도 안 남았다'이다. '자존심이 상하다'는 **My pride is much married up by~** 식으로 표현한다. 여기서 재미있는 숙어 하나를 소개한다면 **in the pride of my years**이다. 이 말 뜻은 '내 전성기'의 뜻이다. 그래서 **Many women were looking on me in the pride of my years**는 '나도 전성기였을 때에는 여자들이 줄을 섰다' 쯤 된다.

그렇다면 **dogged spirit**에서 **spirit**은 무슨 뜻일까? 먼저 **dogged**는 형용사형으로 '완강한, 끈질긴'의 뜻으로 **be dogged** 하면 '깡다구가 있다'의 뜻이다. 그래서 영화에 보면 **dogged pursuit**가 '끈질긴 추적, 집요한 추적'의 뜻이다. **Spirit**은 명사형으로는 '정신, 영혼'의 뜻이고, 형용사형인 **spiritual**은 '정신의, 정신적인'의 뜻이다. **In spirit**은 '마음속으로'라는 뜻으로 **I shall be with you in spirit**은 '몸은 떨어져 있어도 마음은 당신과 함께입니다'이다.

유사 표현 문장

○ **The body is corruptible but the spirit is incorruptible.** 육체는 썩지만 영혼(정신)은 불멸이다.
○ **With dogged spirit, she done the job in a month.** 악바리 근성으로 그녀는 한달만에 그 일을 끝냈다.
○ **I have nothing but dogged spirit.** 가진 것은 깡다구밖에 없습니다.
○ **With dogged spirit, finally he passed the test.** 악바리 근성으로 마침내 그는 시험에 합격했다.

Conversation

A) **How can you stay here without money?**
돈이 없이 어떻게 여기 머물려구요?

B) **That's okay! All I have left now is dogged spirit.**
상관없어요! 이제 제가 가진 것은 악밖에 없어요!

A) **Okay, do your best.**
그래요 최선을 다하세요.

206 Epic English

It's not everything what you see.
눈에 보이는 것만이 전부가 아닙니다.

사람들은 눈에 보이는 것만 믿는 경향이 있다.

그래서 사실을 확인하고 나서도 눈에 보이지 않는 것은 믿으려 하지 않는다. 미국인들은 **There is more than meets the eye**라고 하곤 한다. 이 말은 '보이는 것만이 전부는 아니다'이다. 같은 뜻으로 영화대사에 자주 나왔던 대사가 **It's not everything what you see**이다. 말 그대로 '보이는 것이 전부가 아니다'이다.

그렇다면 '하나를 보면 열을 안다'는 영어로 어떻게 표현할까? **See one and you've seen them all**이라고 한다. 그리고 '열 길 물속은 알아도 한 길 사람 속은 모른다'라고 할 때면, **Men and melons are hard to know**라고 하고 **I don't know what your game is ~**는 '대체 네가 무슨 생각을 하고 있는지 모르겠어!'이다.

또한, 영화 속 단골표현인 **Seeing is believing**은 '백문이 불여일견'의 뜻이다. 즉, '보지 않고는 믿을 수가 없습니다'이라는 뜻인 것이다. 참고로 **I can't believe my eye**는 보고서도 믿을 수 없을 때 쓰는 말로 즉, '내 눈을 믿지 못하겠습니다'의 뜻이다.

마지막으로 '당신은 왜 매사에 삐딱하십니까'는 **Why you can't see straight?**인데 '왜 똑바로 보지를 못하십니까?'이다.

유사 표현 문장

○ **You must put things into perspective.** 당신은 세상(사물)을 넓게 봐야 합니다.
○ **Zoom out, wake up and think big!** 넓게 보고 망상을 접고 크게 사고하라.
○ **Beyond that, you must keep an eye on that.** 그 밖에 당신은 그것도 고려해야 합니다.
○ **Your face tells everything.** 네 얼굴이 모든 것을 다 말해주고 있어.

Conversation

A) He is a perfect man because he has a good car and pretty girl friend too!
그 사람은 완벽해요. 좋은 차도 있고 여자친구도 예쁘고.

B) Look! It's not everything what you see.
이것 봐요! 눈에 보이는 게 전부는 아닙니다.

A) What do you mean?
무슨 뜻이죠?

207 He once was a good actor.
그도 한때는 훌륭한 배우였다.

대박영어

영어 노래중에 **Once more**라는 제목을 가진 팝송이 있다. **Once**는 '한 번'의 뜻으로 갯수를 세고자 할 때 쓰인다. **One time**이라고 하지 않는다. 두 번째나 두 개 역시 **two times**라고 하지 않고 **twice**라고 한다. 그래서 영어 팝송 중에 **Think twice before the answer!** 라는 가사가 있다. '대답하기 전에 두번 더 생각해 보세요!'이다. 세 번, 네 번은 숫자대로 **three times**, **four times**라고 하면 된다.

여기서 **just once**를 보면 '딱 한 번만'의 뜻을 가진 숙어이다. 그래서 '딱 한 번만이라도 제 말을 믿어주세요!'라고 한다면, **Trust me just once!**라고 하거나 **Just once count on me!**라고 한다. **Once again**은 '한 번만 더…'이다. 여기서 **just**는 부사형으로 정확히 라는 뜻의 '딱', '꼭'의 뜻을 가진 단어이다. '그냥'의 뜻도 있어 **I just asked you!**라고 하면 '그냥 물어본 거였어요!'가 된다.

먼저 **once in a blue moon**은 '가뭄에 콩 나듯 한다'이고, **once a month**는 '한 달에 한 번', **once a week**은 '일주일에 한 번', **once in a life time chance**는 '일생에 한 번 있는 기회', **once over**는 '대충 훑어보기' 그리고 **once was**는 '예전에 ~이었던' 혹은 '예전에는'의 뜻이 된다. 예) **He is not what he used to be** 혹은 **He is not what he once was**. (그는 예전의 그가 아니다.)

유사 표현 문장

○ **He once was illiterate, but he learned to read.** 그는 한때 문맹이었으나 이후 읽는 법을 배웠다.
○ **His aura is not what it once was.** 그의 분위기가 예전 같지 않습니다.
○ **He once was a good teacher but he is a man of pleasure.** 그는 한때 훌륭한 선생이었으나 지금은 타락한 사람이 되었다.
○ **Once was totally insecure, but I don't feel it now.** 나는 한때 자신이 매우 없었지만 지금은 그렇지 않다.

Conversation

A) **What is he like as a person?**
그는 어떤 사람인가요?

B) **Well, he once was a good business man but…**
그는 한때는 훌륭한 사업가였죠. 하지만…

A) **What happen to him?**
그에게 무슨 일이 일어난거죠?

208 Epic English

I was very furious with myself for my lacking courage!
용기 없는 나 자신에게 화가 났다!

'화가 나다' 또는 '화를 내다'에는 여러 가지 영어 단어 혹은 숙어 표현이 있다. 먼저, '화'의 대명사 **angry**는 형용사형으로 angry 앞에 많은 동사가 붙는다. 그래서 **be + angry**와 **get angry**가 있다. **Get angry**는 '화를 내다'인데, **get sore**도 '화를 내다'의 뜻이 있다. 여기서, 명사형인 **anger**는 '화, 분노'의 뜻이고 동사형은 '화나게 하다, 분노를 일으키다'의 뜻이다. 그래서 **There is an anger in your word**라고 하면 '말 속에 뼈가 있다'이고 **The question clearly angered him**은 '그 질문이 그를 화나게 했다'이다.

또한, **be + mad at~**도 '화를 내다'이다. 그래서 **She was mad at me!**라고 하면 '그녀는 나에게 화를 냈다'이고 **piss** 목적격 **off** 역시 '~에게 화를 내게 하다'이다. 그래서 **She pissed me off** 하게 되면 '그녀가 나를 화나게 했다'가 된다. 예) **You're pissing me off today!** (당신 오늘 정말로 날 열 받게 하네요.)

'당신 화났어?'라고 할 때도 **Are you pissed off at me?**라고 하는데 주로 영화에서 자주 사용된다. **Furious** 역시 형용사형으로 '노발대발한, 몹시 화를 낸, 격노한'등의 뜻이다. 예를 들어, **My father was furious about my debt.** (우리 아버지는 나의 빚에 대해 격노하였다.) 여기서 **furious with~** 혹은 **furious about~**은 '~에 대로하다'의 뜻이다. 숙어형으로 **hit the ceiling** 역시 '노발대발하다'의 뜻이다.

유사 표현 문장

- **Don't piss me off, okay?** 저 열 받게 하지 마세요. 아셨죠?
- **He is try to make me angry!** 그는 나를 화나게 만들어요!
- **Don't piss me off with the same question!** 같은 질문 여러 번 해서 화나게 하지 마!
- **I was very furious with myself for my mistake.** 나의 실수에 대해 내 자신이 화가 났다.

Conversation

A) **I was furious with myself for my lacking of courage.**
용기 없는 내 자신에게 화가 났어요.

B) **Cheer up! People all mistakes sometimes.**
힘내세요! 누구나 가끔 실수를 하는 거죠 뭐!

A) **But my mistake is unforgettable.**
하지만 제 실수는 잊기 어려운 것입니다.

쉬면서 알고 가는 재미있는 영어표현

241. 딱 꼬집어서 말하지 못하겠어요.
     I can't pin point it.

242. 일부러 거짓말하려고 했던 건 아니에요.
     I didn't mean to tell a lie.

243. 묻는 말에 yes 혹은 no라고만 대답하세요.
     I want you to answer yes or no.

244. 만우절입니다.
     It's April fool's day.

245. 대충이라도 말해주세요.
     Just give me a ball park figure.

246. 당신 말 속에 뼈가 있군요.
     There is anger in your words.

247. 이상하게 들리시겠지만,
     This will sound strange but,

248. 이야기하면 뭘 합니까?
     What is the use of talking?

249. 왜 당신은 항상 제 말에 꼬리를 다나요?
     Why do you always twist my words?

250. 그냥 말로만 그러는 거죠?
     You're just saying that right?

속담표현

- 재수가 없으면 뒤로 넘어져도 코가 깨진다 – Misfortunes never come singly.
- 정신일도 하사불성(精神一到 何事不成) – Where there is a will, there is a way.

일상생활에 자주 사용되는 재미있는 영어 표현들입니다.

251. 당신이 먼저 그 이야길 꺼냈잖아요.
You brought it up first.

252. 말씀만 하세요. 다 들어드릴게요.
You name it.

253. 죽고 싶어?
Do you have a death wish?

254. 너는 쓸모없는 인간이야.
He is good for nothing.

255. 그는 한물간 사람이다.
He is over the hill.

256. 저도 참을 만큼 참았어요.
I've had it up to here.

257. 난 팔불출이 아닙니다.
I'll wasn't born yesterday.

258. 부끄러운 줄 아세요.
Shame on you.

259. 그것 정말 지겨운 거죠.
That's a pain in the neck.

260. 그건 저에게 무리예요.
That's over my head.

속담표현

- 제 버릇 개 못준다 – Old habits are diehard.
- 종로에서 뺨맞고 한강에서 눈 흘긴다 – Go home and kick the dog.
- 죽마고우 – A buddy from my old stomping grounds.
- 죽은 자는 말이 없는 법이다 – Dead men tell no tales.

209 I don't like the man who talks too much!
대박영어
전 말 많은 사람은 딱 질색입니다!

'난 잘난 체하는 인간은 딱 질색입니다'라고 한다면,' 잘난 체하다'라는 표현만 알면 쉽다. '잘난 체하다'는 acts like he is all that이나 acts like S + knows everything이다. 그러므로 I don't like the man who acts like he is all that이라고 하면 '난 잘난 체하는 인간은 딱 질색이다'가 되는 것이다.

이번에는 표현을 약간 바꾸어서 I know the man who + 동사 식을 보자. 이 표현은 '난 ~하는 사람을 알고 있다'이다. '난 컴퓨터에 대해 잘 아는 사람을 알고 있다'라고 한다면 I know the man who knows about computer라고 하면 되고, '내 친구 중에 영어를 잘 하는 사람이 있다'라고 한다면 I have a friend who can speak English very well이다.

Man을 boy나 girl, woman 등으로 바꾸어서 표현해도 여러 가지 표현을 할 수 있다. 바로 이렇게 말이다. I know a business man who knows business well. (사업에 대해 잘 아는 사업가를 하나 알고 있다.) even을 써서 I don't even like the man who ~ 식도 연구해서 사용해 보자.

유사 표현 문장

- I don't like the man who smokes a lot. 난 담배 많이 피는 사람은 싫다.
- She doesn't like the man who all talks no action. 그녀는 말만 번지르르하게 하고 행동하지 않는 사람을 싫어합니다.
- I know the man who is very rich. 나는 매우 부자인 사람을 알고 있습니다.
- We must find the man who can help us. 우리를 도와줄 수 있는 사람을 찾아야 한다.

Conversation

A) I don't like the man who slap woman.
전 여자를 때리는 남자는 좋아하지 않습니다.

B) That's right! You're talking my language.
네, 맞아요! 당신은 나와 말이 통하는 군요.

A) We're in a same league.
생각이 비슷한거죠.

210

I am the one who should apologize.
오히려 제가 사과를 해야 합니다.

The shoe is on the other foot이라는 표현이 있다. 직역하면 '그 신발은 다른 발의 것이다'의 뜻이고, 의역하면 '그것은 정반대되는 상황이다'의 뜻이다. 다시 말해, 내가 잘못을 하지 않았는데 오히려 잘못한 사람으로 둔갑되어 있으면 **The shoe is on the other foot**라고 미국인들은 자주 이야기한다. 그러므로 내가 오히려 '~해야 한다' 혹은 '~하다'는 **I am the one who + 동사원형**을 써서 표현한다. 다시 말해서, '당신이 오히려 거기 가야 한다'라고 한다면, **You're the one who must go there**가 되는 것이다. 참고로 '반대'의 의미가 있는 숙어로는 **the other way**라는 숙어가 있고 **on the contrary** 역시 이와 '반대로 ~할'인 경우에 쓰인다. **In reverse** 역시 '반대로, 거꾸로'의 뜻으로 쓰이는 숙어이다.

예) **The secret number is my phone number in reverse.** (비밀번호는 내 전화번호를 거꾸로 한 것이다.) **I think it should go on the other way round.** (내 생각에는 그게 반대로 되어야 할 것 같다.) 여기서 **on the other way round**는 '반대로 ~ 하다'의 뜻이다. 우리가 잘 알고 있는 숙어형인 **on the other hand** 역시, '반면의' 뜻으로 자주 사용되는 숙어이다.

유사 표현 문장

- **Some people like juice by the side of I like coffee.** 어떤 사람들은 주스를 좋아하지만 난 커피를 좋아한다.
- **I am the one who study hard.** 열심히 공부해야 될 사람은 오히려 접니다.
- **She is the one who must be humble.** 겸손해야 할 사람은 오히려 그녀 입니다.
- **Corruption and growth are inversely related.** 비리와 성장의 관계는 반비례에 있다.

Conversation

A) **I regret that I didn't study hard.**
공부를 열심히 하지 않은 것을 후회하고 있습니다.

B) **I am the one who had to study hard.**
열심히 공부했어야 했던 사람은 오히려 저였습니다.

A) **It's time to study now.**
바로 지금 공부할 때입니다.

211

He is so indecisive for everything.
그는 모든 일을 어정쩡하게 합니다.

대박영어

'술에 술 탄 듯 물에 물 탄 듯'이라는 말이 있다. 그것을 영어로는 **He is wish-wash**라고 한다. 말 그대로 '이랬다저랬다 한다'는 뜻이다. 어느 영화대사에 **He is a man waiting in decision**이라는 말을 했다. 이 말 역시 '결정을 기다리는 사람'의 뜻으로 어정쩡하게 결단력이 없는 사람을 일컫는 말이다. 그러면서 **I am a fifth wheel**이라는 말을 한다. 이 말의 뜻은 '나는 쓸모없는 인간입니다'이다. 말 그대로 '다섯 번째 바퀴'이니 네바퀴 달린 자동차나 마차에서 할 수 있는 일이 무엇이겠는가? 이런 표현을 알아두면 외국인과 대화할 때 자연스런 표현을 영어로 할 수 있다. 형용사형으로 '어정쩡한 태도'는 **a dubious attitude**라고 하고 '어정쩡한 시도'는 **a weak attempt**, '어정쩡한 대답'은 **a non-committal**이라고 한다. 부사형인 **awkwardly** 역시 '어정쩡하게'의 뜻이 있다.

그리고 '이것도 저것도 아닌 ~의' 뜻으로는 **borderline**을 쓰는데 **In fact that was borderline reddish**라고 하면, '사실 그것은 이것도 저것도 아닌 쓰레기였다'의 뜻이 된다. 여기서 **borderline**은 '국경선'의 뜻으로 '이 나라도 저 나라도 아닌 양다리의 ~' 뜻이 있다. 반대로 철두철미하다는 **too cut and dry**를 쓴다. 바로 이렇게 말이다. **He is too cut and dry for everything**. (그는 매사에 철두철미하다.)

유사 표현 문장

- **He is sometimes cold sometimes hot.** 그는 변덕이 죽 끓듯 해요.
- **This is neither here nor there.** 이것은 이것도 저것도 아닙니다.
- **Police in this town forces are neither one thing nor the other.** 이 동네경찰은 이것도 저것도 아니고 어중간하다.
- **Some are good and some are bad.** 어떤 것은 좋은 것도 있고 아닌 것도 있다.

Conversation

A) **How can you describe him?**
그는 어떤 사람인가요?

B) **Well, he is so indecisive for everything.**
글쎄요, 그 사람은 모든 게 어정쩡해요.

A) **You mean, is he a fifth wheel?**
당신말은, 그 사람 별 쓸모가 없다는 건가요?

212

He isn't a good breadwinner.

그는 생활력이 없습니다.

'능력'은 ability, 그리고 '추진력'은 positive drive, 또한 backbone은 '끈기, 근성, 줏대'라는 뜻이다. '자존심'은 pride나 self-respect이다. 그래서 '무엇을 하든 근성이 있어야 한다'라고 할 때, 그들은 You need a backbone이라고 한다. 영화에서는 I can't stick to nothing이라는 표현도 자주 나오는데 이 문장의 뜻은 '난 무엇을 하든 끈기가 없습니다'이다. 물론 I easily get tired to ~ 동사원형을 써서 '난 ~ 을 함에 있어 싫증을 느낀다'로 쓰기도 한다. 예) I easily get tired (of ~ing) to do something. (난 무엇이든 쉽게 싫증을 느낍니다.) '생활력'을 뜻하는 영어로는 vitality 혹은 vital 그리고 earning power 등이 있다. 그래서 be + full of vitality라고 하거나 have high earning power라고 하면 '생활력이 강하다'의 뜻이 된다. 반대로 He doesn't have the ability to make (earn) of a living이라고 하면 '그는 생활력이 없다'가 된다. 숙어형으로 earn one's own living 역시 '생활력'의 뜻이다. 글자 그대로 '빵을 얻는 사람' 이라는 뜻을 가진 Breadwinner는 명사형으로 '집안의 기둥, 한 집안의 가장, 생계수단, 직업' 등의 의미다. 그래서 He isn't a breadwinner라고 하면 '생활력이 없다'인데 breadwinner와 비슷한 표현으로 bring home the bacon이 자주 쓰인다. 그래서 Who brings home the bacon?이라고 하면 '누가 집안 생계를 꾸려나가나요?'의 뜻으로 Who supports your family?와 같은 뜻이다.

유사 표현 문장

○ He knows the way how to make money. 그는 돈을 아주 잘 벌어요.
○ I must bring home the bacon. 제가 돈을 벌어야 가족을 부양할 수 있습니다.
○ She isn't a good breadwinner. 그녀는 생활력이 없습니다.
○ My brother supports all my family. 우리 형이 우리 가족을 부양합니다.

Conversation

A) I don't like the person who isn't a good breadwinner.
전 생활력이 없는 인간은 싫습니다.

B) You're talking my language!
제 말이 그 말이라니까요!

A) When I was young, I was living from hand to mouth.
어렸을 때, 난 하루 벌어 하루 먹고 살았어요.

213

The experience like that is very worthwhile for the life.
그런 경험을 해 보는 것은 인생에 있어 보람이 있죠.

대박영어

'성취감'은 sense of accomplishment라고 하며, '만족감'은 sense of satisfaction이다. '뿌듯하다'라고 표현한다면 마땅한 것이 없으니 pride를 쓴다. 예) It is a very proud moment indeed. (정말 뿌듯한 순간이다.) 그렇다면 '자부심'은 뭘까? Self-esteem이다. 혹은 Self respect pride라고 하는 게 일반적이다. 예) It's a matter of pride. (그것은 자부심(자존심)의 문제이기도 하다.)

열정은 passion을 쓴다. 물론 fever를 같이 사용하기도 한다. Zest 또한 열정의 뜻이 있어 He had a great zest for life라고 한다면, '그는 삶에 대한 열정이 대단하다'의 뜻이 된다.

우리가 잘 아는 fire는 '불, 화재, 난방'의 뜻이지만, 영화를 볼 때 나오는 hold fire는 '사격중지, 사격하지 마라!'의 뜻이다. fire는 '사격, 발포하다'의 뜻 외에 열정이라는 의미도 함께 있다. 예) He is full of fire and courage. (그는 열정과 용기로 가득 차 있습니다.) 또한, red 역시 '열정적인'의 뜻이 있어 I was red, she was blue라고 하면 '난 열정적이었지만 그녀는 냉담했다'가 된다. 가장 일반적인 표현인 The most important thing is passion은 '제일 중요한 것은 열정이다'이다.

유사 표현 문장

○ This work is worth the trouble. 이 일은 노력을 들일 만하다.
○ We have to strive for our dream. 꿈을 이루기 위해선 열심히 노력해야 한다.
○ With a full heart and joy, we headed back home. 우리는 뿌듯함과 기쁨으로 가득한 채 집으로 돌아갔습니다.
○ That is very worthwhile for your life. 그것은 당신 인생에 있어 보람 있는 일입니다.

Conversation

A) I don't know why do I have to study English because that is not easy either.
내가 쉽지도 않은 영어를 왜 공부해야 하는지 모르겠습니다.

B) Please cheer up! That will be worthwhile for you!
힘내세요! 그게 당신에게 보람을 가져다 줄 거예요!

A) Okay, I'll do my level best.
알겠습니다. 제 수준에서 최선을 다하겠습니다.

They prohibit me to read that book!
그들은 내가 그 책을 읽는 것을 금지했다!

'금지하다'의 단어로는 **prohibit** 말고도 **ban**, **forbid** 등이 있다. 우리가 영어 공부를 하면서 느끼는 것이지만 각각의 표현이 지니는 미묘한 차이점을 잘 알아야 유창한 영어를 구사할 수 있다. 영어에는 비슷한 단어들이 많다. 예를 들어, '반대하다 허락하지 않다 금지하다'의 표현들이 거의 비슷하지만 다소의 차이가 있다는 뜻이다. 다시 말해서 '정부가 북한 방문을 금지했다' 하고 한다면, **The government prohibit people to visit North Korea**라고 할 것이다. 여기서 **prohibit**이 '금지하다'이다. '반대하다'는 **oppose**나 **against**를 쓴다. 예) **I don't want to oppose you.** (난 당신을 반대하고 싶지 않다.) **The letter determined him against the plan.** (그 편지를 읽고 그는 그 계획에 반대하기로 결정했다.)

또한 '허락'의 뜻의 단어를 사용한다면 **allow**를 쓴다. **My parents won't allow me to stay out late.** (우리 부모님은 늦은 귀가를 용납하지 않는다.) **We should allow chidren to watch educational TV.** (우리는 아이들에게 교육적인 TV를 시청할 수 있도록 허락해야 한다.) **Not allow + 동사원형**은 '~하는 것을 허락하지 않는다'이다. 그래서 **I don't allow her to get married him**이라고 한다면 '난 그녀가 그 남자와 결혼하는 것을 허락하지 않는다'가 된다. 이처럼, 허락인지 용납인지 금지인지 반대인지 단어를 정확하게 구분하여 영작을 해야만 비로소 여러분이 원하는 유창한 영어회화가 가능해 질 것이다.

유사 표현 문장

○ **Most supervisors allow to study here for 2 weeks.** 대부분의 관리자는 여기에 2주만 머물 것을 허락합니다.
○ **I didn't allow you here to insult me!** 네가 왜 남의 일에 끼어들고 난리야?
○ **Vietnam government prohibit foreigner to stay here more 2 weeks without visa.** 베트남 정부는 외국인이 비자 없이 2주간 머무르는 것을 금지했다.
○ **They oppose me to go USA.** 그들은 내가 미국에 가는 것을 반대했다.

Conversation

A) Why they prohibit you to read that book?
왜 그들이 당신이 그 책을 읽는 것을 금지하죠?

B) Because that book is a seditious book.
왜냐하면 그것은 불온서적이기 때문입니다.

A) Who's the author?
저자가 누군가요?

215 She is what we call a tomboy!

대박영어 그녀는 소위 말하는 말괄량이다!

It's called라는 표현이 있다.

이 표현의 뜻은 '~라고 불리어지고 있다', '~하고 부른다'의 뜻이다. 다시 말해 '그것은 김치라고 불리지요'라고 한다면 It is called Kimchi라고 하는 것이다. 이것과 흡사한 표현이 '소위, 이른바'의 뜻으로 So-called, 혹은 be + what it call이다. 다시 말해서 그것은 '소위, 이른바 ~하고' 표현할 때에는 be + what we call + 명사이다. '다시 말해서'는 in other words 라고 하고, '게다가'는 besides이다.

예를 들어 보자. She is kind and besides she is pretty라고 하면 '그녀는 친절하고 게다가 예쁘기도 하다'이다. '아울러'는 and also로 표현하면 된다. I intend to pay a visit and also ask a favor to you. (인사차 찾아뵙고 아울러 한 가지 부탁드릴 것이 있습니다.)

또한 '덧붙이자면 ~'은 I would add ~ 식으로 표현하곤 한다. 이처럼 처음 서두에 붙이는 표현법은 수 없이 많다. '참고로 ~'는 for reference라고 하고, refer to + 명사는 '~을 참고하다'이다. 반대로 on the other hand 는 '반면에 ~의' 뜻이고, '특히'는 especially ~이다. 마지막으로 '종합적으로'는 all things considered라고 하는데, 이 표현들은 모두 외워서 활용해 봄직하다.

유사 표현 문장

○ What's it called again? 다시 말 해봐. 뭐라고?
○ So why wasn't it called Kimchi instead? 그러면 왜 김치라고 불리지 않았는가?
○ He is a so called gigolo. 그는 소위 말하는 제비족이다.
○ She is what we call a X-generation girl. 그녀는 소위 말하는 X세대 여성이다.

Conversation

A) What a man calls fate is a web of his own weaving.
소위 운명이라는 것은 사람이 스스로 친 거미줄이다.

B) Yes, that's why I am the captain of my soul.
예, 그래서 저는 제 운명을 스스로 결정합니다.

A) Good luck!
행운을 빕니다!

216

I am so attached to my car!
내 차에 너무 정이 들었습니다!

'정'이 영어로 뭘까?

그냥 **feel close**라고 해도 '정이 들다'가 된다. 글자 그대로 '가깝게 느끼다'라는 뜻이니, 이는 결국 '정이 들었다'가 되는 것이다. '정'에 해당하는 단어로는 **affection** 그리고 **attracted**를 쓰는데, 이 단어가 가장 일반적인 표현이다. 어느 영화 대사에 '정이 그립다'를 **I am hunger for human (attachment) affection**이라고 표현했다. '인간미가 없다'도 **He has no hunger affection** 이라고 한다. **Affection**에는 '애착'의 뜻도 있다. 그래서 **He has a great affection for New York**이라고 하면 '그는 뉴욕에 애착을 가지고 있다'가 된다.

참고로 **show one's affection**은 '애착을 보이다'이고 **have affection**은 '애착을 갖다' 그리고 **wind one's affection**은 '애정을 구걸하다'의 뜻이 있다.

Children need lots of love and affection. (아이들은 많은 애정과 보살핌을 필요로 한다.) 또한 '친근감'은 **feel friendly**나 **feel a sense of closeness** 이다. **Affinity** 역시 '친근감'의 뜻이 있어 **feel affinity**라고 하면 '친근감을 느끼다'이고 **have affinity**라고 하면 '친근감을 갖다' 즉 '호감을 갖다'가 되기도 한다. **Show friendliness** 역시 '친근감을 표시하다'의 뜻이다. 마지막으로 **friendly impression**은 '친근감을 주는 인상'의 뜻으로 **He gives off a friendly impression to everyone he meets** 하게 되면 '누구에게나 친근감을 주는 인상이다'가 된다.

유사 표현 문장

○ **It's obvious I've become quite attached.** 내가 꽤 정들었던 것은 사실이다.
○ **I am so attached to my house.** 내 집에 정이 든 것은 사실입니다.
○ **He has no human affection.** 그는 인간미가 없습니다.
○ **I feel very close about that job.** 그 직업에 정을 느낍니다.

Conversation

A) **Why don't you sell your used car then?**
그럼 당신이 타고 있는 중고차를 파시지 그래요?

B) **But, I am so attached to that car.**
그런데, 그 차에 너무 정이 들어서요.

A) **I konw what you mean.**
무슨 뜻인지 알겠어요.

217 That is a hasty judgment.
그것은 경솔한 판단입니다.

'결정'은 decide나 make a decision을 쓰고 judgment 역시 '판단력'의 뜻이 있다. 동사형은 judge '판단하다'이다.

'판단기준'은 criteria이다. Standard of judgment는 '판단기준'이다. 예문을 하나 들어보자. There is no absolute standard of beauty. (미에는 절대적인 기준이 없다.) They apply selection criteria rigorously. (그들은 선발기준을 엄격히 적용한다.) 우리가 자주 사용하는 표현 중에 '사람을 겉모양만 보고 판단하지 마세요'라는 말이 있다. 이것이 Don't judge a man by his appearance이다.

그렇다면, '판단력을 잃다'는 어떻게 표현할까? Lose one's judgment라고 하고 '판단력이 좋다'는 have a good judgment, '상황판단을 하다'는 judge the situation, '판단력이 없다'는 be lacking in judgment 라고 한다. 예) He is completely lacking in money matter judgment. (그는 돈 문제에 대한 판단력이 없다.) 참고로 conclusion 역시 명사형으로 '결론, (최종적인) 판단'의 뜻이 있다. 예) There is not even time for a proper conclusion. (적절한 결정을 내리기 적합한 때란 없다.)

우리가 비교적 잘 알고 있고 익숙한 단어인 tell도 상황에 따라 '판단'의 뜻으로 사용되곤 한다. 그 예가 Don't tell a book by it's cover (책 표지만 가지고 책을 판단하지 마라)이다. 물론 judge라고 해도 같은 표현이 된다. 비슷한 표현으로 can't tell A and B (A인지 B인지 판단이 안 된다)도 있다.

유사 표현 문장

○ That is a snap judgment. 그것은 경솔한 판단입니다.
○ That was a rash act. 그것은 경솔한 판단이었습니다.
○ I judge him to be a very honest man. 제 판단으로는 그 사람은 아주 정직하다.
○ Don't worry! I'm here to help, not judge. 걱정 마! 나는 너에게 판단이 아닌 도움을 주러 왔다.

Conversation

A) That company is over the hill, forget it.
잊어 버려, 그 회사는 이제 한물갔어요.

B) But, I think that is a hasty judgment.
그러나 내 생각에 그것은 경솔한 판단 같습니다.

A) You must face what the situation is.
상황이 어떤지를 직시해야만 합니다.

218

If you're all that, how big could you be?
네가 잘났으면 도대체 얼마나 잘났어?

'감정에 충실하다'는 be + true to one's feelings를 쓰는 것이 일반적이다. 우리가 잘 아는 '감정'은 feeling이나 emotion이다. Sentiment 역시 '감정'의 뜻이다. 어느 영화대사에 She is in touch with her emotions라는 말이 나온다. 이 말의 뜻은 '그녀는 그녀 감정에 충실하다'의 뜻이다. Be honest with emotion 역시 '감정에 충실하다'의 뜻이다.

위에 표현법을 살펴보면 중간에 you're all that이라는 대목이 있다. Be + all that 은 '잘난 체하다'의 뜻이다. 팝송가사에서는 put on airs ~의 표현도 있다. 이 역시 '잘난 체하다' 혹은 '생색을 내다'의 뜻이다. 그래서 Don't put in air about coffee!라고 하면, '커피 한 잔 가지고 생색내지 마세요!'가 된다.

'잘난 체하다' 혹은 '거드름을 피우다'의 뜻을 가진 숙어로는 cop an attitude, look wise, 그리고 be on good terms with oneself, give oneself an air of consequence 등 부지기수이다. 물론 act like ~를 써서 He acts like he is a big man이나 He acts like he knows everything이라고 해도 '그는 모든 것을 다 아는 것처럼 행동하다'이니 '잘난 체한다'가 된다. 또한 riding high 나 He is talking from a high horse라고 하면 '그는 높은 말에서 이야기 한다'의 뜻이 아니라 '그는 공작처럼 이야기 한다'의 뜻으로 '잘난 체하다'의 뜻이 되는 것이다. 문장을 살펴보고 응용해 보자.

유사 표현 문장

○ He acts like he is all that. 그는 그가 대단한 것처럼 행동한다.
○ She acts like she is a princess. 그녀는 자기가 무슨 공주인 것처럼 행동한다.
○ He is conscious at his own importance. 그는 항상 거드름을 피운다.
○ She thinks she is so good! 그녀는 그가 대단한 줄 안다.

Conversation

A) He used to feel his oats to everybody!
   그는 항상 모든 사람들에게 잘난 체를 합니다.

B) Yes! Ridiculous! If he is all that, how big could he be!
   그러게요! 어처구니가 없어요! 자기가 잘났으면 대체 얼마나 잘났기에!

A) I want to cut him down to size.
   그 사람 콧대를 꺾어놓고 싶어요.

219 Don't need to be discouraged!
대박영어
기죽을 필요 없습니다!

'기'는 영어로 **spirit**이다. 물론 **energy**라는 단어도 쓴다. **Live confidently**가 '기를 펴고 살다'이다. 그래서 **I want to live confidently!** 하게 되면 '기를 펴고 살고 싶습니다'가 된다.

어느 외화에서 주인공이 다음과 같은 말을 했다. **Oh! This is out of my league!** 이 말은 '이거 정말 기죽는데요!'이다. **Minor league**에 있다가 **Major league**에 가면 누구나 기가 죽는다. 여기에 빗대어 한 말이다.

또한 **bottled out** 역시 숙어형으로 '기가 죽다, 포기하다'의 뜻이 있다. 그래서 **I bottled out when I saw his car**라고 하면 '난 그의 차를 보고 기가 죽었다'가 되고 **It has bottled out once again** 하게 되면 '그것은 또다시 포기되었다'가 된다.

참고로 '기가 죽다'에는 여러 가지 숙어형이 있는데, **Be discouraged** 말고도 **be downhearted**와 **be downcast** 그리고 **be crestfallen** 역시 '기가 죽다'의 뜻을 가진 숙어형이다. **Lose heart** 역시 '기죽다'의 뜻으로 원어민들이 자주 말하는 **Don't lost heart!**가 바로 '기죽지 마시오!'다.

유사 표현 문장

○ **I am suddenly feeling daunted at the thought.** 나는 갑자기 그 생각 때문에 기가 죽었다.
○ **She always made me smile when I was down.** 내가 기죽어 있을 때, 그녀는 항상 나에게 웃음을 주었다.
○ **Don't need to be discouraged what ever she says.** 그녀가 뭐라고 하든 기죽을 필요는 없습니다.
○ **He didn't get discouraged the criticism of people.** 그는 사람들의 비난에도 기죽지 않았습니다.

Conversation

A) **You don't need to be discouraged, understand?**
기죽을 필요 없습니다. 알겠죠?

B) **But, that's not easy.**
그러나 그게 쉽지가 않아요.

A) **You look like your feeling under the weather from last weak.**
지난 주부터 기분이 안 좋아 보였어요.

220 I don't want to suffer again!
난 다시는 고통 받고 싶지 않습니다!

'고통'의 대표적인 영어 단어는 누구나가 알고 있는 **pain**이다. 그래서 **No pain, no gain**(고통이 없으면 얻어지는 것도 없다)이라는 표현도 생긴 것이 아니겠는가? '인내는 쓰고 열매는 달다'는 **Patience is bitter but its fruit is sweet**라고 한다. 철학자 아리스토텔레스가 우리에게 남긴 명언 중 하나이다.

그렇다면, '고통'에는 그 밖에 어떤 단어들이 사용되는지 살펴보자. 각각의 경우에 따라 **agony, torment, toture, suffering, distress, anguish** 등 부지기수가 있다. 하지만 각 단어의 용도는 조금씩 다르다. 먼저 육체적, 정신적 고통은 **suffering**을 쓴다. 그래서 **Death finally brought an end to her suffering**은 '이 죽음이 마침내 그녀의 고통을 끝나게 해 주었다'이다.

그러나 **pain**은 그냥 육체적으로 고통을 받을 때 쓴다. **It's painful.**(몸이 아파요.) **Distress**는 **pain**과 반대로 정신적인 고통을 받을 때 쓰는 단어이다. **The newspaper article caused the actor considerable distress.** (그 신문 기사는 그 배우에게 상당한 고통을 안겨 주었다.) 그렇다면, **torment**는 뭘까? 이 뜻은 '고통, 고뇌'의 뜻으로 역시 정신적으로 괴로움을 당할 때 쓴다. **They were a terrible torment.** (그들은 엄청나게 사람들을 괴롭혔다.) 문장을 살펴보고 그 단어의 용도를 잘 기억해 보자.

유사 표현 문장

- I am stay in a lot of pain. 난 아직도 많이 고통스럽다.
- I know they're suffering from a lack of money. 그들이 돈이 부족해서 고통 받고 있는 걸 알고 있다.
- He doesn't seem to be suffering much. 그는 그다지 많이 힘든 것 같지 않다.
- That is the way to torment people. 그것은 사람들에게 많은 고통을 주는 것이다.

Conversation

A) I want his suffering to end soon.
그의 고통이 빨리 끝났으면 좋겠습니다.

B) Yes, I hope so too.
저 역시 그렇습니다.

A) He already spent enough time and money in order to solve the problem.
그는 문제를 해결하기 위해 이미 충분한 시간과 돈을 썼습니다.

221 She is always taking your side.
그녀는 항상 당신 편만 들더군요.

Side는 어떤 것의 중심을 기준으로 한 좌우 절반 중 하나 또는 한쪽을 의미한다. 그래서 **You look only one side of the shield** 하면 '방패의 한 면만 본다'의 뜻으로 '하나만 알고 둘은 모르시는군요'의 뜻이다.

사랑을 할 때에도 **one side love**라는 것이 있는데, 이것은 '어느 한쪽만 사랑한다'의 의미로 짝사랑을 의미하는 것이다. '삼각관계'는 **love triangle**이다.

우리가 잘 알고 있는 숙어 표현 중 **side by side**는 '나란히'의 뜻이 있고, **beside**는 '옆에'의 뜻이다.

또한 **choose side**는 '편을 가르다'여서 Eventually, You are gonna have to choose a side 하게 되면 '결국 당신은 편을 골라야만 할 것입니다'이다. 여기서 side가 들어가는 숙어형을 보면 **sidetrack**은 '옆길로 새게 하다, 빠지다'이고 **sideline**은 '부업', **sideburns**는 '구렛나루(수염)', **sidewalk**는 '인도, 보도' **aside**는 '한쪽으로, 비켜, 따로'의 뜻이 있다.

또한 '고모'나 '이모' 둘 다 영어로는 **aunt**이다. 다만, **father's side**나 **mother's side** 식으로 표현하는 것에 차이가 있을 뿐이다. 여기 '~쪽'에 사용되는 표현을 한번 살펴보자. **She favors her father's side of the family** '그녀는 친가 쪽을 닮았다'. 그리고 **take one's side**는 '~쪽의 편을 들다'의 뜻으로 **I don't want to take anybody's side**라고 하면 '나는 그 누구의 편도 들기 싫습니다'이다.

유사 표현 문장

○ I didn't take my father's or mother's side. I tried to remain neutral. 저는 아버지 편도 어머니 편도 들지 않고 중립을 지키려고 애썼죠.
○ Why you are always taking her side? 왜 넌 항상 그녀 편만 들려고 하는 거니?
○ I want to take side with the weak. 저는 약자의 편을 들고 싶습니다.
○ Why you want to take the away team side? 왜 당신은 방문팀을 편을 들죠?

Conversation

A) It's not fair because he is always taking his side.
이것은 공평하지 않습니다. 왜냐하면 그는 항상 그의 편만 드니까요.

B) Look! Please get rid of your prejudice.
제발 선입견을 버리세요.

A) Please stay neutral between him and me.
그와 나 사이에 중립을 지켜주세요.

222

Epic English

I can't have the clue about that (at all).
전혀 감을 잡을 수가 없습니다.

한때 최고의 유행어가 '그래! 감 잡았어'였다. 이것이 영어로는 **I've noticed a little signal of it**이라고 한다. 물론 다른 여러 가지 표현도 있다. **I can't guess ~ S + V** 식으로 사용해도 무방하다. 하지만 외화를 자막 없이 보길 원한다면 최대한 여러 가지 표현을 알아 두는 것이 영어 듣기 능력을 끌어 올리는 지름길이다. 오늘은 반대로 '전혀 감을 잡을 수 없다'의 표현을 한번 공부해 보자. **I don't know what your game is**가 있는데 이 말은 '난 너의 꿍꿍이속을 모르겠다'이고 **I can't tell head and tails** 역시 '전혀 뭐가 뭔지 모르겠다'라고 할 때 쓴다.

일반적으로 **I can't have any idea for what it is** (그게 뭔지 도저히 감을 잡을 수 없네요)도 있다. 그렇다고 **feel**을 써서 **I cannot get the any feel about ~**을 써도 안 되는 것은 아니다. 영화에서는 오히려 **I can't make out what is what**을 더 자주 쓰는 것을 볼 수 있다. '뭐가 뭔지 대체 감이 안 온다'의 뜻이다.

위 문장 표현의 단어인 **clue**는 명사형으로 '단서, 실마리'의 뜻이 있다. 주로 범죄나 범행을 말할 때 이 단어를 쓰곤 한다. **I don't have a clue where she lives**가 바로 이 표현인데 '그녀가 어디에 사는지 도무지 (알 수가 없다) 모른다'이다. 또한 숙어인 **light in a clue**는 '실마리를 찾다, 발견하다'이고, **a key clue**는 '중요한 단서'이다. 가장 중요한 숙어 **clue somebody in**은 '누구에게 ~ 정보를 주다'이다.

유사 표현 문장

- **Finally, they found the critical clue about that.** 마침내 그들은 그것에 대한 결정적 단서를 찾아냈다.
- **Check her phone record. That will be a clue.** 그녀의 통화기록을 확인해 보세요. 그것이 단서가 될 것 입니다.
- **I didn't have the clue about your problem at work.** 당신이 직장에서 어떤 고충을 겪고 있는지 몰랐습니다.
- **He has no clue what the current trends are.** 그는 유행에 아주 뒤떨어져 있다.

Conversation

A) **Why you didn't tell me anything about her?**
왜 그녀에 대해 내게 일언반구 없었나요?

B) **Well, because I don't have the clue what she does!**
그게, 그녀가 뭘 하는지 알 수가 없잖아요.

A) **We don't have even a rough idea.**
우리에겐 대충의 정보조차 없네요.

223 I am willing to anything for you!
당신을 위해서라면 무엇이든 할 수 있습니다!

'~할 것이다'는 will + do를 쓴다. Will 은 be + going to를 대신해서 쓰기도 한다. 그래서 **I will go to school**(학교에 갈 것이다)를 be + going to로 바꿔서 **I am going to go to school**이라고 하기도 한다.

다른 중요한 용례로는 be+thinking of가 있다. **I am thinking of ~ ing**는 '~하려고 생각중입니다'이다. 예) **I am thinking of going to cooking school.** (요리학교에 다닐까 생각 중 입니다.) 그러나 be 동사의 과거형을 써서 was + going to나 were + going to라고 하게 되면 '~하려고 했었다'가 된다. 예) **I was going to study English last year.** (작년에 영어를 공부하려고 했었다.)

Be + willing to ~는 '기꺼이 ~하다, 흔쾌히 ~하다'의 뜻으로 자주 사용되는 숙어형 문장이다. 예) **I am willing to restart if you want.** (당신이 원하신다면 기꺼이 다시 시작하겠습니다.) **Willing** 대신에 자주 사용되던 단어는 **pleased**이다. 역시 **I am pleased to ~**하게 되면 '흔쾌히 ~하겠습니다'가 되는 것이다.

어느 영화 대사에서 포로구출을 하려고 하는데 생명이 위험할 수도 있다고 말하자 **I am willing to die if I did**라고 했다. 꼭 번역한다면 '죽음도 감수하겠습니다'이다. **Willing**은 형용사형으로 '~에 반대하지 않는, ~하지 못할 이유가 없는'의 뜻이다.

유사 표현 문장

○ **I am willing to pay more for a high quality product.** 품질이 좋으면 돈을 더 지불할 용의가 있습니다.
○ **I am willing to answer your all questions.** 당신의 모든 질문에 응하겠습니다.
○ **She is willing to do anything in reason, I think.** 그녀는 도리에 어긋나지만 않는다면 어떤 일이라도 할 용의가 있다고 전 생각합니다.
○ **If you say jump, I'll jump.** 당신이 하라고 하면 무엇이든지 하겠습니다.

Conversation

A) **You need more money just in case.**
만약의 경우를 생각해서 돈이 더 필요할 겁니다.

B) **Okay, no worry. I am willing to pay more if that is not bad.**
오케이, 걱정 마세요. 기꺼이 돈을 더 지불할 용의가 있습니다. 만약 그것이 나쁘지만 않다면요.

A) **Better safe than sorry.**
나중에 후회하기보단 미리 조심하는 편이 낫죠.

224 What are you sorry for?
미안한 게 뭔데?

'미안하다'라는 말에 너무 인색해서도 안 되겠지만 그렇다고 너무 남발하면 그것 또한 무책임해 보인다. 그래서 뭐든지 '적당한 것이 가장 좋다'라고 하는 것인가 보다. 위의 표현인 **What are you sorry for?**는 '도대체 뭐가 잘못 이다는 거냐?' 즉, '네가 미안한 게 뭔지 알고나 이야기하느냐?'의 뜻이다.

영화를 보면 **Sorry is not cut it everything**이라는 표현이 있다. '미안하다고 하면 다 되는 게 아니다'의 뜻이다. 이처럼 sorry라는 간단한 단어에도 다양한 쓰임새가 있는 것이다. **You'll be sorry if you don't listen to me!**라고 하면 '내 말 듣지 않으면 후회하게 될 것이다'의 뜻이다. 또한 **Don't be sorry**는 '미안해 하지 마세요'이고 **I should be sorry**는 '내가 오히려 미안해 해야지'이다. **I didn't mean to be sorry**라고 하면 '미안해 하려고 했던 게 아니다'이다. '미안해'의 뜻으로 사용되는 단어로는 **be uneasy**나 **uncomfortable**(거북하다), **feel uneasy** 등도 있다. 예) **That matter still troubles my conscience.** (그 건에 대해서는 아직도 미안하게 생각하고 있어요.) **He never said he is sorry for anything.** (그는 미안하다고 말한 적이 한 번도 없어요.)

이런 표현도 자주 사용된다. **I don't like the person who tell sorry often.** (자주 이유 없이 미안하다고 말하는 사람을 좋아하지 않습니다.) 여기서 **like**를 **hate**로 바꾸면 '싫어합니다'가 된다.

유사 표현 문장

○ **Don't tell me sorry. You know me better than that.** 미안하다고 하지 마세요. 당신이 더 잘 알잖아요.
○ **Only tell sorry is not everything okay.** 미안하다고 하는 게 모든 게 만사형통은 아닙니다.
○ **I don't want to hear you're sorry.** 난 당신이 미안하다고 하는 걸 듣고 싶지 않아요.
○ **She doesn't care that I am sorry.** 그녀는 내가 미안하다고 해도 신경도 안 써요.

Conversation

A) **I am really sorry about that. Please forgive me once more.**
정말 죄송해요. 이번 한번만 더 용서해 주세요.

B) **Hey, what are you sorry for?**
네가 미안하다는 건 뭐니 대체?

A) **Everything is my fault. I admit it.**
모든 것이 다 제 잘못입니다. 인정한다구요.

쉬면서 알고 가는 재미있는 영어표현

261. 그건 말도 안 되는 소리에요.
That doesn't figure.

262. 이게 한두 번이 아니잖아요!
This is not the first time!

263. 그럼 당신이 잘하는 게 뭐죠?(비하하듯)
What are you good at?

264. 저를 뭘로 보고 하는 소리입니까?
What do you take me for?

265. 네가 뭐라도 되는 줄 아니?
Who do you think you are?

266. 당신은 항상 제가 곤란할 때 부탁을 하는군요.
You always ask me at a bad time.

267. 넌 정말 닭살이야!
You are giving me goose bumps!

268. 당신은 도무지 뭐가 뭔지 모르는군요!
You don't know what's what!

269. 약속은 약속이죠.
A deal is a deal.

270. 그러나 저도 조건이 하나 있습니다.
But, I have one condition.

속담표현
- 윗물이 맑아야 아랫물이 맑다 – A servant is only as honest as his master. • 이심전심 – Telepathy.
- 이열치열 - Fight fire with fire. • 일하지 않는 자여, 먹지도 마라 – No song, no supper.

일상생활에 자주 사용되는 재미있는 영어 표현들입니다.

271. 저는 지금 이러지도 저러지도 못하는 상황이에요.
     I'm in a catch 22 situation.

272. 난 구사일생했어요.
     I had a narrow escape.

273. 내가 지금 이러고 있을 때가 아닙니다.
     I have no time to lose now.

274. 그 이상도 그 이하도 아닙니다.
     It's nothing more nothing less.

275. 오늘은 그만 하시죠.
     Let's call it a day.

276. 사랑은 주고받는 겁니다.
     Love is a two way street.

277. 어쩌면 그럴 수도 있고 아닐 수도 있어요.
     Maybe yes maybe not.

278. 차례로 한 사람씩 하세요.
     One at a time please.

279. 내가 그럴 줄 알았어요.
     Serves you right.

280. 저는 금시초문인데요.
     That's news to me.

속담표현

- 자업자득 – As you make your bed, so you must lie.
- 자라보고 놀란 가슴 솥뚜껑 보고도 놀란다 – Once bitten twice shy.

225 How do I know you?
대박영어 당신이 저를 어떻게 아시나요?

영어에는 상대방이 주체가 되지 않고 본인이 주체가 되어서 표현하는 문장이 많다. 그래서 '여기가 어딥니까?'라고 할 때, Where is here?라고 할 것 같지만 그렇게 표현하지 않고 Where am I here?라고 한다. Where was I? 혹은 What was I saying?은 '내가 어디까지 얘기했죠?'다.

How do I know you?도 '당신이 저를 아시나요?'인데, How do you know me?라고 실수하기 쉽다. 다시 강조하지만, 정확한 표현은 How do I know you?이다. 즉, '제가 당신을 알고 있나요?'라고 묻는 것이다. 또한 '당신을 어떻게 불러야 합니까?'라고 할 때에도 How do I call you? 보다는 How so I address you? 혹은 What shall I call you?라고 해야 옳다. Address에는 '주소'의 뜻도 있지만 '호칭하다, 부르다'의 뜻도 있다. 그래서 Please don't address me as Mrs라고 한다면 '나를 여사라고 부르지 마세요'이다. 그리고 '대다수의 학생들은 영어를 할 줄 아나요?'라고 상대방에게 물을 때, Can you speak English?라고 하는데 이의 올바른 표현은 Do you speak English?라고 해야 옳다. 만약 누군가가 불러서 가고 있을 때, '네, 지금 가고 있습니다' 역시 Yes, I am going there!라고 하지 않고 I am coming!이라고 한다. 또한 '눈치가 없는 사람'을 보고 You have no sense라고 하기보다는 Where are your eyes?라고 해야 한다.

마지막으로 '~을 어떻게 생각하십니까?'라고 할 때, How do you think of ~ 명사를 쓰는 경우가 종종 있는데, 올바른 표현은 What do you think of ~ 명사가 되어야 한다.

유사 표현 문장

○ How do you spell your name? 당신 이름 철자가 어떻게 되나요?
○ I only know him by name. 그 사람의 이름만 알고 있어요.
○ Am I right in thinking we've met before? 우리가 전에 만난 적이 있는 것 같은데 맞나요?
○ I can't remember who you are. 당신이 누군지 기억이 안나요.

Conversation

A) **Excuse me, you're James, aren't you?**
실례지만 당신 제임스가 맞죠, 그죠?

B) **How do I know you?**
저를 아세요?

A) **I know of you.**
당신이 누군지 알고 있어요. (당신에 대해 들었어요.)

226 It turns me on. (off)

Epic English

그것 정말 매력적인데요.(밥맛입니다.), (그것 정말 깜빡 죽이는데요?)

'싫어한다' dislike, '좋아하지 않는다' don't like, '지긋지긋하다' be + sick and tired of ~, '미워하다' hate, '증오하다' hatred, '경멸하다' despise 등, 싫어하는 감정을 나타내는 여러 단어가 있다.

미국의 한 유명배우가 시상식에 넥타이를 매지 않고 나왔다. 시상식이 끝나고 사회자가 다음과 같이 물었다. '왜 당신은 넥타이를 매지 않는 거죠?' 그러자 그가 하는 말이 It turns me off라고 했다. 이것을 그대로 직역하면 '난 넥타이는 딱 질색입니다'이다. 물론 반대의 경우 '그것 정말 죽이는데요!'라고 한다면 off 대신에 on을 써서 It turns me on이라고 했을 것이다. 비슷한 표현도 익히고 가자. I have a dream which is up to dick. (나는 멋진 꿈을 가지고 있습니다.)

여기서 한 가지 awesome이라는 단어를 주시해 볼 필요가 있다. Awesome은 형용사형으로 '경탄할 만한, 어마어마한'의 뜻을 가지고 있다. 그래서 an awesome sight라고 하면 '어마어마한 광경'이고 How awesome it feels라고 하면 '기분 정말 깜빡 죽인다'가 된다. 여기 몇 가지 awesome이 들어가는 예문을 살펴 보자. You look awesome, by the way. (어쨌든 너 정말 죽여준다.) Oh man, you're so awesome! (넌 아주 멋진 놈이야!) It was awesome. (그거 정말 죽이더라.) 우리가 잘 알고 있는 매력에 관련된 단어로는 attractive나 charming이 있다. 그래서 '그녀는 정말 매력적이다'라고 할 때, 원어민들은 곧잘 She is really attractive라고 하지 않던가? 예) She made an attractive offer. (그녀는 매력적인 제안을 했다.)

유사 표현 문장

○ She was really gorgeous. (attractive) 그녀는 정말 매력적이었다.
○ Her fashion turns me on. 그녀의 패션은 정말 깜빡 죽이는군요.
○ She is charming and weird at the sometime. 그녀는 매력적이면서도 괴상한 구석이 있어요.
○ It didn't really appeal to me. 그것은 정말 내 취향이 아니었어요.

Conversation

A) **How do you feel about her?**
그녀가 어떻습니까?

B) **She turns me on!**
그녀는 정말 매력적이죠.

A) **You can say that again.**
내 말이 그 말입니다.

227
대박영어

Coffee is on me, dinner is on you. Okay?
커피는 내가 사고, 저녁은 당신이 사세요. 오케이?

'이건 제가 내는 겁니다'라고 할 때면 원어민들은 **This is on me**라고 한다. 무언가를 산다고 하면 우리는 **buy**라는 단어를 떠올린다. 그래서 뭘 하든지 '내가 사겠다'라고 하면 **buy**라는 단어를 활용하려고 한다. 그러다 보면 이내 표현의 한계에 부딪힌다. **Treat**에도 동사형으로 '다루다, 취급하다'가 있지만 예) **Don't treat me as a child** (애들 취급하지 마세요), 명사형으로 '한턱'의 뜻이 있다. 그래서 '내가 한턱 쏘겠다'라고 할 때, **I'll treat you**라고 하는 것이다.

위 문장 중에 **on me**는 '나에게'의 뜻이 있다. 그래서 **You can count on me**라고 하면 '나에게 맡기세요'. 즉, 우리가 비교적 잘 아는 **Leave it to me everything**과 같은 뜻으로 사용되고 **A new one on me** 하게 되면 '나로서는 금시초문이올시다'로 **That is news to me**와 같다. 하지만 **hit on me**는 의미가 다르다. '집적거리다, 치근거리다'의 의미가 있다. 그래서 **He hits on me**라고 하면 '그 사람이 나에게 치근거렸다'라는 뜻이다.

Did she fink on me?는 '그녀가 나에게 대해 일러바쳤지'라는 뜻이고 **look on me**는 '나를 쳐다보다'라는 뜻이다. **Many man are looking in me.** (많은 남자들이 나를 쳐다본다.)

참고로 '사다(**buy**)' 말고 '**pay**(지불하다)'도 자주 쓰이는 단어로 그 쓰임새를 보면 **I will pay for the play if you pay for dinner.** (네가 저녁을 사면 내가 연극을 보여주지)도 있다.

유사 표현 문장

○ **I offered to take my friend to dinner.** 친구에게 저녁을 사주겠다고 했다.
○ **This time is on me.** 이번에는 제가 내겠습니다.
○ **This is on the house.** 이것은 우리 가게에서 제공하는 겁니다.
○ **I'll take free meal here.** 여기서 공짜 음식을 먹을 겁니다.

Conversation

A) **We must cut corners as far as we can.**
우리는 할 수 있는 한 경비를 절감해야 합니다.

B) **No worry, follow me. Dinner is on me!**
걱정 말고 따라와요. 내가 저녁을 사죠.

A) **No, today is my turn.**
아네요, 오늘은 제가 낼 차례라구요.

228 Because I have company! (expecting company)

왜냐하면 일행이 있거든요!

우리는 **company**를 '회사'로만 알고 있다.

하지만 '회사'의 뜻보다 '동료, 일행'의 뜻이 훨씬 더 많다. 그래서 단어 하나를 외울 때에도 형식적으로만 외우지 말고 성의 있게 그리고 정확하게 알아야 여러 가지 영어표현도 가능하고 **listening**도 강해진다.

I have company라고 하면 '회사를 가지고 있다'가 아니고 '손님이 있다, 혹은 일행이 있다'이다. 어느 영화 장면에서 운전사가 운전 도중 **Damn it, I have company**라고 했다. 이것은 '교통경찰이 따라오고 있다'이다. 같은 문장, 동일한 표현도 상황에 따라 의미가 달라지는 것이다. 예를 들어 보자. 커피숍에 갔다. 그런데 종업원이 주문을 받으러 왔다. 이럴 때 미국인들은 '일행을 기다리고 있다'라는 뜻으로 **I am expecting company**라고 한다. 그렇다고 **I am waiting someone here**라고 해도 못 알아 듣는 것은 아니지만 '영어의 맛'이 제대로 나지 않는다. **Party** 역시 우리가 생각하고 있는 '파티, 잔치'의 개념보다 '일행, 동료'의 뜻이 있다. 그래서 '일행이 몇 분이십니까?'라고 할 때 **How many people ~?**라고 하는 것 보다는 **How many are there in your party?** 혹은 가볍게 **How many in your party?**라고 한다.

참고로 **many**와 **much**는 약간의 차이가 있는데 '수를 가늠할 수 있을 때는' **many** '양을 가늠하고자 하는 경우'는 **much**를 쓴다. 즉 셀 수 있는 명사는 **many**, 셀 수 없는 명사는 **much**인 것이다.

유사 표현 문장

- **I am waiting for my party.** 전 제 일행을 기다리고 있습니다.
- **Do you have any company?** 일행이 있으신가요?
- **Do you have a table for three?** 3명 앉을 수 있는 테이블이 있나요?
- **Like to sit together with my companion.** 제 일행과 같이 앉고 싶습니다.

Conversation

A) **Would you like to order?**
주문하시겠습니까?

B) **Sorry, I am expecting company.**
미안합니다. 일행을 기다리고 있습니다.

A) **All right. I'll be back in a minute.**
알겠습니다. 잠시 후에 다시 오겠습니다.

229 No matter what (how) S + V.

대박영어

무엇을 하더라도. (~ 일지라도.)

'무슨 일이 있더라도'는 **No matter what happened**라고 하거나 그냥 **No matter what**이라고 한다. 여기서 **No matter what happened**에서 **No matter how** 형용사 **S + V**가 오면 '~을 하더라도' 혹은 '~하게 할지라도'의 뜻이 된다. 예) **No matter how busy you are ~** . (아무리 바쁘더라도 ~), **No matter how often I tell her, she doesn't listen to me.** (내가 아무리 그녀에게 말해도 그녀는 내 말을 듣지 않습니다.)

Matter는 문제, 일, 사건 등을 의미한다. 그래서 **It's a matter of opinion**이라고 하면 '그건 견해 차이에 불과하다'이고 **It's a personal matter**는 '그것은 사적인 문제이다'이다. 우리가 잘 알고 있는 **It's a matter of life and death** 역시 '죽느냐 사느냐의 문제이다'의 뜻이다. 또한 **It doesn't matter**는 '신경 쓰지 마세요' 즉, **don't care, doesn't care**와 같이 사용되며 **As a matter of fact**는 문장 앞에 자주 붙는 표현으로 '저 사실은요…'의 뜻이다.

'시간문제다' 혹은 '그것은 시간이 해결해준다'는 **It's a matter of time**, **time will tell you**라고 한다.

A matter of record는 '공식기록으로는…'의 뜻으로 스포츠 용어에서 자주 사용되었던 숙어이다. **To make matters worse**는 '설상가상으로…'의 뜻이다. 자주 쓰이는 표현으로 알아 두고 사용하면 유용하다.

유사 표현 문장

○ **It doesn't matter to me where I sit.** 어디에 앉든 전 상관없습니다.
○ **No matter what, we have to go there.** 무슨 일이 있더라도 우리는 거기에 가야 한다.
○ **No matter how tired you are, you must go tonight's meeting.** 아무리 피곤해도 당신은 오늘 미팅에 가야 한다.
○ **No matter how often, I tell him he doesn't listen to me.** 내가 뭐라고 아무리 말해도 그는 듣지 않습니다.

Conversation

A) **No matter what happened, we must be gentle.**
무슨 일이 있더라도 우리는 신사적으로 행동해야 합니다.

B) **What? That's not making sense.**
뭐라구요? 그건 말도 안 되는 소리예요.

A) **They want to some more information. It need our leg work.**
그들은 보다 많은 정보를 원해요. 일단 발품을 팔아보자구요.

230 That's what I want!
내가 하고 싶은 게 그거라니까요!

That's what I want!는 '내가 원하는 게 바로 그거라니까요!'인데 원하는 바를 좀 더 구체적으로 표현하고자 할 때에는 우리가 앞에서 배운 바와 같이 to를 써서 'That's what I want to + 동사원형'을 쓰면 여러 가지 표현을 할 수 있다.

예를 들어, '내가 묻고자 했던 것이 바로 그것입니다!'라고 한다면 That's what I wanted to ask가 되고, '내가 알고 싶은 것이 바로 그것입니다'는 That's what I want to know이다. 결국 언어는 응용이다. 응용을 잘 하는 사람이 말을 잘 할 수 있다.

그렇다면 '내가 공부하고 싶었던 게 바로 그것이다' 혹은 '내가 찾고자 했던 게 바로 그것이다'라고 한다면 어떻게 표현할까? That's what I want to study, That's what I want to find out이다. 여기서 and라는 접속사를 쓰면 문장을 더욱 더 길게 표현할 수 있다. 바로 이렇게 말이다. That's what I wanted to look for and I want buy it too. (그것이 내가 바로 찾던 것이고 사고 싶은 것이다.)

참고로 What I want to say is ~는 '내가 하고 싶은 말은요 ~'인데 What I am trying to say is ~라고 하기도 하고 The point is ~라고 하기도 한다. I am just telling you a pointblank는 '단도직입적으로 말씀 드리자면요~'이고 My opinion is ~는 '제 견해는요 ~'이다. 또한 회화에서 자주 등장하는 표현인 the way you talk~는 '그렇게 말하는 것 보니까 ~'의 뜻이지만 '네가 말하는 방식 ~'의 뜻도 된다.

유사 표현 문장

- The way you talk isn't reasonable. 네가 말하는 방식은 합리적이지 못하다.
- This book is what I want to read. 이것이 내가 읽고 싶은 책이다.
- That is what I wanted to focus on. 내가 집중하고 싶은 것이 그것이다.
- That' is what I want to hear from you. 내가 당신에게 듣고자 했던 것이 바로 그것입니다.

Conversation

A) I heard the government will provide free pre-school education.
제가 듣기로 취학 전 아동에게 무상교육을 제공한다는 군요.

B) Great! That is what I want to hear from the government.
좋군요! 내가 정부로부터 듣고자 했던 것이 바로 그것입니다.

A) Sir, I just need a minute of your time to explain it.
이 문제를 설명할 수 있게 잠시만 시간을 내주십시오.

231

I didn't mean to tell a lie.
거짓말을 하려고 했던 건 아니었습니다.

대박영어

Mean은 동사형으로 '의미하다, 뜻하다'의 뜻이고, 형용사형으로는 '비열한, 상스러운' 그리고 '성질이 나쁜, 심술궂은' 등의 뜻이 있다. 그래서 Don't be so mean! 하게 되면 '그렇게 심술궂게 굴지 마라!'라는 뜻이 된다. So mean 을 문장 뒤에 붙이면 부정적일 때 자주 쓴다. You're always so mean!하게 되면 '넌 항상 못되게 굴었지!'가 되고 He is being so mean!도 '그 사람 참 쩨쩨하군!'이 된다.

Means는 명사형으로 '수단, 방법, 방도'의 뜻이 있다. 그 대표적인 예가 His friends used every means to put him to flight. (그를 도주시키려고 친구들이 모든 수단을 썼다.) He used every means to make money. (그는 돈을 벌기 위해 모든 수단을 강구했다.) Meaning 역시 명사형으로 What's the meaning of this word?라고 하게 되면 '이 단어의 뜻이 뭐죠?'이다. Meant는 mean의 과거 뜻은 과거분사형으로 be + meant to be something 하게 되면 숙어형으로 '~인 것으로 여겨지다, 생각되다'의 뜻이다. 예) This coffee shop is meant to be excellent. (이 커피숍은 아주 훌륭하다고 여겨진다.) We're meant to be 하게 되면 '우리는 필연이다(인연이다)'의 뜻이 된다. 그래서 '인연이 있다면 우리는 다시 만나게 될 것이다'는 We'll be able to meet again if we're meant to be이다.

참고로 didn't meant to + 동사원형은 '~ 하려고 했던 것은 아니었습니다'이다.

유사 표현 문장

- I didn't mean to make you trouble. 당신을 곤란하게 하려던 것은 아닙니다.
- I know you didn't mean to tell me like that. 당신이 그런 뜻으로 내게 이야기 하려고 했던 것이 아니었다는 걸 난 알고 있습니다.
- I used every means to speak English well. 난 영어를 잘 하기 위해 모든 수단을 다 썼습니다.
- I didn't mean to be late for the meeting. 일부러 미팅에 늦으려고 했던 것은 아니었습니다.

Conversation

A) I heard you fight with manager this morning.
오늘 아침에 매니저와 다툼이 있었다고 들었습니다.

B) Well, I didn't mean to fight with him but…
그 사람과 싸우려고 했던 것은 아니었습니다.

A) Can I steal a minute of your time?
잠시 따로 뵐 수 있을까요?

232 Epic English

The day you played with friends I was furious!
네가 친구들하고 놀던 날 난 엄청나게 화가 나 있었다!

The day you called me I was very upset! '네가 나에게 전화했던 날 난 엄청 화가 나 있었다!' 여기서 point는 the day S + V이다. 다시 말해서, '네가 ~하던 날' 혹은 '그가, 그녀가 무엇을 하던 날 난 ~을 했다' 라고 할 때, The day + 주어 + 동사를 쓰는 것이다.

'네가 너의 여자 친구와 즐거운 시간을 보낼 때 난 열심히 공부를 했다'라고 한다면, The day you have a good time with your girl friend, I studied very hard 가 된다. 여기서 the day를 the time으로 바꾸면 '~하던 시간에'가 되고 the year로 하면 '~하던 해가 된다'. 예) The time you slept I studied very hard! (네가 잠을 자던 때에 나는 열심히 공부를 했다!) The year you stayed in Africa I was in USA. (네가 아프리카에 머물고 있었을 때 나는 미국에 있었다.) 참고로 while은 '~하는 동안에'의 뜻으로 쓰이고, during 역시 '~ 동안' 혹은 '~하는 동안 내내'의 뜻으로 쓰이는 전치사이다. 예) Where were you during your working hours? (근무시간에 어딜 갔었나요?), Over 역시 '~하는 동안에' 혹은 '~하면서'의 뜻을 가진 전치사이다. 그래서 '우리 대화하면서 커피 한잔 하실래요?'라고 한다면 Shall we talk over coffee?가 된다. As always는 '늘 그랬듯이'의 뜻이고 thereby는 '그렇게 함으로써'의 뜻을 가진 부사이다.

유사 표현 문장

- You can talk to her while I am having lunch. 내가 식사하는 동안 당신이 그녀와 이야기하세요.
- The day you saw the movie with her I had hard time. 네가 그녀와 영화를 보던 날 난 엄청 힘든 시간을 보냈다.
- Thereby we have to strive for the our dream. 그럼으로써 우리는 우리의 꿈을 위해 노력해야 한다.
- The time you played with your friend I helped your family. 네가 친구와 놀던 시간에 난 너의 가족을 도왔다.

Conversation

A) Life is not fair because he has everything.
세상은 참 불공평해. 그가 모든 걸 다 가지고 있다니까.

B) Don't say that, the day you played he worked very hard.
그렇게 말하지 마시오. 당신이 놀던 때 그 사람은 정말 열심히 일을 했어요.

A) I take back my words. I didn't mean it.
제 말은 그런 뜻이 아니었어요. 제 말 취소합니다.

233

He has a funny notion that no money no woman(pussy).
그는 돈 없으면 여자도 없다는 이상한 개념을 가지고 있다.

'개념, 관념, 생각' 등은 영어로 **notion**이다. 그래서 **a false notion**은 '잘못된 생각'이고 **the first notion**은 '일차적 (일반)개념'의 뜻이다. 비슷한 뜻을 가진 단어로는 **concept**나 **idea**, 혹은 **conception** 등이 있다. 물론 논리는 **logic**이다. 그래서 '논리를 무시하고'는 **regardless to logic**이고 '논리에 맞지 않다'는 **be illogical**이나 **be contrary to logic** 등을 쓴다. **There is a leap in your logic.** (당신의 논리에는 비약이 있다.) **What you say is illogical.** (당신의 말은 비논리적이다.)

이처럼 논리에 관련된 많은 표현들이 있다. 일반적으로 '논리정연하다'하고 할 때에는 **be perfectly logical**을 쓴다. 하지만 '~의 개념'은 **conception of ~**나 **concept of ~** 명사를 쓰는 게 일반적이다. 다시 말해서 '그는 시간개념이 없다'라고 한다면 **He doesn't have concept of time**이 되고 **time** 대신에 **appointment**(약속)를 쓰면 '약속에 대한 개념이 없다'가 된다. 또한 영화에서는 **sense of time**을 쓰곤 하는데, 여기서 **sense of ~**은 **concept of**와 같다.

참고로 **The notion that local accents are disappearing is overblown.** (사투리가 사라지고 있다는 것은 과장된 것이다.)

유사 표현 문장

- **I have only a notion for what he will be in the future.** 나는 그저 그가 미래에 무엇이 될 것인지 알고 싶을 뿐이다.
- **That idea is universally common notion.** 그것이 사회의 통념이다.
- **She has a notion that life and love is money.** 그녀는 인생이나 사랑은 돈이다라는 생각을 가지고 있다.
- **I have a funny feeling that you're not telling the truth.** 어째 네가 말하는 것이 사실이 아닌 것 같은 느낌이 온다.

Conversation

A) **I think no money no love.**
내 생각에는 돈 없으면 사랑도 없는 것 같다.

B) **What? Why do you think that no money no honey?**
뭐라구? 어째서 돈 없으면 사랑도 없다고 생각하니?

A) **That's always the case.**
세상 일이 거의 다 그러니까.

234

Don't talk about business by your lips only!
입으로만 사업, 사업 하지 마세요!

'입만 살았다!'라고 할 때에는 **He's all talk and no dinner**라고 한다. 이 표현은 비교적 영화의 여러 장면에서 나온 표현이기도 하다. 또 다른 표현을 보면, **He is bold in word only**라고도 한다. 어느 팝송가사에 재미있게도 **He is all bark and no bite**라는 표현이 나온다. 짖기만 하지 물지는 않는다. 즉 전부다 '입만 살았군요!'의 뜻이다. **His bark worse than his bite**는 '그의 말은 거칠지만 본성은 나쁘지 않다'이다. 그리고 말이 많은 사람은 **talkative** 나 **talk too much** 그리고 **big mouse**라고 한다.

Prattler 역시 '수다쟁이'의 뜻이 있고, **boast** 역시 동사형으로는 '자랑하다, 뽐내다'이지만 명사형으로는 '허풍, 허세'의 뜻이 있다. **Brag** 역시 '자랑하다, 뽐내다'의 뜻이 있고 '허풍 떨다'의 뜻도 있다. 그래서 **He bragged that his son's success** 하게 되면 '그는 그의 아들의 성공에 대해 허풍을 떨었다'가 되고, **There is a limit to bragging** 하게 되면 '허풍을 떨어도 분수가 있지!'이다.

참고로 **talking back**은 '말대꾸를 하다'여서 **Why are you talking back to me all the time?** 라고 하면 '넌 왜 항상 나에게 말대꾸를 하니?'가 되고 **say something in ~** 하게 되면 '누구에게 험담을 하다'가 된다. 예) **I don't want to say something in people's back**. (나는 사람 뒤에서 험담하고 싶지 않습니다.)

Lip 역시 '입술'의 뜻이지만 '주제 넘는 말, 건방진 말'의 뜻이 있다. **Give a person lip**은 '누구에게 건방진 말을 하다'의 뜻이다. 예) **Don't give me any your lip**. (주제넘게 나서지 마라.)

유사 표현 문장

○ **A braggart is who talks a good game.** 허풍쟁이는 입으로만 그럴싸하게 말하는 사람이다.
○ **Don't say anything by your lips only.** 입으로만 그 어떤 말도 하지 마세요.
○ **I don't trust the man who talks only.** 나는 말로만 하는 사람은 믿지 않습니다.
○ **I don't know what your game is.** 당신의 속마음을 진짜 모르겠어요.

Conversation

A) **I really have a good business project!**
저에게 정말 기막힌 사업 프로젝트가 있습니다.

B) **Don't talk about business by your lips only.**
입으로만 사업, 사업 하지 마세요.

A) **Hey, sky is the limit in this project!**
이봐요, 한계가 없는(가능성이 무궁무진한) 프로젝트라구요!

235 Please listen to my last wishes!
제발 제 마지막 소원 좀 들어주세요!

대박영어

'소망하다, 희망하다, 바라다'에 해당되는 단어는 각각의 상황에 따라 제각기 다르다. 먼저 '소망하다'는 hope를 쓰고, '희망하다'는 wish(소원), 그리고 '바라다'는 want를 쓴다.

우리나라 말에 '개떡같이 말해도 찰떡같이 알아들어라!'라는 표현이 있다. 이것들이 그런 표현에 해당된다. '흥미롭게도…'라고 표현하려면 Interestingly…라는 단어로 문장을 시작하면 된다. 예) **Interestingly she wants to study English in USA.** (흥미롭게도 그녀는 미국에서 영어공부를 하고 싶어 한다.)

'기대하다'는 expect를 쓰거나 want를 쓰지만 일반적으로 '바라다, 요구하다'의 의미가 강할때는 **ask**를 쓰는 경우도 많다. 그래서 **I don't ask you to pay it**라고 하면 '너한테 돈을 지불해 달라고 바란 적(요구) 없다'이다. **We are hoping for ~**는 '우리는 ~하는 것을 희망한다'이고, 주어 + **hope to** 동사원형은 '~하기로 기대한다' 혹은 '희망한다'가 된다. 예) **I hope to be a writer.** (나는 작가가 되길 희망한다.)

참고로 '마지막 소원'을 last wish라고 하는데 dying wish라고 하기도 한다. 그래서 **I'll comply with your dying wish**라고 하면 '마지막 소원을 들어 드리죠!'가 되는 것이다.

유사 표현 문장

○ **In his will, He left all his property to his children.** 유언장에서 그는 그의 모든 재산을 아이들에게 남겼다.
○ **I want to make a written my will.** 나는 내 유언장을 작성하고자 한다.
○ **His last wish is to be buried in his hometown.** 그의 마지막 소원은 고향 땅에 묻히는 것이다.
○ **My last wish is I going travel with her.** 내 마지막 소원은 그녀와 여행을 가는 것이다.

Conversation

A) **Please listen to my last wishes!**
마지막 소원을 들어주십시오. 부탁합니다.

B) **Look, what you wish for, watch your tongue!**
말이 씨가 됩니다. 입조심하세요!

A) **It's kind of a last minute thing!**
이건 절박한 종류의 일이라구요!

236 Only music can be comforting me nowadays.
요즘은 음악만이 저의 위안거리죠.

'위안'은 영어로 뭘까? **Comfort**나 **consolation**, 그리고 **solace** 등을 들 수 있다. 여기서 **comfort**는 '남의 불행을 덜고 기운을 돋우는 일을 표현할 때' 쓰이는 단어이고 **consolation**은 '슬픔이나 실의를 경감하는 일'을 의미한다. 또한, **solace**는 '슬픔, 괴로움 등을 달래주는 일'의 뜻이다. 그래서 **Looking at beautiful scenery is a consolation to me**라고 하면 '아름다운 경관을 보면서 나는 위안을 얻는다'의 뜻이고, **I find solace (comfort) in listening to the music**이라고 하면 '나는 이 음악을 들으면 위안이 된다'의 뜻이다.

그리고 그냥 우리가 가장 일반적으로 자주 표현하는 '내 딸이 나의 유일한 위안입니다'는 **My daughter is my consolation**이고, '그녀는 종교를 통해서 위안을 받습니다'라고 할 때에는 **She sought solace in religion**이라고 표현한다.

영화에 **He found amusement in painting**이라는 대사가 나오는데, 이 뜻은 '그는 그림 그리기에서 위안을 찾았다'이다. 여기서 **amusement**는 '재미, 우스움, 놀이'의 뜻이 있다. 예) **She brought cheer to me**. (그녀는 나를 위로해 주었습니다.)

참고로 **acknowledge**나 **appreciate** 역시 '위로, 감사'의 뜻이 있다.

유사 표현 문장

○ He sought comfort in his business. 그는 그의 사업에서 위안을 찾았다.
○ She used to find comfort (solace) in her baby. 그녀는 그녀의 아기를 통해 위안을 찾는다.
○ He was a great comfort to his parents. 그는 그의 부모에게 큰 위안이었다.
○ I found myself at a loss for word of consolation. 나로서는 뭐라고 위로해야 할 지 몰랐다.

Conversation

A) How have you been lately?
최근에는 어떻게 지내시나요?

B) Terrible, so only music can be comforting me nowadays.
최악입니다. 그래서 요즘은 음악만이 유일한 제 위안거리입니다.

A) I hope you'll recover your business soon.
사업이 빨리 회복되기를 바랍니다.

237

She may well be angry about that but…

그녀가 그것에 대해 화를 내는 것은 당연하다. 하지만…

'~하는 것이 당연하다'라고 할 때, '당연하다'는 우리가 잘 알고 있는 **of course**이다. 이것은 초등학생도 다 알고 있는 표현이다.

하지만, '~하는 게 당연하지'라고 한다면 '**of course + S + V 동사식**'외에도 **It's only fair that we should go touch**라고 하기도 한다. '공평하다'라는 뜻이다. 상황에 따라 다르게 표현하는 것도 영어의 묘미다.

또한 영화를 보다 보면 **It's a matter of course**가 있는데, 이 뜻 역시 '두말하면 잔소리지, 당연하지'의 뜻이다. 우리가 한때 유행처럼 썼던 '당근이지'는 **no doubt**나 **absolutely**가 있다. 그럼 여기서 **It's a matter of course that S + V**를 살펴보자. **It's a matter of course that she get angry.** (그녀가 화를 내는 것은 당연하다.) **It's a matter of course that you must pay her.** (그녀에게 지불하는 것은 당연하다.)

be + only natural 역시 '~하는 것은 당연하다, 지극히 자연스럽다'의 뜻이다. 예) **It's only natural may the spoil go to the helper.** (그 성과가 도와주는 사람에게 간다는 것은 지극히 당연한 것이다.) **may well** 역시 숙어형으로 '~하는 게 당연하다' 혹은 '무리가 아니다'의 뜻이 있다. 그래서 **You may well wonder that** ~하면 '~에 놀라는 것도 당연하다'이고 **may well do** ~하게 되면 '~하는 것도 당연하다' 뜻이 된다. **May well**을 잘 활용해 보자.

유사 표현 문장

○ **You may well think so.** 그렇게 생각하는 것도 무리가 아니지.
○ **She may well be proud of her son.** 그녀가 그녀의 아들을 자랑스러워 하는 것도 당연하다.
○ **You may well say so but.** 당신이 그렇게 말하는 것도 당연하지만.
○ **She may as well ask a question.** 그녀는 질문을 해도 좋습니다.

Conversation

A) **I have no idea that why she is acting up nowadays.**
그녀가 요즘 왜 그렇게 튀는지 알 수가 없어요.

B) **But, She may well act up.**
그렇지만 그녀가 잘난 체하는 건 당연해요.

A) **But her rude behaviors offend the eye.**
하지만 그녀의 무례한 행동이 눈에 거슬린다구요.

238

I don't want to name names.
누구라고 딱 꼬집어 말할 수는 없습니다.

미국영어 표현에 I can't make out who's who라는 말이 있다.

이 말은 '누가 누군지 알 수가 없다'는 말이다. Who's who를 which's which로 바꾸면 '어느 것이 어느 것인지 알 수가 없다'라는 말뜻이 된다.

먼저 여기서 want에 대해서 알아보자. Want는 동사형으로 '원하다'이다. 그래서 '~을 원하세요'는 Do you want to 동사원형을 쓰고 '무엇을 원하세요?'는 의문대명사인 what을 앞에서 써서 What do you want?를 쓰는 것이다.

그 대표적인 표현이 바로 영화의 단골표현인 What do you want from me? (나에게 원하는 게 뭡니까?) 이다.

Want to + 동사원형은 영어에서 가장 중요하다. '~하기를 원한다'이고 그 앞에 don't 즉 do + not이 붙어서 I don't want to ~는 '~을 하기 싫다' 혹은 '~하는 것을 원하지 않는다'이다.

다시 말해서, '세상을 살고 싶지 않습니다'라고 할 때 I want to die라고 하거나 I want to kill myself라고 해도 같은 뜻이지만, I don't want to live라고 해도 '살기가 싫다니까' 결국 같은 말이 되는 것이다.

유사 표현 문장

- I don't even want to talk to her. 그녀하고는 말하기조차 싫어요.
- I don't know what I want to do. 무엇을 해야 할지 모르겠어요.
- I don't want to answer. 그런 질문은 답변하기가 싫습니다.
- Do you want me to help you? 제가 도와주기를 원하십니까?

Conversation

A) Do you know who break my window?
   누가 우리 집 유리창을 깨뜨렸는지 아세요?

B) Well, I don't want to name names!
   그게요, 누구라고 말하기가 곤란하네요!

A) Maybe you know something I don't.
   내가 모르는 무언가를 알고 있군요.

239

대박영어

Where are you going in such a hurry?
어디를 그렇게 급히 가십니까?

영어를 공부하는 사람 치고 '어디 가십니까?' (Where are you going?)를 모르는 사람은 없다. 여기서 영어공부를 조금 더 많이 한 사람이라면 How far are you going? Where are you heading?을 알고 있는데, 이것들 역시 '어디 가십니까?' 혹은 '어디 가시는 중입니까?'이다. What's your destination? 역시 '목적지가 어디입니까?'이다.

여기서 한 가지 중요한 것을 익히고 가자.

일반적으로 '여기 어떻게 오셨습니까?'에서, '이곳에 온 목적'을 묻는 경우에는 What brings you here?를 쓰고, '교통수단'을 이야기 할 때는 How do you come to here?라고 해야 한다. 우리는 반대로 표현하는 경우가 많다. 또한 이것의 물음에 bus를 '타고 왔다', taxi를 '타고 왔다'의 어떤 교통수단을 이용했을 경우에는 by를 써서 I came here by bus 혹은 by taxi, by subway 등으로 표현한다.

하지만 '도보를 이용하였을 경우'에는 on foot을 쓴다. By가 아니라 on을 쓴다는 것에 유의하자.

또 하나 여기서 알아야 할 것은 in such a hurry이다. 먼저 hurry up은 '서둘러라' 혹은 '서두르다'이다. 그래서 Hurry up with your bath 하게 되면 '빨리 목욕을 끝내라'이고 Hurry up, bus is coming 하면 '서둘러라. 버스가 오고 있다'이다. 숙어형인 hurry along은 '급히 가다'이고, hurry away는 '급히 떠나가다'이다. 그리고 in a hurry 하는 '급하게, 서둘러서, 황급히'의 뜻을 가진 숙어이다.

유사 표현 문장

○ **She is in a hurry to see her mother.** 그녀는 서둘러서 그녀 엄마를 만나고 싶어 한다.
○ **He is in a hurry for a divorce.** 그는 서둘러서 이혼하고 싶어 한다.
○ **Why are you meeting her in such a hurry?** 왜 그렇게 급히 그녀를 만나고자 합니까?
○ **Why do you want to be rich in such a hurry?** 왜 그렇게 급히 부자가 되고자 합니까?

Conversation

A) **Call her up, be quick!**
그녀한테 연락해요, 빨리!

B) **Why are you calling her in such a hurry?**
왜 그리 급하게 그녀를 부르시는 겁니까?

A) **Because I have no time to lose now.**
왜냐하면 내가 이렇게 한가하게 보낼 시간이 없거든요!

240

I don't forget about it for an instant!
단 한순간도 그것을 잊은 적이 없습니다!

Instant는 우리가 제일 잘 알고 있는 단어 중 하나이다. 그래서 **instant food**은 하면 '즉석식품'을 뜻한다. **Instant**에는 명사형으로는 '순간, 바로'의 뜻이 있고 숙어형인 **in an instant**는 '곧, 당장, 즉시'의 뜻이다. 또한 '한순간, 한시'의 뜻으로는 숙어형인 **a minute**와 **for a second**가 있다. 그래서 **Don't believe that for a second**라고 하면 '단 한순간도 믿지 마세요'이다. 예) **You don't want to miss a minute.** (한순간도 놓치면 안 된다.) 영화에 보면 '잠시도 틈이 없이 바쁩니다'가 나오는데 이것은 그냥 **pretty busy** 대신에 **I'm pretty much tied**라고 한다. **Pretty**는 '예쁘다'의 뜻 말고도 '꽤, 상당히, 엄청난'의 뜻을 가지고 있고, **tied**는 '~에 묶여 있다' 혹은 '~에 매여 있다'이다. 그래서 **tongue tied**는 '혀가 묶여 있다'의 뜻으로 '할 말을 잃었다'가 되는 것이다. 그 대표적인 표현이 **I'm always tied up with too much work** (나는 너무 많은 일에 매여 있어요)와 **He is kind of tied up these days** (그는 요즘 엄청 바빠요), 그리고 **She will be tied up with house work all day** (그녀는 가사일로 하루 종일 바쁠 겁니다) 등이다. 그리고 **forget**은 '잊다'이고 과거형인 **forgot**은 '잊었다'이다. 그래서 **Don't forget to remember me**라는 노래가사처럼 '나를 잊지 말고 기억해 주세요'이다. 참고로 잠시 '깜빡했다'라고 한다면 **It slipped my mind**를 쓰는 것이 가장 일반적이다. 예를 들어 **It slipped my mind that I come by to bank on the way.** (여기 오는 길에 은행에 들러야 하는 것을 깜빡 잊었다.)

유사 표현 문장

○ **He answered the question on the spot.** 그는 즉석에서 그 질문에 답했다.
○ **An ambulance was on the spot within minutes.** 구급차 한 대가 곧 현장에 나타났다.
○ **I don't believe for one minute that was that case.** 단 한순간도 난 그것이 사실이라고 믿지 않습니다.
○ **I didn't have interest in that for single one.** 단 한시도 그것에 대해 관심이 없었습니다.

Conversation

A) **Please keep that in mind.**
그것은 잘 명심해야 합니다.

B) **Yes! I don't forget about it for an instant.**
그럼요! 단 한시도 그것을 잊은 적이 없습니다.

A) **You steal the words from my mouth.**
내가 막 그 말을 하려던 참입니다.

쉬면서 알고 가는 재미있는 영어표현

281. 그건 정말 자살행위예요.
     That's the kiss of death.

282. 그건 저에게 과분해요.
     That's too good for me.

283. 정말 큰일날 뻔하셨군요.
     That was a close call.

284. 주사위는 이미 던져졌습니다.
     The die is the cast.

285. 가능성은 반반이죠.
     There is fifty-fifty chance.

286. 이것이 처음이자 마지막 부탁이에요.
     This is the first and last time I'll ask.

287. 그것을 배제할 순 없어요.
     We can't rule it out.

288. 우린 무에서 시작해야 합니다.
     We must start again from scratch.

289. 그렇게 해서 당신이 얻는 게 뭐죠.
     What dose it profit to do that.

290. 당신이 제 입장이 되어서 한번 생각해 보세요.
     Why don't you put yourself in my place.

속담표현

- 지렁이도 밟으면 꿈틀한다 – Even a worm will turn.
- 진인사대천명 – Pray and work.
- 지성이면 감천이다 – Sincerity moves heaven.
- 진퇴양난 – Between a rock and a hard place.

일상생활에 자주 사용되는 재미있는 영어 표현들입니다.

291. 당신은 내 상대가 안돼요.
     You are no match for me.

292. 그건 약과예요.(그건 아무것도 아닙니다)
     You haven't seen anything yet.

293. 넌 정말 횡재했구나.
     You hit the jackpot.

294. 당신 얼굴에 그렇게 씌어 있어요.
     Your face tells it.

295. 내가 그 말을 믿을 사람으로 보이세요?
     Do you see any green in my eye?

296. 당신의 감정을 숨기지 마세요.
     Don't hide your feelings.

297. 시치미 떼지 마시오!
     Don't look the other way!

298. 그 사람 너무 건방져요.
     He's got an attitude.

299. 그는 자포자기했어요.
     He abandoned himself to despair.

300. 그는 물불을 가리지 않습니다.
     He goes through fire and water.

속담표현

- 짚신도 짝이 있다 – Every jack has his jill.
- 철면피 – Thick skinned.
- 천생연분 – Match made in heaven.
- 칠전팔기 – If you can't pass the test, try again.

241 That's right up my alley!

대박영어

그게 내 특기죠 뭐!(전공이죠.)

Talent는 '재능'이다. 그래서 **man of many talent**라고 하면 '팔방미인'이 된다. 예) **He is a man of many talent.** (그는 팔방미인이다.)

대학교 시절에 전공하는 과목이 있다. 이것이 **major**다. '부전공'은 **minor**이다. 예) **My major is economics and my minor is business administration.** (내 전공은 경제학이고 부전공은 경영이다.)

'개인능력'은 **ability**이고 '특기'는 **one's specialty**라고 하거나 **one's special ability**라고 한다. 물론 **skill**이라는 단어를 쓰기도 한다.

하지만 '라면을 끓이는데 그게 내 전공이다'라고 농담조로 말할 때 **major**라는 단어는 쓸 수 없는 게 아닌가? 그럴 때 어울리는 표현이 바로 **That's right up my alley!**다. 참고로 **alley**는 '골목길, 옆길'의 뜻이 있지만 숙어형인 **right up my alley**는 '~에게 딱 어울리는, 주특기인, 전문분야인'의 뜻이 있다. 그래서 **That's right up my alley**라고 하면 '그것이 제 전문이죠'가 되는 것이다. **Talent show**는 '장기자랑'이다.

단어 가운데 **forte**가 명사형으로 '특기, 장점'이 있고, **strong point**나 **merit** 역시 '장점'이다. 그래서 **He has many strong point**라고 하면 '그는 많은 장점을 가지고 있습니다'이다.

유사 표현 문장

- **Driving is right up my alley.** 운전이 제 특기죠 뭐!
- **These were right up my alley.** 이것들은 내 전문이다.
- **Doing journalism for the newspaper is right up his alley.** 그는 신문기자로서 적임이다.
- **That's not my cup of tea.** 전 그것과는 취향이 맞지 않습니다.

Conversation

A) **What is your specialty?**
당신 특기가 뭡니까?

B) **Driving and cooking are right up my alley.**
운전 하는 것과 요리 하는 것이 제 특기입니다.

A) **You're a jack of all trades!**
당신 팔방미인이군요!

242 Epic English

In the pride of my years…
나도 전성기 시절에는… (왕년에는)

At this time은 '이 시간'이고 at that time은 '그 시간'이다. 또한 this의 복수형 these를 써 in these days라고 하면 '요즘'이고, in those days는 '그 당시, 그때'이다. 또한, '지금이나 옛날이나'는 now as in ages past라고 하며, I once was ~는 '나도 왕년에는, 한때에는'의 뜻이 있는 숙어이다.

신문에 자주 나오는 문장 중 하나가 In these days of severe struggle for existence인데 이 말은 '요즘같이 생존경쟁이 심한 오늘날에는…'의 뜻이다. Struggle에는 '~하려 애쓰다'의 뜻도 있고 '투쟁'의 뜻도 있다. 그래서 struggle to calm down 하게 되면 '냉정해지려고 노력하다, 애쓰다'가 된다.

그리고 '옛날에는' 혹은 '예전에는'은 in the old days라고 하고 once upon 역시 '예전에는, 그전에는'의 뜻으로 회화시 문장 앞에 자주 사용하는 단어표현이다. 어린이 영어 동화책에도 once upon '옛날 옛적에 ~' 식으로 자주 등장한다. Once upon a time도 같은 뜻으로 사용되는 표현이다. 또한 from old times는 '예전부터'이고 men of old times는 '옛날 사람들은 …'의 뜻이다.

참고로 우리가 잘 아는 a long time ago나 in the long ago days 역시 '옛날에 …'의 뜻이다.

예) Once upon a time made in USA was number one. (옛날에는 미국제품이 최고였지.)

유사 표현 문장

○ In the early years of the 18th century… 18세기 초에는…
○ The first year of my life in USA… 나의 미국생활 첫 해에는…
○ The nightmare of my years in prison… 악몽 같은 나의 수감시절…
○ Many girls looking on me in the pride of my years. 왕년에는 많은 여자들이 나를 쳐다봤지.

Conversation

A) I had a lot of money in the pride of my years.
나도 왕년에는 돈이 많았는데

B) Forget it, that was in the past!
이미 지나간 일이야. 잊어버려!

A) Yes, it was good old days.
그래, 그리운 옛시절이지.

243 It still hasn't hit me!

대박영어 아직도 실감이 나지 않습니다!

'실감이 나지 않는다'는 영어로 뭐라고 할까? 유용한 표현인데 딱히 떠오르는 말이 없다.

그렇다면, '실감'부터 살펴보자.

Feel은 '느끼다'라는 뜻도 있지만 '실감나다, 실감하다'의 뜻도 함께 있다. 그래서 **I can't feel ~** 하게 되면 '느낄 수가 없다'이니 '실감이 나지 않는다'의 뜻이 되기도 한다. 하지만 어감이 다소 다르다. 그래서 **realize**를 쓰는 분이 많다.

즉, **I can't realize that S + V** 식의 문장을 사용하는 것이 일반적이다. **Realize**는 동사형으로 '깨닫다, 인식하다, 자각하다' 그리고 '알아차리다'의 뜻이 있기 때문이다.

예) **Only later did she realize her mistake.** (나중에서야 그녀의 실수를 그녀가 깨달았다.) **I hope you realize the seriousness of the crime.** (당신들이 이 범죄의 심각성을 인식하기를 바란다.)

하지만, 영화를 보면 **hasn't hit me**라는 표현이 있다. **Hit me**는 숙어형으로 '때리다'의 뜻도 있고 '희롱하다, 우롱하다'의 뜻도 있지만, '인식하다, 깨닫다'의 뜻도 같이 있다. 그래서, **It still hasn't hit me** 하게 되면 '아직 전혀 실감이 나지 않습니다'가 되는 것이다.

유사 표현 문장

○ **The words hit me like a blow.** 그 말을 듣고 난 깜짝 놀랐습니다.
○ **He hit me up for thousand dollars.** 그는 나에게 천 달러를 요구했습니다.
○ **She hit me when I was off my guard.** 그녀는 내가 마음 놓고 있을 때 때렸다.
○ **The car almost hit me.** 그 차에 하마터면 치일 뻔했습니다.

Conversation

A) **I won three million USD in the lottery but it still hasn't hit me yet.**
30억 달러짜리 로또 복권에 당첨되었는데 아직 실감이 안 납니다.

B) **Wow, really? This definitely calls for a celebration.**
우와, 그게 정말이에요? 이거 정말 축하할 일이네요.

A) **Still unbelievable.**
아직도 믿을 수가 없어요.

He keeps a firm grip on the software market.
그는 소프트웨어 시장을 꽉 잡고 있다.

'지배하다'는 dominate 그리고 '통제하다'는 control을 쓴다. 그래서 **He tried to dominate other people** 하게 되면 '그는 다른 사람들을 지배하려고 했다'이고 **As a child he was dominated by his father**라고 하면 '그는 어렸을 때 아버지에게 지배를 당했다'이다.

Control 역시 '제어하다, 지배하다'의 뜻으로 **Don't try to control me**라고 하게 되면 '나를 구속하려 하지 마시오'가 된다. 또한 숙어형으로 **be + restrained** 역시 '구속 받다'의 뜻이 있다. 예) **Don't try to restrain the person!** '사람을 억제하려 하지 마세요!' 하지만 '~을 꽉 잡고 있다'라고 한다면 이야기가 달라진다. 먼저 '~에 대해 일가견이 있다'는 **be + good at ~ ing**를 쓰는 것은 이미 일반화가 되어 있다.

예) **I am good at speaking English.** (나는 영어를 능수능란하게 한다.) **He is good at math.** (그는 수학이라면 일가견이 있다.)

'천하무적'이라고 할 때에는 **second to none**을 쓴다. 그래서 **He is second to none in English**라고 하면 '그는 영어라면 누구에게도 뒤지지 않는다'이다. 예) **This car is second to none in Korea.** (이 차가 한국에서는 최고이다.) 그렇지만, '~에 대해 꽉 잡고 있다'라고 할 때에도 영화에서는 자주 **He keeps a firm grip on the software**라고 한다. 여기서 숙어형인 **keep form grip on**은 '~에 대해 꽉 잡고 있다'의 뜻이다.

유사 표현 문장

- **Your performance was second to none.** 당신의 연기는 최고였습니다.
- **It couldn't be better.** 이보다 더 좋을 수는 없습니다.
- **She is a nonpareil on the tennis court.** 그녀는 테니스장에서는 단연 최고다.
- **you stole the show last night.** 어젯밤 넌 인기 짱 이었어.

Conversation

A) **We need to keep a firm grip on the situation.**
우리는 계속해서 상황을 확실히 장악해야 합니다.

B) **Sure as shooting.**
그야 두말하면 잔소리죠!

A) **You can say that again.**
내 말이 그 말이에요.

245 This is to die for!

대박영어

둘이 먹다가 하나가 죽어도 몰라요!

우리는 학창 시절 감탄문 만드는 법을 배웠다.

문장의 끝 단어가 명사로 끝나면 **what**, 형용사로 끝나면 **how**를 쓴다고…

예) **She is very pretty. = How pretty she is!**

She is beautiful woman. = What a beautiful woman she is!

이처럼 기본적인 문법도 필요하다. 하지만 문법만 고집하면 유창한 영어회화를 할 수 없다. 영어표현에 **We can't go by the book**이라는 말이 있는데 이 뜻은 '정석대로만 갈 수 있는 것이 아니다'이다. 일단 '맛' 은 영어로 **taste**라고 하거나 **flavor**라고 한다. 그래서 **taste good**이라고 하면 '맛이 좋군요'이다. **cherry flavor candy**는 '체리맛 사탕'이다. **Savor** 역시 '(특유의) 맛이나 풍미, 향기를 의미할 때' 쓰이는 단어이다. **Sweet**는 '달다'이고 **bitter**는 '쓰다'이다. **Delicious**는 '맛있다'이고 **sour**는 '시다'. **Tasty** 역시 '맛있다' 여서 **That is very tasty**라고 하면 '그것은 맛이 있다'가 된다.

간혹 '맛이 기가 막힐 때'는 **fantastic**을 써서 **This food is fantastic**이라고 해도 '맛이 기가 막힌다'이다. 원래 **to die for**는 '정말 갖고 싶은, 목숨과도 바꿀 수 있을 것 같은'의 뜻을 가진 숙어이다.

유사 표현 문장

○ **She was wearing a dress to die for.** 그녀는 정말 탐나는 드레스를 입고 있었다.
○ **This food is to die for.** 이 음식은 둘이 먹다가 하나가 죽어도 몰라요.
○ **His career is to die for.** 그의 직업은 최고다.
○ **He has a girl friend to die for.** 그의 여자 친구는 정말 깜빡 죽인다.

Conversation

A) **How do you like this food?**
이 음식이 어떻습니까?

B) **Wow, this is to die for!**
우와, 둘이 먹다가 하나가 죽어도 모르겠네요.

A) **Thank you for your response.**
그렇게 말해(반응해) 주셔서 감사합니다.

246

Epic English

Writing like that is irritating, not informing.
글을 그렇게 쓰는 것은 유익한 게 아니고 짜증난다.

'유익하다'의 단어로는 **helpful**, **useful** 그리고 **serviceable**이 있다.

그래서 **The teacher told me a helpful (a beneficial) story**라고 하면 '선생님은 나에게 유익한 이야기를 해 주셨다'가 된다. 이번에는 **useful**을 써서 **This explanation is very useful for laymen**이라고 하면 '이 설명은 문외한에게는 아주 유용하다'이다.

Informing의 뜻으로는 형용사형으로 '고무하는, 자극하는'의 뜻이 있지만 정보에 대한 지식을 주는, '유익한, 고무적인'의 뜻도 함께 있다. 그래서 우리가 잘 아는 동사형인 **inform** 역시 '알리다, 통지하다'의 뜻이다. 예) **That is the objective informing the ICC.** (그것이 ICC에 알리는 목적이다.) 여기서 **objective**는 '목적'이다. 그렇다면, **irritating**은 무슨 뜻일까? 형용사형으로 '흥분시키는, 자극하는, 비위에 거슬리는, 화나게 하는, 짜증나는' 등 여러 가지 뜻이 있다. 그래서 **The way she puts on that accent really irritates me** 하게 되면 '그녀의 저런 말투는 정말 날 짜증나게 한다!'가 된다.

영화나 팝송의 단골표현인 **She was tender of irritating him**은 '그녀는 그를 화나게 하지 않으려고 주의했다'이다.

유사 표현 문장

○ **This infection is so irritating.** 아픈 데가 상당히 신경에 거슬려요.
○ **They are, to say the least, highly irritating.** 그들은 작은 소리로 매우 짜증난다고 말했다.
○ **She is very intelligent but irritating.** 그녀는 지적이긴 하지만 짜증나다.
○ **That is not informing, no more ask.** 그것은 유익하지 못하니 더 이상 묻지 마세요.

Conversation

A) **Helping me like that is irritating, not informing, okay?**
그렇게 돕는 것은 나를 돕는 것이 아니라 짜증만 나게 한다는 거 알아요?

B) **Why are you trying to pick a fight?**
왜 그렇게 자꾸 싸움을 걸어요?

A) **Sorry. I try to square with all of you.**
미안해요. 여러분 모두와 잘 지내도록 노력하겠습니다.

247

Don't put yourself down!
기죽지 마세요!

대박영어

외국생활을 한다거나 외국인과의 대화를 할 때 가장 중요한 것은 뻔뻔함이다.

다시 말해서 완벽주의자나 소심한 사람은 외국어를 잘 할 수가 없다. 때로는 뻔뻔해야 영어로 소통을 할 수 있다. 기가 죽어서는 안 된다!

'기가 죽다'는 **bottled out**을 쓴다. 다시 말해서 **I bottled out when I see my friend**라고 하면, '친구를 만났을 때 기가 죽었다'이다.

Conscious는 형용사형으로 '의식을 가지는, 자각하고 있는'의 뜻인데, **self conscious**는 숙어형으로 '남의 시선을 의식하는, 자의식이 강한, 기가 죽는'의 뜻이 있다.

예를 들어 보자. **He is always been self conscious about being so short**. (그는 키가 그렇게 작은 것에 대해 항상 남의 시선을 많이 의식해왔다.)

이 밖에도 '기가 죽다'에는 여러 가지 숙어형이 있다. **Feel cheap**도 '싸게 느끼다가' 아니라 '기가 죽다' 이고 '부끄럽게 여기다'의 뜻도 함께 있다. 그래서 **I felt cheap about my failure**라고 하면 '실패한 것에 대해 내 기가 죽었다'가 된다. **Lose nerve** 역시 '기가 죽다'인데 '불안해하다'의 뜻도 있다. 예) **Don't lose your nerves**. (기죽을 필요 없다.)

유사 표현 문장

- **Don't feel small, okay?** 기죽지 마세요, 아셨죠?
- **Don't cower, be confident.** 기죽지 말고 당당해라!
- **Don't be discouraged.** 기죽지 마세요!
- **Don't be downhearted.** 기죽지 마세요!

Conversation

A) **Don't put yourself down, okay?**
기죽지 마세요. 알았죠?

B) **But, that's not easy.**
그런데, 그게 쉽지가 않네요!

A) **Don't let me down anymore.**
더 이상 나를 실망시키지 말아요.

248
Epic English

How far are you tackling that?
언제까지 그렇게 시비를 걸래?

'시비를 걸다'를 영어로 **pick a fight**라고 한다.

그래서 '그는 나에게 시비를 걸었다'라고 한다면 He tried to pick a fight with me라고 한다. 비슷한 표현으로 '태클을 건다'가 있다. 그래서 **How far are you tackling that?** 이 바로 '언제까지 시비 걸 겁니까?' 이다. 여기서 눈 여겨 볼 것은 How far are you ~ing라는 문장 구조다.

'어디까지 가십니까?' 라고 할 때, **How far are you going?**이라고 하는 것쯤은 누구나가 안다. **Where are you going?**이나 **What's your destination?** (목적지가 어디입니까?) 보다는 훨씬 일상생활에서 더 자주 그리고 빈번하게 사용되는 문장이기 때문이다.

그 대표적인 예가 **How far are you studying English like that?**이다. 이 뜻은 '언제까지 그런 식으로 영어공부를 할 겁니까?' 이다. 또한, **How far are you ignoring me?**라고 한다면 '언제까지 저를 무시할 겁니까?' 가 된다. 여기서 **ignore**는 '무시하다, 묵살하다'의 뜻이 있다.

투정은 **complain**이나 **whine**, **grumble** 혹은 **moan**을 쓴다. 그래서 '불평 좀 하지 마세요!' 라고 할 때에는 **Don't complain about ~**을 쓴다.

유사 표현 문장

○ **How far are you complaining that?** 언제까지 불평만 할래?
○ **How far are you playing like that?** 언제까지 그렇게 놀기만 할래?
○ **How far are you driving that?** 언제까지 그렇게 운전할래?
○ **How far are you working that?** 언제까지 그렇게 일할래?

Conversation

A) **How far are you talking like that?**
언제까지 그렇게 이야기 할래?

B) **Why? What did I do wrong?**
왜? 내가 뭘 잘못 했길래요?

A) **To me, you didn't grasp the picture.**
내가 보기엔, 넌 전혀 감을 못잡고 있어.

249

대박영어

They are selling like hot cakes.
그것들이 불티나게 팔리고 있습니다.

On sale과 **for sale**은 차이가 있다.

먼저 **for sale**은 '판매용'이라는 뜻이고 **on sale** '세일 중'이라는 뜻이다.

결국 **on sale**은 '염가판매' 즉 **bargain sale**을 의미한다고 할 수 있다. 미국에서 생활하다 보면 광고지에 **First come first served basis**라는 글귀를 볼 수 있다. 이 뜻은 '선착순 판매'라는 뜻이다. 예) **We offer only 50 places, first come first served basis.** (정원은(물건은) 50명(개) 뿐이고 선착순입니다.) 따라서 **Free on a first come first served basis**은 '선착순으로 무료!'의 뜻이다.

Sell은 동사형으로 '팔다, 매각하다' 혹은 '매도하다'의 뜻이다. '경매'는 **auction**이다. 우리가 자주 사용하는 '벼룩시장'은 영어로 **flea market**이고 **stock market**은 '증권'이나 '주식 거래소'이다. 또한, **sale**의 과거형은 **sold**인데, **sold out**은 '매진', 혹은 '판매된'의 뜻이다. 그래서 간혹 물건을 사러 가면 그 물건에 **sold out**이라는 표시가 붙어 있는데, 이것은 '이미 판매된 것'라는 뜻이다. **It was once again sold to movie goers.** (이것은 영화관람객들에게 다시 팔리기 시작했다.) 참고로 **selling**은 '판매되고 있는'의 뜻으로 **selling like hot cakes**는 '날개 돋친 듯이 불티나게 팔리다'의 관용어 표현이다.

유사 표현 문장

○ These books will be selling like hot cakes. 이 책은 날개 돋친 듯 팔릴 것이다.
○ This magazine sells like hot cakes. 이 잡지는 날개 돋친 듯 팔린다.
○ The newest digital cameras are selling like hot cakes. 최신형 디지털 카메라가 날개 돋친 듯 팔리고 있다.
○ The laptop computer were sold like hot cakes. 그 노트북 컴퓨터는 날개 돋친 듯 팔려 나갔다.

Conversation

A) How's your new book business?
　새로운 책 사업은 어떻습니까?

B) Oh, they are selling like hot cakes.
　그것들이 불티나게 팔리고 있습니다.

A) Wow, what a good news!
　이야, 정말 좋은 소식이네요!

250 There is no end if I start to tell the story.
Epic English
이야기를 하자면 끝도 없다.

'말을 꺼내면 길어집니다'라고 할 때에는 **It's gonna be a long story if I ~**의 식이다. I 다음에는 당연히 동사원형이 와야 한다.

또한 '간단하게 말하자면'은 **to cut a long story short ~**를 쓴다. 그렇다면 '단도직입적으로 말하겠다'는 어떻게 할까? **I am telling you a point-blank**라고 한다. **point-blank**가 '단도직입적으로'의 뜻이다.

그래서 '단도직입적으로 물어봐도 되겠습니까?'는 **May I ask you a point-blank?**이다. 그리고 '말을 빙빙 돌리지 마세요'는 **Don't beat around the bush, just get to the point**라고 한다. 여기서 **beat around the bush**는 숙어형으로 '말을 빙빙 돌리다, 변죽만 울리다'의 뜻이 있다.

위의 제목에 나오는 문장 **There is no end if ~**는 '만약에 ~하면 끝도 없다'이다. 다시 말해서, '그녀와 싸움을 한다면 끝도 없어요'라고 한다면 **There are no end if I fight with her**가 되는 것이다. **No end**는 '끝이 없다'이고 **can't see the end of ~**는 '끝이 안 보인다'이다.

예) **I can't see the end of working.** (일을 해도 해도 끝이 안 보인다.)

유사 표현 문장

○ **There is no end if I split hairs about that!** 그것에 대해 따지면 끝도 없어요!
○ **It's no use crying over spilt milk.** 우유를 엎지르고 울어도 소용없다.
○ **There is no end if I fix the car.** 그 차를 고치려면 끝도 없어요.
○ **There is no end if I am greedy about money.** 돈에 욕심을 부리면 끝도 없어요.

Conversation

A) **What happened, tell me the whole story!**
무슨 일이 있었는지 모든 걸 이야기해 보세요!

B) **No, there is no end if I start to tell the story.**
아뇨, 이야기하자면 끝이 없어요.

A) **Okay, make it long story short, what's the point?**
긴 얘기를 줄여봐요, 요점이 뭐죠?

쉬면서 알고 가는 재미있는 영어표현

301. 그는 무표정합니다.
   He has a poker face.

302. 그는 따돌림을 당하고 있다.
   He is left out in the cold.

303. 그 사람 혼자 북 치고 장구 치고 해요.
   He is stealing the show.

304. 그는 말은 거칠어도 본심은 안 그래요.
   His bark is worse than his bite.

305. 그 사람 콧대를 꺾어 놨어요.
   I cut him down to size.

306. 당신에게 두 손 두 발 다 들었어요.
   I wash my hands of you.

307. 그건 누워서 떡 먹기죠.
   It's a piece of cake.

308. 참는 데도 한계가 있는 법이죠.
   My patience is worn out.

309. 이건 당신답지가 않아요.
   That's not like you.

310. 그것이 당신의 장점이오.
   That's wonderful of you.

속담표현

- 팔방미인 – A man of many talents.   • 팔이 안으로 굽는다 – Charity begins at home.
- 하나만 알고 둘은 모른다 – He liiks only on one side of the shield.

일상생활에 자주 사용되는 재미있는 영어 표현들입니다.

311. 넌 매사에 그렇게 삐딱하니?
    Why can't you see things straight?

312. 당신은 팔방미인이시군요.
    You're man of many talents.

313. 당신 완전히 막가는군요.
    You act like there is no tomorrow.

314. 이제야 당신 본색이 나오는군요.
    You are coming out.

315. 양다리 걸치지 마세요.
    You can't have it both ways.

316. 중요한 것부터 해요.
    First things first.

317. 반쪽이라도 없는 것보단 낫죠.
    Half is better than nothing.

318. 해야 할 일과 하지 말아야 할 일을 알려 드릴게요.
    I'll show you the do's and don't's

319. 그건 상식이죠.
    It's common sense.

320. 우리 이렇게 생각해 봅시다.
    Let's put it this way.

속담표현

- 한귀로 듣고 한 귀로 흘린다 – In one ear and out the other.
- 호랑이도 제 말 하면 온다 – Speak of the devil.
- 혹 떼러 갔다 도리어 붙이고 온다 – The biter is bitten.
- 훔친 과일이 더 맛있는 법이다 – A stolen fruit is sweet.

EPIC ENGLISH 대박영어
마흔에도 미국 드라마가 들린다 ❶
초판 1쇄 인쇄 2016년 5월 23일
초판 1쇄 발행 2016년 5월 27일

지은이 | 우보현·장원재

펴낸곳 | 북앤피플
대 표 | 김진술
펴낸이 | 김혜숙
디자인 | 박원섭

등 록 | 제2016-000006호(2012. 4. 13)
주 소 | 서울시 송파구 삼학사로14길 21
전 화 | 02-2277-0220
팩 스 | 02-2277-0280
이메일 | jujucc@naver.com

ⓒ2016, 우보현·장원재

ISBN 978-89-97871-23-0 13740

잘못된 책은 구입하신 서점에서 바꾸어 드립니다.
값은 표지 뒤에 있습니다.

우보현·장원재의
EPIC 대박 영어
ENGLISH

마흔에도 미국 드라마가 들린다 ①

대박영어 '마흔에도 미국 드라마가 들린다❶' 저자 직강 동영상은
http://www.benatv.com/(배나TV)에서 6월부터 만날 수 있습니다.